湖北省社科基金一般项目（2018033）资助
华中师范大学中央高校基本科研业务费项目（CCNU19TS046）资助

湖北乡村旅游发展研究

熊剑平　余瑞林　刘美华　著

Hubei Xiangcun Lüyou
Fazhan Yanjiu

北京·旅游教育出版社

责任编辑：于胭梅

图书在版编目（CIP）数据

湖北乡村旅游发展研究 / 熊剑平，余瑞林，刘美华著. -- 北京：旅游教育出版社，2019.4
ISBN 978-7-5637-3926-4

Ⅰ.①湖… Ⅱ.①熊… ②余… ③刘… Ⅲ.①乡村旅游－旅游业发展－研究－湖北 Ⅳ.①F592.763

中国版本图书馆CIP数据核字(2019)第057925号

湖北乡村旅游发展研究
熊剑平　余瑞林　刘美华　著

出版单位	旅游教育出版社
地　　址	北京市朝阳区定福庄南里1号
邮　　编	100024
发行电话	（010）65778403　65728372　65767462（传真）
本社网址	www.tepcb.com
E - mail	tepfx@163.com
排版单位	北京旅教文化传播有限公司
印刷单位	北京虎彩文化传播有限公司
经销单位	新华书店
开　　本	710毫米×1000毫米　1/16
印　　张	17
字　　数	231千字
版　　次	2019年4月第1版
印　　次	2019年4月第1次印刷
定　　价	68.00元

（图书如有装订差错请与发行部联系）

目 录

第一章　乡村旅游发展理论 ·· 1
　一、研究背景 ·· 1
　二、概念界定 ·· 2
　三、特征功能 ·· 4
　四、基础理论 ·· 5

第二章　国外乡村旅游发展经验与启示 ······························ 10
　一、发展历程 ··· 10
　二、发展模式 ··· 11
　三、典型案例 ··· 15
　四、发展启示 ··· 21

第三章　中国乡村旅游发展现状及模式 ······························ 25
　一、发展历程 ··· 25
　二、发展模式 ··· 29
　三、经营模式 ··· 45
　四、模式创新 ··· 49

第四章　湖北省乡村旅游资源调查与评价 ···························· 53
　一、资源分类 ··· 53
　二、基本特征 ··· 60
　三、质量评价 ··· 63
　四、开发现状 ··· 72

第五章　湖北省乡村旅游市场分析与定位 …… 76
一、市场分析 …… 76
二、市场定位 …… 79

第六章　湖北省乡村旅游发展目标与战略 …… 82
一、指导思想 …… 82
二、基本原则 …… 82
三、战略目标 …… 83
四、战略措施 …… 84

第七章　湖北省乡村旅游发展空间格局 …… 87
一、基本原则 …… 87
二、空间布局 …… 88
三、发展引导 …… 96

第八章　湖北省乡村旅游产品开发营销 …… 100
一、产品体系 …… 100
二、线路组织 …… 102
三、营销推广 …… 105

第九章　湖北省乡村旅游发展重点项目 …… 108
一、设置原则 …… 108
二、重点项目库建设 …… 108
三、建设方向 …… 130

第十章　湖北省乡村旅游要素发展 …… 175
一、交通网络化 …… 175
二、住宿特色化 …… 177
三、餐饮本土化 …… 178
四、文化体验化 …… 179

五、购物精品化 …………………………………………………… 180

第十一章　湖北省乡村旅游扶贫与社区参与 ……………………… 182
　　一、旅游扶贫战略 ………………………………………………… 182
　　二、旅游扶贫路径 ………………………………………………… 183
　　三、社区参与方式 ………………………………………………… 185
　　四、社区参与体制 ………………………………………………… 185

第十二章　湖北省乡村旅游发展典型案例研究 …………………… 189
　　一、咸丰麻柳溪 …………………………………………………… 189
　　二、五峰栗子坪 …………………………………………………… 192
　　三、恩施枫香坡 …………………………………………………… 197
　　四、保康尧治河 …………………………………………………… 201
　　五、郧阳区樱桃沟 ………………………………………………… 204
　　六、夷陵区官庄 …………………………………………………… 207
　　七、武汉石榴红 …………………………………………………… 209
　　八、大冶上冯村 …………………………………………………… 211

附　湖北省乡村旅游相关标准解读 ………………………………… 214
　　一、《湖北旅游名村创建评定标准》解读 ……………………… 214
　　二、《湖北旅游强县评定规范》解读 …………………………… 227
　　三、《湖北省农家乐星级划分与评定》标准解读 ……………… 250
　　四、《全国工农业旅游示范点检查标准（试行）》标准解读 … 254

参考文献 ……………………………………………………………… 263

后　记 ………………………………………………………………… 265

第一章

乡村旅游发展理论

一、研究背景

（一）国际乡村旅游发展研究背景

19世纪中后期，西方发达国家如英国、法国出现了最早的乡村旅游活动。早期的乡村旅游普及性不强，具有比较明显的贵族化特点。20世纪60年代，西班牙开始发展现代意义上的乡村旅游。随后，美国、日本、波兰等国先后推出乡村旅游产品，乡村旅游逐渐盛行开来。20世纪80年代后，在欧美一些发达国家，乡村旅游已具有相当规模，并且已走上规范发展的轨道，显示出极强的生命力和越来越大的发展潜力。20世纪80年代，欧美发达国家已经开始了大规模发展乡村旅游的进程（文章来源见文后参考文献[4]）。进入21世纪以来，德国、奥地利、英国、法国、西班牙等欧洲国家和美国，乡村旅游已经具有相当的规模。

（二）国内乡村旅游发展研究背景

我国从20世纪70年代初期开始，就采用定点方式开展了一些具有乡村旅游性质的政治性接待活动。譬如北京近郊的四季青人民公社、山西昔阳县大寨大队、天津静海区小靳庄、上海崇明岛等（文章来源见文后参考文献[4]）。

国内真正意义上乡村旅游的兴起，始于20世纪90年代前后。在20世纪80年代后期，改革开放较早的深圳首先开办了"荔枝节"，主要目的是为了招商引资，随后又开办了采摘园，取得了较好的效益。于是各地纷纷效仿，开办各具特色的观光农业项目。我国国家旅游局将1998年旅游活动主题确定为"华夏城乡游"，掀起了我国乡村旅游的高潮（文章来源见文后参考文献[4]）。

截至目前,我国乡村旅游发展已进入了全面发展阶段,取得了一定成就,成为我国旅游产业的重要组成部分。通过发展乡村旅游,许多乡村更是走向了脱贫致富的道路。

二、概念界定

乡村旅游发展至今,虽然学界对该概念已有一些相近的看法,但由于乡村旅游本身所具有的复杂性和多样性,不同学者对此的理解也存在不同。

(一)国外乡村旅游界定

国外学者对乡村旅游概念有多种表述:

(1)西班牙学者Gilbert和Tung(1990)认为乡村旅游(Rural tourism)是农户为旅游者提供食宿等条件,使其在农场、牧场等典型的乡村环境中从事各种休闲活动的一种旅游形式。

(2)以色列的Arie Reichel与Oded Lowengart和美国的AdyMilman(1999)将乡村旅游简单表述为位于农村区域的旅游。具有农村区域的特性,如旅游企业规模要小、区域要开阔和具有可持续发展性等特点。

(3)英国的Bramwell和Lane(1994)认为乡村旅游不仅是基于农业的旅游活动,而是一个多层面的旅游活动,它除了包括基于农业的假日旅游外,还包括特殊兴趣的自然旅游、生态旅游、假日步行、登山和骑马、打猎和钓鱼等休闲活动,探险、运动和健康旅游,教育修学旅游,传统文化旅游以及一些区域的民俗旅游活动。

官方表述也存在些许不同:

(1)世界经济合作与发展委员会(OECD,1994)定义为在乡村开展的旅游,乡村性(rurality)是乡村旅游的中心和独特的卖点。

(2)世界旅游组织在《地方旅游规划指南》(《旅游与环境丛书》之一)中这样界定:旅游者在乡村(通常是偏远地区的传统乡村)及其附近逗留、学习、体验乡村生活模式的活动。该村庄也可以作为旅游者探索附近区域的基地。

对于"乡村旅游"的翻译也存在不同。上文所提的世界旅游组织中使用了rural tourism,还有大家熟悉的agro-tourism和farm tourism也可译为乡村旅游。此外,country tourism和village tourism也在英文文献中出现。从词义可以发现,

agro-tourism（与农事活动相关）和 farm tourism（与农场或庄园相关）更多与农事相关，rural tourism 更多与乡村风情这个大概念相关。

虽然学术界、官方组织对乡村旅游相关概念有着不同的理解和表述，但在以下两个方面基本达成共识：

（1）根植于乡村世界的乡村性（Rurality）是吸引旅游者进行乡村旅游的基础，是用以区别城市旅游和界定乡村旅游的最重要的标志。

（2）农业旅游（Agrotourism/Agritourism）、农庄旅游（Farm Tourism）是乡村旅游（Rural Tourism）的重要组成形式之一。

(二) 国内乡村旅游界定

国内学者关于乡村旅游概念的表述有数十种之多，不同学者在乡村地域空间、乡村性、乡村旅游的层次等方面有一定的分歧。有些学者把乡村旅游的概念与农业旅游等同起来；也有学者将农业旅游排除在乡村旅游之外；还有学者将发生在乡村地区和自然环境中的旅游活动全部归入乡村旅游。

其中，熊凯（1999）认为，乡村旅游是以乡村社区为活动场所，以乡村独特的生产形态、生活风情和田园风光为对象系统的一种旅游类型。

杜江、向萍（1999）认为，乡村旅游即以农业文化景观、农业生态环境、农事生产活动以及传统的民族风俗为资源，融观赏、考察、学习、参与、娱乐、购物、度假为一体的旅游活动。

郭焕成、刘军萍（1999）认为，观光农业是以农业活动为基础，农业和旅游业相结合的一种新型的交叉型产业。是以农业生产为依托，与现代旅游业相结合的一种高效农业。

何景明，李立华（2002）认为，狭义的乡村旅游是指在乡村地区，以具有乡村性的自然和人文客体为旅游吸引物的旅游活动。

刘德谦（2006）认为，乡村旅游是以乡村地域及农事相关的风土（特有的地理环境）、风物（地方特有的景物）、风俗（地方民俗）、风景（可供欣赏的景象）组合而成的乡村旅游风情为吸引物，吸引旅游者前往休息、观光、体验及学习等的旅游活动。从旅游者的需求划分，还可以划分为传统乡村旅游和现代乡村旅游。

尽管国内学者对乡村旅游界定的角度和侧重点不同，但总体而言，认为乡村旅游的内涵应从以下 6 个主要方面来认知和把握（王云才，2002）：

（1）乡村旅游依托的基础产业是农业。
（2）乡村旅游目的地是乡村。
（3）乡村旅游吸引物是具有乡村性的农业生产、农民生活、农村风貌、乡村人文遗迹和乡村民俗风情。
（4）乡村旅游的经营主体是当地农民。
（5）乡村旅游的主要客源市场是城市居民。
（6）乡村旅游的目的主要是休闲体验、观光度假与求知养生。

三、特征功能

乡村旅游作为一种新型旅游形式，从它最初发展至今，就表现出很多独特性，诸如资源特色、产品特点、市场特征等各个方面。这些独有的特点使得乡村旅游成为全球发展最快、最受欢迎的旅游活动形式。

1. 乡村旅游的内容具有广博性

任何处于乡村地区的潜在资源都可以包装成乡村旅游产品，比如各具特色的乡村自然风光，丰富多彩的乡村民俗风情，充满情趣的乡土文化艺术，风格迥异的乡村民居建筑，富有特色的乡村传统劳作，形态各异的农用劳动器具，乡土气息浓郁的农事节气活动，生活感强烈的农产品现场加工等，都是乡村旅游可以挖掘利用的资源，内容是极为丰富的。

2. 乡村旅游具有很强的参与性

乡村旅游是现代旅游业向传统农业延伸的一种新型尝试，它将旅游项目由陈列式上升到参与式，并使旅游者在热汗淋漓的农耕农忙中体会到劳动所带来的全新生活体验。他们既能观赏到优美的田园风光，又能满足参与的愿望，最后还能购买自己劳动的成果，很好地融观光、操作、购物于一体。那些参与程度高的乡村旅游活动，往往更能吸引城市旅游者。因为只有那样才能让游客真正体会到乡村旅游的乐趣。比如加拿大农业大省纽芬兰省的草莓节、魁北克省的"农夫生活之旅"等，都为游客准备了许多亲自参与的活动项目。另外，乡村旅游还需要充分调动当地居民的积极性，让他们也参与其中，让他们从中受益，还能使游客有机会与他们面对面交流，使游客充分体会到"乡村性"的特点。

3. 乡村旅游的形式具有地域差异性

不同的地域有不同的自然条件、农事习俗和传统。另外，每一种农、林、牧、副、渔产品的生产也具有很明显的地域性和特色。比如，成都的"农家乐"为游客充分展示了川西坝子特有的田园风光、民俗风情和古老的巴蜀文化，具有浓郁的农耕"川味"；而山东长岛县的"渔家乐"则为游客提供了住渔家、吃海鲜、钓鱼、赶海、拾螺、捉蟹、捞海菜的机会，让游客亲自做几天渔民。这些都是具有明显地域特色的乡村旅游活动。

4. 乡村旅游的活动具有季节性

乡村旅游是建立在乡村农业生产基础之上的，而农业生产是受季节性约束非常强的，在农业生产中，各种植物的生长深受水、土、光、热等自然条件的影响和制约，进而影响到各种乡村动物的生长周期，从而使农业旅游活动具有明显的季节性。

5. 乡村旅游的消费具有平民性

平民性，是指乡村地区大众性的东西，并不是指乡村旅游价值的低廉。作为现代旅游的一种形式，乡村旅游是大众化的，是以都市工薪阶层或知识分子为主要客源对象的。在19世纪时期，也就是乡村旅游在西方刚刚兴起的时候，乡村旅游并不是大众化的，而只是一部分贵族的消遣活动。"二战"以后，现代旅游活动在世界各地迅速发展时，乡村旅游变得大众化了。现在，乡村旅游项目的设计，更应该注重大众化和大众化的消费水平。在国外，乡村旅游已经成为一种大众化且高层次的旅游消费形式，这是与他们的消费水平相适应的。与我国不同的是，西方国家的居民在选择乡村旅游时，注重的是质量和精神上的享受。

四、基础理论

（一）生态文明理论

1. 基本含义

生态文明，是指人类遵循人、自然、社会和谐发展这一客观规律而取得的物质与精神成果的总和；是指人与自然、人与人、人与社会和谐共生、良性循环、全面发展、持续繁荣为基本宗旨的文化伦理形态。

生态文明是人类文明的一种形态，它以尊重和维护自然为前提，以人与人、人与自然、人与社会和谐共生为宗旨，以建立可持续的生产方式和消费方式为内涵，以引导人们走上持续、和谐的发展道路为着眼点。生态文明强调人的自觉与自律，强调人与自然环境的相互依存、相互促进、共处共融，既追求人与生态的和谐，也追求人与人的和谐，而且人与人的和谐是人与自然和谐的前提。可以说，生态文明是人类对传统文明形态特别是工业文明进行深刻反思的成果，是人类文明形态和文明发展理念、道路和模式的重大进步。

2. 主要内容

建设生态文明，实质上就是要建设以资源环境承载力为基础、以自然规律为准则、以可持续发展为目标的资源节约型、环境友好型社会。为此要树立和谐共生理念，优化产业结构，转变生产方式，改善消费模式，循环利用资源，防控环境污染，坚持绿色发展。着力绿色发展就要深化生态文明型产业的科技创新，以此促进并发挥系统之间正向供求关系的内在作用，使其客观反映资源使用循环性与共享性，有效降低开采资源带来的环境成本，充分发挥资源本身蕴含的生态价值。同时应更积极引进国外先进绿色技术和环保标准，尤其是龙头企业要注重开发的先进绿色工艺和低碳生产流程，激励农村生产企业或者家庭农场，广泛应用绿色科技，以提高低碳生产以及技术创新的本土化水平，促进绿色农业生产技术的转移与扩散，放大资源节约与环境友好型技术的溢出效应（翁伯琦、黄颖、赵雅静、蔡素星，2015）。

3. 与乡村旅游的关系

乡村旅游要以生态文明为依托。乡村旅游要站在生态文明的角度，明确乡村旅游的生态定位。乡村生态旅游作为现代旅游产业发展的新趋势，应该成为区域生态经济发展的重要举措之一，融合其他产业统筹发展。要优化乡村与景点的布局，乡村生态旅游作为"绿色经济"的特色现代农业模式之一，应该确立自身的客户对象、消费需求、市场分布、文化享受、经济效益等，从而实现乡村生态旅游的综合效益。要树立生态旅游的品牌，打造地区乡村生态品牌和地区文化品牌是乡村生态旅游发展的主要目标，应通过将乡村生态旅游来融入区域其他经济的发展之中，实现相互补充与相互支撑。（翁伯琦、黄颖、赵雅静、蔡素星，2015）唯有从生态角度出发，才能实现乡村旅游的可持续发展。

（二）乡村振兴理论

1. 基本含义

实施乡村振兴战略，要按照产业兴旺、生态宜居、乡风文明、治理有效、生活富裕的总要求，建立健全城乡融合发展体制机制和政策体系，加快推进农业农村现代化。

产业兴旺，就是要紧紧围绕促进产业发展，引导和推动更多资本、技术、人才等要素向农业农村流动，调动广大农民的积极性、创造性，形成现代农业产业体系，促进农村一二三产业融合发展，保持农业农村经济发展旺盛活力。生态宜居，就是要加强农村资源环境保护，大力改善水、电路、气、防汛等基础设施，统筹山水林田湖草保护建设，保护好绿水青山和清新清净的田园风光。乡风文明，就是要促进农村文化教育、医疗卫生等事业发展，推动移风易俗、文明进步，弘扬农耕文明和优良传统，使农民综合素质进一步提升、农村文明程度进一步提高。治理有效，就是要加强和创新农村社会治理，加强基层民主和法治建设，弘扬社会正气、惩治违法行为，使农村更加和谐安定有序。生活富裕，就是要让农民有持续稳定的收入来源，经济宽裕，生活便利，最终实现共同富裕。

在实践中，推进乡村振兴，必须把大力发展农村生产力放在首位，支持和鼓励农民就业创业，拓宽增收渠道；必须坚持城乡一体化发展，体现农业农村优先原则；必须遵循乡村发展规律，保留乡村特色风貌（韩长斌，2017）。

2. 主要内容

2017年10月18日，习近平总书记在十九大报告中指出，实施乡村振兴战略。农业农村农民问题是关系国计民生的根本性问题，必须始终把解决好"三农"问题作为全党工作重中之重。

实施乡村振兴战略，要坚持党管农村工作，坚持农业农村优先发展，坚持农民主体地位，坚持乡村全面振兴，坚持城乡融合发展，坚持人与自然和谐共生，坚持因地制宜、循序渐进。巩固和完善农村基本经营制度，保持土地承包关系稳定并长久不变，第二轮土地承包到期后再延长30年。确保国家粮食安全，把中国人的饭碗牢牢端在自己手中。加强农村基层基础工作，培养造就一支懂农业、爱农村、爱农民的"三农"工作队伍。

按照党的十九大提出的决胜全面建成小康社会、分两个阶段实现第二个百年奋斗目标的战略安排，党中央明确了实施乡村振兴战略的目标任务：到2020年，乡村振兴取得重要进展，制度框架和政策体系基本形成；到2035年，乡村振兴取得决定性进展，农业农村现代化基本实现；到2050年，乡村实现全面振兴，农业强、农村美、农民富全面实现。

中国特色社会主义乡村振兴道路的实现路径是：必须重塑城乡关系，走城乡融合发展之路；必须巩固完善农村基本经营制度，走共同富裕之路；必须深化农业供给侧结构性改革，走质量兴农之路；必须坚持人与自然和谐共生，走乡村绿色发展之路；必须传承发展提升农耕文明，走乡村文化兴盛之路；必须创新乡村治理体系，走乡村善治之路；必须打好精准脱贫攻坚战，走中国特色扶贫之路。

3. 与乡村旅游的关系

多年来的实践证明，发展乡村旅游是实现乡村振兴的重要力量、重要途径、重要引擎。在乡村振兴的新时代，乡村旅游要有新作为、大作为。

在乡村文化振兴上发挥引领作用。乡村美，首先是文化美；乡村振兴，文化引领；乡村旅游，文化为本。目前，在一些地方存在着乡村文化凋敝甚至消失的问题，乡村旅游担当着保护和振兴优秀传统文化的重要使命。乡村旅游要更加注重保护、传承和弘扬乡村文化、乡村民俗、乡村非物质遗产，以更加丰富的乡村旅游产品和业态，让人们体验乡村文化；让乡村文化在共兴共享的乡村旅游中发扬光大，再续辉煌。

在生态、生产、生活上发挥促进作用。关注"农村、农业、农民"问题，关键在于保护农村生态、发展农业生产、提升农民生活质量。事实证明，乡村旅游发展真正实现了"农村增美、农业增值、农民增收"，在乡村振兴中发挥着积极的促进作用。乡村旅游的发展要在优化乡村生态环境、促进农业生产转型、提高农民生活水平上聚焦，有更多担当。

在乡村旅游扶贫上发挥推进作用。"小康不小康，关键看老乡"。没有农村地区的脱贫，就没有乡村振兴。乡村旅游扶贫是产业扶贫的重要组成部分，在旅游资源较好的贫困地区，因地制宜发展乡村旅游，将旅游业打造成地区性的支柱产业，这是加快脱贫致富奔小康的重要途径。要把在贫困地区发展乡村旅游作为脱贫致富的重要战略，精准发展、集聚发展、加快发展；让农民既是乡村旅游的建设者、经营者，又是乡村旅游发展的得益者、乡村美好生活的享受者。同时，贫困地区乡村旅游发展也将为城市居民和旅游者提供多样化、个性化的旅游产品和乡村生活，进而促进和增加乡村旅游生活消费，必将大大推进贫困地区脱贫致富"一起奔小康"的步伐。

在城乡一体发展上发挥融合作用。提升乡村的自身价值，实现"三农"要素的重新定位和组合，促进城乡之间资本、人力、知识、消费等各种要素的相互流动和融合发展，推进城乡一体化，是乡村振兴的必然要求。发展乡村旅游，一方面使得农村资源得以充分利用，城乡之间各种要素融合发展；另一方面促进农民身份、职业的转换和"就地城镇化"，吸引城市居民融入乡村、参与乡村振兴的幸福事业。同时，在乡村旅游中，农民实现与城市文化、生活的交流，城市居民实现"回归乡村生活"的梦想。乡村旅游在城乡一体化进程中的重要融合作用将日益显现出来（王洁平，2017）。

第二章

国外乡村旅游发展经验与启示

一、发展历程

乡村旅游是工业化和城市化进程的产物。从国际范围来看,乡村旅游起源于19世纪中期的欧洲,至今已有100多年的历史。在19世纪中期,意大利、德国、法国、英国、西班牙等西方发达国家的乡村旅游开始发展起来。其中,1865年在意大利成立的"农业与旅游全国协会"标志了乡村旅游作为一种重要的旅游类型的诞生。20世纪60年代初,在西班牙首先开始了真正意义上的大众化乡村旅游。但是大规模的乡村旅游出现是在20世纪80年代后期。在乡村旅游的积极推动下,许多国家独特的文化得以传承、丰富并发扬光大,这在很大程度上刺激和助推了农村经济的发展。乡村旅游受到了各个国家和人民的普遍推崇和欢迎。

国外乡村旅游的发展大致可分为以下三个阶段:

（1）乡村旅游萌芽阶段（19世纪中期—20世纪30年代）。这一阶段既没有形成相对独立的乡村旅游区,也没有提出乡村旅游的概念,旅游者自发地开展到乡村走亲、访友、骑马、钓鱼、狩猎等活动,没有成熟的乡村旅游产品。

（2）乡村旅游的发展阶段（20世纪中后期）。这一时期的西方发达国家已进入后工业化时代,平均城镇化率达到80%,现代农业初具规模,乡村出现专门从事旅游接待的农户和旅游企业,乡村观光成为这一时期的主要乡村旅游产品。

（3）乡村旅游的成熟阶段（20世纪80年代以后）。乡村体验性活动是这一阶段乡村旅游的主要内容，乡村度假是这一阶段的主要乡村旅游产品。进入20世纪90年代，乡村旅游得到了世界旅游组织和其他国际组织的大力推动，并开始向发展中国家推广。目前，乡村旅游已成为国际旅游的重要发展方向之一（张环宙等，2007）。

二、发展模式

（一）政府扶持型——日本绿色观光农业

政府扶持型模式是指政府建立法律框架和制度安排，通过税收、补贴、公共产品等手段对农业旅游进行宏观调控和规范管理，促进农业旅游可持续发展。日本政府扶持绿色观光农业发展最为典型。

日本人均土地资源紧缺，土地贵、人力贵、农业生产的先天优势不足，农民弃耕情况突出，因此日本政府希望通过有力的政策措施来保障农业发展。日本农业旅游也在这一进程中得以快速发展。1994年制定实施《农山渔村余暇法》，对绿色观光农业旅游设施建设进行软硬件支持；1995年颁布《农山渔村宿型休闲活动促进法》，制定《促进农村旅宿型休闲活动功能健全化措施》和《实现农林渔业体验民宿行业健康发展措施》。通过政府立法支持，日本绿色观光农业发展迅速，全国绿色观光设施超过5000个，年接待旅游者近800万人次。

政府扶持型模式依托国家和地方各级政府对农业旅游实施科学规划和统筹管理，以完善的农业旅游法律法规环境为前提，从制度层面为农业旅游的持续健康发展提供支撑保障，内容涵盖开发布局、融资筹资、税费优惠、基础设施和人才培训等方面。其实质是政府通过制定并完善相关法律章程，着力于实现农业旅游发展过程中的区位布局协调、生态环境保护和资源循环持续利用，进而实现农业旅游发展的整体效益。

（二）非政府组织型——法国乡村旅游

与政府扶持型模式相比，非政府组织型模式是由各类协会、社团和联合会等多元化的农业旅游中介机构主导，组织农户、企业等参与主体，整合农业旅游自然资源和人文资源，构建网络信息平台，提供咨询培训、整合营销等服务。非政府组织型模式主要通过行业自组织推动农业旅游发展，发挥农业和旅游业的产业效益集群效应，适用于行业协会发达的国家和地区，以法国农业旅游协会为代表。

在法国乡村发展之初，政府与行业协会的合作便应运而生。协会在政府的政策指导下制定相应的行业规范和质量标准，推动行业自律以实现农业旅游的持续发展。早在1954年，联邦国营旅舍联合会主办《法国农家旅舍网》，此后各类农业旅游社团组织和中介机构（如法国农业与渔业协会、全国农民联合会工会、农业商会、全国农民联合会、法国国际旅游推广协会）陆续成立，有力促进了农业旅游的经验交流、信息传播、人才培训。随着行业协会的发展壮大，行业自律行为逐步产生作用，法国政府也逐渐由管理职能转向监管职能，行业协会在农业旅游的发展中显现主导作用。截至2005年，法国已有1.77万农户从事农业旅游，超过5800户农民加入全国性的联合经营组织；2007年有2.92亿人次前往乡村休闲旅游，占全国旅游人数的33.4%；农业旅游收入约244.6亿欧元，相当于全国旅游收入的1/5（法国农业部，2010）。

（三）产业协同型——澳大利亚葡萄酒旅游

产业协同型模式是指以产业化程度极高的优势农业为依托，通过拓展农业观光、休闲、度假和体验等功能，开发农业、旅游产品组合，带动农副产品加工、餐饮服务等相关产业发展，促使农业向第二、第三产业延伸，实现农业与旅游业的协同发展，以澳大利亚葡萄酒旅游为典型。

澳大利亚葡萄种植始于1788年，自1810年开始了商业化的葡萄酒酿造和销售，2008年，澳大利亚葡萄酒产量为1257.14亿升，出口量为714.17亿升，成为世界第六大葡萄酒生产国和第四大葡萄酒出口国。澳大利亚以葡萄庄园的生产设施、田园风光、特色饮食、葡萄酒酿造工艺生产线、葡萄酒历史文化为吸引物，开发体验旅游和文化旅游多元旅游产品组合。通过成立维多利亚葡萄酒业旅游委员会、南澳葡萄酒业旅游委员会促进葡萄酒业与旅游业协同发展，吸纳乡村地区剩余劳动力，创造产业经济乘数效应。2009年，澳大利亚葡萄酒旅游吸引了66万国际游客和410万国内游客，创汇达48.9亿澳元。

产业协同型的农业旅游发展模式最主要的特征是"以农促旅，以旅带农"，是基于本国特色农业产业与旅游业的结合。产业协同型模式适用于农业产业规模效益显著的地区，以特色农业的生产景观、加工工艺和产品体验作为旅游吸引物，开发观光、休闲和体验等农业旅游产品，带动餐饮、住宿、购物、娱乐等产业延伸，产生强大的产业经济协同效益。

（四）生活生态型——德国市民农园

生活生态型模式是指以满足城市居民农耕体验需求为中心，强调农业旅游生产、生活、生态功能均衡协调，以德国市民农园为代表。

1919年，德国颁布《市民农园法》，成为世界上最早制定市民农园法律的国家。市民农园运作模式是地方政府提供小块公有土地或向农民租地，用于出租给没有土地的市民种植花草、蔬菜、果树，体验农业耕作、田园生活及接近大自然的乐趣。德国市民农园与其工业化和城市化发展密切相关，可以说市民农园既是一种农业旅游发展模式，同时也是一种城市规划管理模式。1983年后，德国市民农园更加突出为都市居民提供体验农家生活的功能，经营方向相应地由生产导向转向农业耕作体验与休闲度假。市民农园具有五大功能，包括体验农耕乐趣、提供健康食物、开展休闲社交、美化绿色环境及提供退休人员或老年人消磨时间场所。至2008年，德国共有10.2万个市民农园，占地面积达4.664万公顷，超过400万人参与市民农园的种植和管理。

生活生态型模式产生于特殊的社会人文环境。一方面，政府在市政发展规划中实施城市美化绿化工程，通过发展农业旅游为居民提供自然生态空间，改善城市空气、水和噪音等污染问题；另一方面，城市居民沿袭了自给自足的农耕文化习俗，通过农业旅游满足了农家生活体验和休闲娱乐等社交需要。因此，生活生态型模式是发挥农业旅游生态功能、满足现代都市居民回归自然、放松身心的高层次旅游需求的有效途径。

（五）科技依托型——新加坡农业科技园

科技依托型模式是指在农业资源相对匮乏的国家，发挥科技研发推广优势以促进农业旅游发展，新加坡的农业科技园最为典型。

新加坡全国可耕地面积仅5900公顷，占国土面积的9.5%。科技农业成为新加坡农业发展的最重要途径。20世纪80年代起，新加坡政府大力发展农业科技园，园区内建设了生态走廊、蔬菜园、花卉园、鳄鱼场、海洋养殖场等，逐渐形成了独特的旅游吸引力。现今，新加坡的农业科技园已成为集农产品生产、销售、观赏于一体的综合性农业公园，园区展示国内外先进农业科技成果，每年吸引近600万旅游者。

科技依托型模式以农业科技研发作为特色旅游资源，在城市中心或近郊因地制宜选址布局，结合农业生产，以科技园、科普基地、博物馆、展览中心等景点形式，集中展示现代农业技术，发挥了独特的科普教育作用。科技依托型模式的主体一般是具有较强技术和科研能力的农业龙头企业。

（六）民俗节庆型——美国民俗节庆旅游

民俗节庆型模式是将农耕文化、民俗风情融入传统节日或主题庆典中，通过农业节庆活动推动旅游、会展、贸易及文化等行业发展，促进经济增长并创造社会文化价值。美国南瓜节、草莓节和樱桃节是民俗节庆型农业旅游的典型。

旧金山半月湾南瓜艺术节是世界著名的农业旅游节庆活动之一，每年接待游客数十万，与南瓜节、万圣节相关的艺术品摊位250个左右，给当地带来约1000万美元的直接经济收益。北卡罗来纳州草莓节、田纳西州草莓节、加州草莓节、佛罗里达草莓节等节庆旅游历史悠久，形式多样，包括草莓采摘品尝、副产品加工制作、草莓小姐选举及专门为儿童和残疾人设计的娱乐项目。农场、旅游企业、零售企业、娱乐企业紧密合作，形成战略联盟，带动草莓加工销售，拉动农民就业，促进地区间文化交流，提高区域旅游知名度。

民俗节庆型模式挖掘地方农业和农村的历史人文内涵，通过市场运作，以传统节庆为中心开展农业旅游整合营销活动，进行农业旅游主题展示、广告策划、公关和网络营销等传播活动，从而推动地方农业经济增值，发挥农业旅游的产业乘数效应。该模式适用于具有浓郁农业旅游人文资源且商业经济发达的地区，运用现代营销管理技术推动农业旅游的创新与发展。

（七）居民参与型——印度尼西亚农业旅游度假村

居民参与型模式是指在农业资源丰富、人口众多的发展中国家和地区，通过发展农业旅游促进农民就业增收，提高农村文化素质并改善农村地区基础设施建设。以印度尼西亚的农业旅游度假村为典型。

坐落在印度尼西亚东爪哇省的玛尔戈乌托莫阿格罗度假村成立于1976年，经典的旅游项目包括在乡村花园内参观胡椒、豆蔻、咖啡、雪茄等热带作物种植和加工过程，夜间在沙滩边观看海龟产卵等。度假村有服务员工近百人，其中绝大部分是当地村民。村民广泛参与旅游活动不仅获得良好的收入，同时也在与旅游者的交流互动中传播了乡村文化，提高了游客满意度，改善了当地社区福利水平。

居民参与型模式多见于以农业为支柱产业的发展中国家，以乡村生态景观和生活情景为独特的旅游资源，通过农业旅游度假村开发、乡村特色纪念品加工销售、农家餐饮住宿经营，为农村居民创造就业和增收机会，从而缩小城乡收入差距，促进城乡文化交融。

三、典型案例

（一）美国乡村旅游发展经验——怀俄明（Wyoming）州案例

美国是一个高度城市化的国家，广大的农村地多人少，推出乡村旅游，一方面弥补了劳力短缺，另一方面还能就地推销农产品，所以政府大力扶持乡村旅游的开发。在政策方面，1992年专门立法制定了乡村旅游相关法律，为乡村旅游的发展提供法律保障，同时设立了"农村旅游发展委员会"，对农村旅游发展的政策进行研究。编制针对乡村旅游的政策和规划，美国有30个州有明确针对农村区域的旅游政策，其中14个州在旅游总体发展规划中包含了乡村旅游。制定严格的管理法规，如要求农场必须设立饮用水源和流动厕所，露天场所要提供消毒水等。在资金方面，联邦政府成立了"农村旅游发展基金"，联邦政府的小企业管理局还专门制订农村旅游贷款计划，根据各农场具体情况政府给予启动资金，州政府也在采取各种形式向乡村旅游企业提供经济帮助。此外，政府还印制了《农村旅游手册》，对乡村旅游进行宣传，同时加强对乡村旅游从业人员的培训。

农场主的努力经营也推动了美国乡村旅游的健康发展。许多农场主学习各种与乡村旅游相关的课程，比如市场学、计算机和互联网应用等知识。世界著名学府康奈尔大学还为农场主开设了如何成为农业企业家的课程和讲座。为了在激烈的市场竞争中生存和发展，农场主还在乡村旅游的内容和项目上不断推陈出新以吸引更多的游客，除了采摘果品、露营野炊、"绿色食品展"、乡村音乐会、冬天破冰垂钓、饲养小动物等传统活动，还新增了"玉米田迷宫""珍稀动物展览""农场博物馆"等活动内容，引来了源源不断的游客。

美国怀俄明州地域辽阔而人烟稀少，早期为游牧之地，至今仍保留着早期游牧民族遗留下来的特征和西部精神，故有"边疆州"和"牛仔州"的昵称。旅游业成为怀俄明州三大产业之一，旅游业发展给当地带来了巨大收入，产值与批发零售贸易相当，超出农业产值两倍多。据统计，怀俄明州旅游业价值1978年已接近55.2亿美元（Frieda Knobloch，2001）。

1. 有力的政府法规保障

1991年，怀俄明议会颁布了《农场权力法》（Right-to-farm Act），禁止在农场耕地上从事破坏生态环境的经济活动。为保证立法得到有效实施，州议会责成怀俄明州狩猎与渔业局继续实施自1978年以来的"撒布莱特县全面开发计划"（The Sublette County Comprehensive Plan），检测并保护自然生态环境和野生动物，践行"保护野生栖息地、保护自然生态以吸引移民定居"的理念，在适当条件下由政府出资收购野生动物活跃的自然区和山区。到20世纪90年代初，该州新收购的自然保护区面积达到16.5万公顷。在保护自然环境的基础上，充分发展生态旅游业，在野生动物保护区外围建立乡村旅游娱乐设施和酒店（张颖，2011）。

2. 特色化的旅游项目

在自然景观方面，怀俄明州有深峡峭壁、松林和错综石灰岩洞，这个地区最有名的黄石公园（Yellowstone National Park）因为独特的地热现象而成为美国第一个国家公园。全州约有一半土地用于畜牧业，牧场都很辽阔，是野生羚羊和麋鹿出没的地方。在人文景观方面，怀俄明州拥有怀俄明州立博物馆（Wyoming State Museum）、怀俄明地理博物馆等大大小小16个博物馆，拥有世界闻名的管弦交响乐队，并定期举办音乐会，保留着原始淳朴的牛仔风情。

表2-1 怀俄明州主要乡村旅游项目

旅游目的地	旅游项目
杰克逊县	套小牛、骑野马、欣赏牛仔竞技表演、泡温泉、游览大提顿国家公园
科迪县	户外探险（比如远足、骑车、骑马、钓鳟鱼）、欣赏野牛比尔历史中心、游览黄石国家公园
雷德洛奇县	滑雪大赛、赛猪比赛、野外冒险（露营、观光、徒步、山地骑行）
夏延县	狩猎、避暑、参观夏延西部历史博物馆、骑行

3. 以"牛仔"为品牌的文化营销

怀俄明州工商委员会全力以赴促进旅游业的发展，紧紧依托著名景点国家黄石公园的旅游资源，在距离该公园约161公里的大平原贫困县乡村开发旅游资源。与当地政府合作，利用好莱坞牛仔电影颇受国内外观众青睐的心结，充分发展以"牛仔文化"为核心的旅游业，确立了怀俄明旅游资源中的"牛仔"形象。

直至 1998 年，该州旅游促销宣传中都以"牛仔品牌"为特色，"牛仔形象成了怀俄明州的名片，牛仔表演具有最大吸引力，具有传统风格的度假农场四处都是。"除了突出西部牛仔的真实感和神秘感，促销者们宣扬牛仔文化，为怀俄明州旅游业增添了几分文化色彩。

（二）法国乡村旅游发展经验——昂热案例

法国是全世界公认的第一旅游胜地，其旅游主要由四大产品体系构成，以滨海游为主体的蓝色旅游，以高山滑雪为特点的白色旅游，以巴黎等城市名胜古迹为代表的城市旅游，以及以乡村风光、土特产品为主要吸引物的乡村旅游，而乡村旅游游客量近年来已跃居各项旅游之二，仅次于蓝色旅游。法国乡村旅游距今已有 100 多年历史，起源于 19 世纪，兴盛于 20 世纪 70 年代末 80 年代初。其产品类型涵盖了农场客栈、农产品市场、点心农场、骑马农场、教学农场、探索农场、狩猎农场、暂住农场和露营农场等九大系列，活动类型多种多样。

昂热是法国著名的文化和产酒胜地。这里不仅保留着丰富的历史遗迹，同时还有 29 处 AOC 产区管制葡萄酒园，被联合国教科文组织列为世界遗产，是法国文化的瑰宝。

1. 以协会为主导的"政府＋协会＋农户"发展模式

法国在发展乡村旅游的成功经验在于他们找到了正确的发展模式，即以强大的协会为主导的"农户＋企业＋协会＋政府"发展模式。农户是主要的乡村旅游经营主体，他们在经营农业的同时，利用农业资源开发乡村旅游产品。企业是乡村旅游供给体系的重要组成部分，他们是联系农户与游客的桥梁，也是重要的旅游服务供给者。协会在政府的政策指导下制定乡村旅游的行业规范和质量标准，推动行业自律。同时，协会作为联系政府同农户之间的桥梁，也为农户提供了很多的咨询培训、网络信息平台、营销服务等。在法国，涉及乡村旅游的协会有很多，例如法国农业与渔业协会、全国农民联合会工会、农业商会、全国农民联合会、国际旅游推广协会。

对于法国政府而言，他们从宏观方面制定的政策就是对乡村旅游发展最好的扶持。作为推广农业旅游的中央机构，法国农会常设委员会（APCA）于 1998 年设立了农业及旅游接待服务处，并结合法国农业经营者工会联盟、国家青年农民中心和法国农会与互助联盟等专门农业组织，建立了名"欢迎莅临农场"的组织网络。

以当时昂热所在的安茹省（Anrou）乡村旅馆联合会为例，协会为家庭旅馆业主提供的服务主要有：

①建筑师或 CAUE（城市与环境建筑委员会）风景设计师的咨询服务

②5天以上的培训，培训内容主要有市场调查、法律与税收制度与条款项目管理、价格标准与定价原则、筹资计划与津贴申请

③与旅游委员会共同组织对项目利益相关者的培训

④对投诉处理提供咨询和协助调解

⑤个人网站的制作

⑥出版或更新国家旅游指南，帮助业主联合促销

⑦提供与有关管理部门，如安全、水资源管理、卫生与消毒、泳池水质管理、餐饮质量管理、卫生标准管理。

2. 因地制宜的乡村旅游活动

昂热（Angers）依托其周边丰富的自然与文化遗产，开展多种形式的乡村旅游活动（见表2）。同时，昂热注重乡村住宿的特色化。根据不同的地带，乡村别墅被划分为不同的主题，如美食、钓鱼、骑马等。并分设了一些具体的商标，如鱼屋、雪屋、农屋，根据其不同的经营性质，所提供的服务也都各具特色。

表2-2 昂热提供的乡村旅游活动

休息	遗产文化参观	运动
露营 乡村度假别墅出租 品尝葡萄酒 与农场主人沟通 ……	参观文化景点（如，圣莫利斯大教堂、艺术博物馆） 葡萄酒之旅 昂热古堡旅行 ……	单车 钓鱼 烧烤 低谷漫步 ……

（三）日本乡村旅游发展经验——长野县案例

在亚洲，日本是乡村旅游发展较早的国家。日本政府非常重视乡村旅游的发展，日本的旅行社专门开发出务农旅游，每年组织旅游者参加春天插秧、秋天收割等务农活动和捕捞鱼虾、牧场放牧、牛棚挤奶等项目。

日本长野县饭山市自然条件恶劣，每年雪期长达4个月，对农业生产极其

不利。而饭山市乡村旅游却在劣势的环境下繁荣发展起来。

1. 政府大力支持

日本长野县饭山市的乡村旅游发展是在来自政府的大力支持之下开展的。日本政府为了乡村旅游的发展，不仅出台了一系列相关的法律法规，如《农山渔村旅宿型休闲活动促进法》《森林法》等，给予乡村旅游发展法律保障，还为各地提供诸多实际有效的支持，诸如制定乡村旅游发展规划以及相关政策、改善基础设施、给予技术和资金资助、进行乡村旅游宣传等。

2. 延伸农业体验产业链

饭山市在开展乡村旅游时，采用现代最新技术装备农业生产，根据自己的农业发展特色开发观光农业、体验农业、民俗农业、游乐农业等旅游产品（见表2-3），游客可以在这里亲身体验和观赏现代化农业生产过程。

表2-3　长野县饭山市农业体验的主要模式

类型	形式
观光农业	农民准备详细的资料，介绍自己的产品品种、生产过程、生产肥料、病虫害防治方法，以及各类无公害农产品；旅游体验者对农产品现场品尝和购买。
体验农业	农村生活方式的体验：对20多公顷森林进行间伐、整理树形，在林间修建小木屋。依托小木屋进行农舍旅游接待，农舍内居家设备齐全，游人可做农家饭、干农活，深度体验农家生活； 中小学生的农业劳动体验：学生游客可以参加种植、收获、采集、编织、加工等各项农业活动。
游乐农业	开展滑雪比赛、雪人雪屋堆塑、农园观光、植树以及其他具有地方特色的娱乐活动。
民俗农业	参观显示当地民俗民风的和屋宾馆，游客穿着和服享受古老的坑火烤鱼和当地自产的各种菜肴、糕点，品尝清淡的传统米酒，观赏豪放的民间大鼓，还有水温高达40多度的温泉浴。

3. 以低碳技术为手段发展乡村旅游

日本早在2008年发布的《低碳技术计划》中就提出了实现低碳社会的技术战略和环境、能源技术创新的促进措施，涉及新型太阳能发电、先进的核能发电技术、先进的道路交通系统、燃料电池汽车、节能型住宅建筑、新一代高效照明等多项创新技术。充足的资金投入和领先的技术水平为日本发展低碳乡村旅游奠定了坚实的基础，其中的一些技术已经在乡村旅游开发中得到了应用，如旅游交通工具的清洁能源化、旅游住宿设施节能节水化、旅游企业减排等。长野县四贺村乡村旅游地便是其中的代表，该村通过建设有机处理中心，把有机农业和有机堆肥制作结合起来，通过技术手段实现了太阳能和风力发电，是乡村旅游地低碳化开发的先进典型。

（四）韩国乡村旅游发展经验——周末农场

韩国乡村游内容丰富。海滩、山泉、小溪、瓜果、民俗都成为乡村游的主题。韩国农村经济研究院提供的资料表明，韩国农村观光和民俗旅游市场的规模，2005年便已达到5.11万亿韩元。"周末农场"因适应了双休日的特点，可供城市游客携一家老小去耕作和收获，体验劳动的艰辛和乐趣，在韩国，乡村游成为一种极为重要的乡村旅游方式。

1. 不断推陈出新的乡村民俗活动

韩国约有800个与乡村旅游有关的民俗节庆，如"泡菜节""鱼子酱节"等，具有浓厚的乡土特色。为了在激烈的竞争中生存和发展，韩国乡村游在项目和内容上不断推陈出新。"韩食旅行"让游客前往农村品尝颇具特色的韩式套餐。"茶园旅行"让游客到茶园采茶。韩国农林部推广的"绿色农村体验村庄"则是将自然生态、旅游、信息化和农业培训结合起来的高端乡村旅游项目。

2. 政府大力支持下的都市农业

随着城市居民对都市农业的关心和参与度提高，政府也出台了系列政策和措施。国家制定了耕地制度，首尔特别市和广域市等地方政府采取各种支持措施。

首先，1994年制定的《农渔村整备法》鼓励农村地区开展以休闲为目的的观光农业，支持城市周边开展周末农场等，这为之后韩国推进都市农业政策奠定了基础。2003年，应对城市居民对周末农场需求的增加，界定了1000平方米以内的耕地允许个人所有，让城市居民对农园进行直接耕作或委托管理。2003年以来，每年农园用耕地交易达4000~5000公顷。

其次，农林水产食品部在2010年组建了"都市农业全国协商会"，专为都市农业发展制定中长期规划和相关法律。农村振兴厅则为建设更好的都市农业发展环境，积极开展各种绿色生活实践活动和项目，如绿色城市空间扩散示范，归农—归村城市居民教育及咨询，农村资源挖掘，扩大农村交流等。归农—归村城市居民教育及咨询项目是以城市职场人士为对象，举办归农教育晚间补习班，或提供网络技术情报及咨询服务，进行农村生活适应和基础经营技术教育活动等。

四、发展启示

我国是一个农业大国，同时也是一个多民族的国家，农村旅游资源相当丰富，在我国开展乡村旅游具有天然的资源优势和人力资源优势。也正因为我国是一个农业大国，所以发展乡村旅游对于促进我国农村的发展，提高农民的生活水平，转换农村的经济结构，避免大量农村人口大幅度迁移具有举足轻重的作用，目前，乡村旅游的发展规模在逐步扩大，要科学引导我国乡村旅游步入健康、快速、可持续发展的道路，就必须结合我国乡村的实际情况，总结吸收借鉴国外发展乡村旅游的成功之处。

（一）明确乡村旅游定位与目标

深刻认识到乡村旅游的功能，对乡村旅游进行准确定位，确定合理乡村旅游发展目标，是发展乡村旅游的至关重要的第一步，是政府出台乡村旅游发展政策的基础。

目前，我国乡村旅游功能定位的重点尚处于对乡村经济的扶持作用（如"旅游扶贫"）和乡村产业结构调整上，对于乡村社区传统和文化本真性的保持上重视不够。一些地方漫无目的的跟风式发展乡村旅游，没有从乡村自身独特性出发的清晰的定位，导致资源的破坏和产品的同质化，甚至各方利益的冲突。

乡村旅游具有重新配置乡村资源，整合乡村多种功能的重要作用。不仅是乡村传统产业的替代产业和长远发展的战略产业，也是乡村社区繁荣和文化复兴的重要方式，甚至可以起到"重唤农村文化与灵魂的作用"。因此，在乡村旅游发展的定位和目标中，应重视经济、社会和文化的协调发展，注重乡村社区的可持续发展。

（二）完善乡村旅游政策与法规

乡村旅游政策与法规体系是乡村旅游发展的宏观支撑环境，对乡村旅游发展具有方向指导作用。为了保证我国乡村旅游的良性发展，政府应该成立专门机构研究与之配套的相关政策与法规。

首先，应健全和完善涉及乡村旅游的法律法规框架，重点出台涉及农村土地流转、乡村旅游标准与规范、旅游开发与资源保护、投资权益保护等法律法规，以规范乡村旅游市场秩序和经营管理行为。其次，政府应从宏观调控的角度建立长效的乡村旅游政策扶持机制。政府旅游主管部门应协同其他相关部门对乡村旅游项目在投资、审批、税收、土地、贷款、融资等方面给予更多的优惠政策，以形成鼓励乡村旅游发展的政策环境。

（三）注重协会发展与社区参与

我国乡村旅游应积极建立民间旅游协会组织，充分发挥民间乡村组织和旅游协会的作用，并引导社区居民参与乡村旅游发展，以保证旅游发展的高效性与可持续性。一方面，积极建立各种乡村旅游协会，通过协会的引导和组织作用，协调乡村旅游各大利益相关者的利益和诉求，形成科学的产品开发、市场营销和教育培训等体系。另一方面，注重乡村社区的发展，积极鼓励社区居民参与乡村旅游开发和经营。社区居民和社区文化是乡村旅游的核心要素，是保持乡村性特色的根源，因此乡村旅游发展应以当地社区为核心，优先保证当地社区居民对旅游的参与权，并提供积极的政策扶持和相关协助。

（四）鼓励多种主体参与旅游投资

我国乡村旅游开发应根据当地实际情况选择最合适的经营形式，鼓励多种主体参与乡村旅游，在保障乡村社区居民利益的前提下实现多方共赢。在乡村旅游欠发达地区，需要由政府主导乡村旅游跨越式发展，可以尝试政府投资开发经营、"政府＋公司"经营、"政府＋公司＋社区"经营、"政府＋社区＋农户"经营等乡村旅游开发模式；在乡村旅游较发达地区，乡村旅游发展以市场调节为主、行政调节为辅，实行"公司＋农户"经营模式、"股份合作制企业＋社区＋农户"经营模式、"村集体经济体＋农户"经营模式、"农户＋农户"企业独立开发等经营模式。

（五）创新独特乡村旅游产品

中国现阶段的乡村旅游发展略显单调，千篇一律的建筑风格和相似的发展模式不能满足旅游者的差异化需求，阻碍了乡村旅游的长足发展。各地应该充分利用当地自然环境的独特性与专属性，结合人文、自然景观、生态环境资源及农林渔牧生产活动等，形成各自独特的风格。

要保证乡村旅游的独特性，不仅应根植于当地特色，还要从多个角度对乡村旅游产品进行创新，具体包括产品形式创新、产品类型创新和产品功能创新。在产品形式方面，让旅游者参与到工艺纪念品的制作过程中，运用高科技手段对旅游产品进行包装。在产品类型方面，依托乡村旅游的资源禀赋，根据旅游市场的需求，有针对性地开发具有特色的乡村旅游产品。例如，可借鉴西班牙的城堡乡村饭店、新加坡的农业科技公园等。在产品功能方面，根据旅游者的需求层次的不同，要有针对性地开发乡村旅游产品的休闲娱乐功能、医疗保健功能和学习发展功能，满足不同游客娱乐、交际、自我发展等需求。

（六）挖掘地方性文化内涵

乡村旅游依靠原真性的乡村文化得以满足旅游者的"故乡情结""回归自然""文化寻根""猎奇心理"等旅游需求。原汁原味的乡村文化是乡村旅游吸引力的源泉。作为吸引游客的核心旅游资源，如何深度挖掘出乡村旅游的文化内涵将对乡村旅游的可持续发展起到至关重要的作用。

悠久的乡村发展历史积淀了多姿多彩、独具特色的乡土文化，包含了传统的历史文化、独特的农耕文化、淳朴的民俗文化、宁静的田园文化等。对乡村文化内涵的深度挖掘可以使乡村旅游提升到更高一层的档次，让自然与文化产生共鸣。例如，在建筑形式上，可以设计蕴含乡村文化寓意的环境造型；在餐饮产品方面，可以用乡村独有的原料或烹制方法制作具有浓厚乡土特色的餐饮产品；在游乐项目方面，可以开发文化体验活动。

（七）实施多元化旅游营销方式

我国乡村旅游发展应注重市场网络的建设，实施线上与线下结合的多元化营销方式，全方位开拓旅游市场。具体而言，包括以下三个方面：

一是运用传统营销方式提高乡村旅游目的地的市场知名度。这类方式包括电视广播、旅游杂志、宣传册、海报、户外广告等传统营销媒介，这些方式以高密度、全方位、多层次的营销宣传扩大乡村旅游的市场影响力。

二是创新网络营销、微博营销、手机营销、影视营销等新兴营销方式。尤其应该加强乡村旅游网站的建设，地方旅游局和旅游协会也应该协助当地的乡村旅游发展创建具有较大知名度和影响力的乡村旅游网站。在这些网站中，不仅要包括丰富的乡村旅游资源、旅游产品、旅游路线、旅游企业、当地文化、风俗的介绍，还应包含即时信息查询、预订和互动交流的功能，简化游客从了解到预订的程序。与此同时，在知名网站上建立乡村旅游网站的链接，提升网站的点击率，扩大宣传覆盖面。

三是创新节庆营销。即乡村旅游目的地通过深度挖掘自然资源、传统文化、乡风民俗等文化内涵，策划特色主题节庆营销活动。可借鉴美国的威斯康星州的做法。威斯康星州是美国著名的"汉堡之乡"。该州在1998年烹制出重达2.5吨的汉堡包，载入了吉尼斯世界纪录，从此每年都会举行享誉全球的"汉堡盛宴"，世界各地的旅游者纷纷慕名前来，该州的乡村旅游也因此获益匪浅。

（八）建设低碳旅游环境

我国的乡村旅游地要加强对乡村旅游环境的管控，结合低碳能源、低碳科技来进行管理，始终以低碳为标准来保护环境。

政府部门应加强对乡村旅游低碳化开发的宣传教育，通过电视、电影、广播、网络等宣传低碳文化，引导和鼓励游客选择低碳的旅游方式，在全社会形成关注低碳、支持低碳和参与低碳的良好氛围。

乡村旅游地一方面应通过碳排放测定、智能化管理等方式对游客容量实行严格的控制，尽可能地采用原生态材料来进行配套设施的建设，减少基础设施建设对环境的破坏。另一方面要本着循环利用的原则对旅游活动过程中产生的废弃物进行回收利用或作无害化处理，最大限度地减少消耗，并积极采取碳补偿、碳中和等措施，对环境破坏进行弥补，延长旅游地的生命周期。

第三章

中国乡村旅游发展现状及模式

乡村旅游是指以乡村自然与人文活动为吸引物，以农户为经营服务主体，以城市居民为主要目标市场，以满足旅游者观光、休闲、娱乐、度假、学习、购物等各种需要为目的的旅游活动。它最早起源于18世纪初期的英国，相继在法国等西方国家推广和蔓延，本书已在第二章中对国外乡村旅游的发展情况进行说明，本章将着重说明乡村旅游在中国的发展。

一、发展历程

（一）发展阶段

我国的乡村旅游从20世纪80年代开始兴起。改革开放以来，党和国家做出了建设社会主义新农村的战略部署，拉开了乡村观光旅游的序幕。1981年11月，在《当前的经济形势和今后经济建设的方针》的报告中，党和国家号召全国亿万农民为建设社会主义新农村而奋斗，强调社会主义新农村建设中要首先抓好农业生产，发展农村经济。在20世纪80年代中期，改革开放较早的深圳首先开办了荔枝节，主要目的是为了招商引资，随后又开办了采摘园，取得了较好的效益。于是各地纷纷效仿，开办各具特色的观光农业项目。到了20世纪80年代以后，由于人们对生态环境的关注程度不断提高，世界范围的"绿色运动"推动了乡村旅游的快速发展。

进入20世纪90年代，乡村旅游作为生态旅游的重要组成部分，得到了世界旅游组织和其他国际组织的大力推动。同时，乡村旅游已经成为现代旅游业的重要发展方向，显示出良好的发展前景和蓬勃势头。国家旅游局把1998年确定为"华夏城乡游"旅游主题年，提出"吃农家饭、住农家院、做农家活、看农家景、享农家乐"的口号，极大地促进了我国乡村旅游活动的开展。

2003年，上海颁布实施《农家乐旅游服务质量等级划分》，这是我国第一个地方性乡村旅游标准。国家"十一五"规划则将建设社会主义新农村作为现代化进程中的重大历史任务，为了更好地发挥旅游在社会主义新农村建设中的优势和作用，国家旅游局把2006年确定为"中国乡村游"主题年，宣传口号为"新农村、新旅游、新体验、新风尚"。这一口号的提出，进一步调动和激发了全国各地发展乡村旅游的积极性，为乡村旅游的全面发展提供了强有力的政策支持和广阔的历史舞台。按照党中央、国务院2007年1号文件关于特别要重视发展乡村旅游业的要求，国家旅游局提出并积极推动"中国和谐城乡游"旅游主题年活动，不仅为我国乡村旅游的健康发展赋予了一个全新的理念，更提供了一个全新的发展契机与空间，标志着中国乡村旅游热潮的正式到来，大江南北，村野山寨，南国北疆，民俗古镇，乡村旅游如雨后春笋，在中国大地蓬勃发展，深受广大城乡民众的喜爱和欢迎。同年国家旅游局还启动了乡村旅游"百千万工程"，即在全国陆续推出100个特色县、1000个特色乡和10000个特色村。2008年，浙江省安吉县正式提出"中国美丽乡村"计划，出台《建设"中国美丽乡村"行动纲要》，随后浙江省制订了《浙江省美丽乡村建设行动计划》，全国各地正在掀起美丽乡村建设的新热潮。

乡村旅游是美丽乡村建设的重要抓手，通过发展乡村旅游，可以整治村落环境，解决村民就业，帮助村民脱贫致富，因此，各地均把乡村旅游作为实现美丽乡村建设的重要途径。如今，乡村旅游在全国正处于蓬勃发展之势。

（二）发展现状

通过30余年的建设和发展，我国的乡村旅游项目得到了显著的提升和完善，在不少地区已基本形成了种类丰富、档次多样、文化厚重、特色鲜明、管理有序的乡村旅游格局，不仅得到了政府的大力扶持与推广，更是受到了城乡居民的认同与积极参与，不仅产生了巨大的社会效益和经济效益，而且从客观上极大地带动了农村经济的发展，对农民收入的增加、生活的改善，对城乡一体化建设的推进，对农村精神文明建设，都起到了积极的推动作用。

1. 乡村旅游产品内容

我国乡村旅游产业经过30余年时间的发展，尽管还呈现出管理不善、低水平扩张等许多问题，但由于迎合了大众亲近自然、返璞归真、休闲娱乐的消费心理,这种需求还在不断扩大,从而推动着乡村旅游蓬勃发展。目前,我国各地的乡村旅游开发正朝着融观光、考察、学习、参与、康体、休闲、度假、娱乐于一体的综合型方向发展,其中国内游客参加率和重游率最高的乡村旅游项目是以"住农家屋、吃农家饭、干农家活、享农家乐"为内容的民俗风情旅游,以收获各种农产品为主要内容的务农采摘旅游,以民间传统节庆活动为内容的乡村节庆旅游。可见,中国的乡村旅游正在从观光旅游向观光、休闲、度假旅游融合阶段发展。在这个发展阶段将迎来资本市场资金、大型企业集团资金和风险投资资金进入乡村旅游市场。乡村旅游目的地的基础设施建设水准进一步提升,乡村旅游品质的特色更加突出,乡村旅游产品将融入更多的中国传统文化、农耕文化、古镇文化、体验文化、自然遗产和文化遗产。

2. 乡村旅游经济效益

2016年乡村旅游人次达1.6亿元,乡村旅游接待游客近13.6亿人次,收入达4000亿元以上,此外,乡村旅游投资达3000亿元,乡村旅游事业体超过200万家。乡村旅游正成为繁荣农业农村经济,促进农民就业增收,改善农村环境卫生,提升农民生活质量,拉动国内消费和推动城乡经济社会一体化发展的重要途径。

(三)存在问题

1. 产品类型形式单一,产生同质竞争

我国乡村旅游资源极其丰富,既包括丰富的自然景观资源和人文景观资源,也包括农业资源和文化资源。但由于在乡村旅游开发的过程中,缺乏政府及相关专业人士对规划与开发的指导,导致文化素质不高的农户对乡村资源的盲目重复开发,一哄而上开发类型重复的观光休闲的"农家乐",活动内容单一(吃农家饭,干农家活,住农家房,春季赏花,秋季摘果),娱乐互动项目较少,缺乏吸引力,而像购物、疗养、度假等带动性较强的旅游活动项目较少,缺乏能同时满足游客"吃、住、行、游、购、娱"一体化消费需求的综合性乡村旅游产品。尤其是在小范围区域内,众多的乡村旅游点更是具有明显的相似性。这种设计类型趋同、千篇一律的活动模式,难以形成具有独特卖点的旅游吸引力,彼此间竞争加剧,增大了市场风险,导致部分地区开发效益下降。

2. 旅游产品层次较低,文化内涵不足

乡村旅游资源在进行开发的时候对农业资源、自然资源等过分依赖,却不

注重对本身乡村文化和当地民俗文化资源的转化和利用。例如乡村的农房和旅店，要么建设得和城市的酒店一样规矩板正，要么就是原生态的农家客房毫无特色，这样缺乏民俗文化风情的建筑无法创造独特的卖点。乡村旅游对民俗文化的挖掘及其本身知识性、参与性十分欠缺。目前，很多乡村旅游产品多停留在提供住宿和餐饮的低层次上，很少注意提升其本身的知识文化内涵及参与性。从古至今，旅游都是和文化联系在一起的，随着游客文化素质的不断提高以及教育的普及，很多游客会把旅游与历史、民俗、宗教、文化、艺术等结合起来，这对乡村旅游提出了更高层次的要求。只有乡村重视了文化内涵的发掘和民俗氛围的营造，打造主题鲜明的旅游乡村，才能为乡村旅游的发展创造源源不绝的动力。

3. 旅游经济过度商业化，乡土风情抽离

过度商业化造成部分农户为从事农家乐经营，在自家院子私搭乱建简易设施。部分则由开发企业投资，在乡村建立大型度假村、豪华酒店以及休闲或娱乐中心，走商业化经营的路子。还有部分景区或乡村附近所谓的民俗村，走所谓的民俗表演路数，借机强迫客人消费。商业化运作可以促进农家乐的发展，完善农家乐的产品，增加农家乐的宣传力度，提高乡村农户的经济收入。但过度的商业化运作将会使农家乐乡村旅游变味，丢掉传统和淳朴的乡情，同时也丢掉了农家乐赖以生存和发展的乡村文化特色。

4. 配套设施供给不足，服务质量偏低

乡村旅游开展地均为城郊、乡村，相对城市而言，这些地区的经济发展水平普遍较低，基础设施配套跟不上，导致许多旅游基础设施不能满足旅游活动的需要，也难以留住游客，其中以旅游接待设施和旅游活动的可进入性与旅游活动开展的矛盾最为突出。在经营管理上，农民群众虽然具有兴办乡村旅游的积极性，但由于缺乏系统的培训和锻炼，服务质量和经营管理水平低下，而且政府对发展乡村旅游尚未制定应有的优惠政策，也没有制定乡村旅游管理的相关法律法规，也就不能保证其健康、持续发展。

5. 公共基础设施薄弱，环卫有待提升

由于乡村农户的"小富即安"的思想，在打造乡村旅游产品的同时忽视了公共基础设施的建设，例如对道路的修缮，公共厕所的建立，集贸市场的完善，停车场的修建等；这些为旅游者提供公共服务的设施的缺乏不仅会导致游客的可进入性差，同时也会减少游客的逗留时间，不利于乡村旅游经营效益的提高。另外，由于乡村旅游的目标客户群体是城市居民，大多对卫生的要求都比较高，而乡村的生活垃圾和污水处理不当，导致乡村环境和卫生条件较差，不能为游客创造舒适感。

二、发展模式

（一）田园农业旅游模式

即以农村田园景观、农业生产活动为旅游吸引物，开发农乡游、果乡游、花乡游、渔乡游、水乡游等不同特色的主题旅游活动，满足游客体验农业、回归自然的心理需求，主要类型有田园农业游、园林观光游、务农体验游、乡村生态游、特色庄园游。

1. 田园农业游

田园农业游是以农业为基础，以生态为主题，将农业生产、田园风光和农村的自然环境融为一体，利用青山、绿树、溪水、梯田、果园、村落等田园景观，农业生产经营活动和农村自然环境吸引游客来观赏、品尝、劳作、休闲、体验、健身、书画、摄影、购物、度假等，集农业生产、观光旅游和景观营造于一体的新型园林艺术形式。田园农业游以大田农业为重点，开发欣赏田园风光、观看农业生产活动、品尝和购置绿色食品等旅游活动，以达到了解和体验农业的目的，如上海孙桥现代农业观光园。

2. 园林观光游

园林观光游是田园农业旅游模式的一个重要类型，它是充分利用果树和果品资源，通过以旅游内涵为主题的合理规划、设计与施工，把农业景观、农业展示、农产品加工与旅游者的广泛参与融为一体，为游客提供以观光采摘为主，兼有塘边垂钓、山林野炊、园艺习作等具有农村特色的参与性活动项目，使游客充分领略新型农业艺术和良好生态，实现回归大自然的美好愿望。如四川泸州张坝桂园林、北京朝阳区来广营乡的朝来农艺园、昌平小汤山镇的现代农业科技示范园、顺义区北小营镇三高科技示范园区、顺义区沿河特菜基地、大兴区庞各庄西瓜试验示范基地、大兴区采育葡萄基地、门头沟区北京上岸种植园、昌平区南邵新特种植场、密云区迷宫种植园等都是其典型代表。

3. 务农体验游

务农体验游是推动乡村生产、生活、生态一体化的发展模式。通过参加农业生产活动，与农民同吃、同住、同劳动，让游客接触实际的农业生产、农耕文化和特殊的乡土气息，如北京小汤山现代农业科技园、广东高要广新农业生态园。

务农体验游中比较著名的是租赁农园形式，农民将土地出租给市民种植粮食、花草、瓜、果、蔬菜等的园地。其主要目的是让市民体验农业生产过程，享受耕作乐趣，以休闲体验为主，而不是以生产经营为目标。多数租用者只能利用节假日到农园作业，平时则由农地提供者代管。租赁农园所生产的农产品一般只供租赁者自己享用或分赠亲朋好友。租赁农园不仅使城市市民体验乡村的生产方式，还要体验乡村的生活方式与地方乡村文化魅力，并通过生态、环保、健康等消费理念与消费意识的宣传与实践，引导消费的生态化与绿色化。同时，不仅把乡村的生活方式、生产活动与生态环境作为市民农园产品进行生产与再生产，还要发挥其作为主导产业的带动作用，促进休闲农业、文化产业，甚至创意产业的发展，推动农业与农村产业优化升级。

田心农家乐是租赁农园的典型形式，其位于广州从化城郊光辉村田心社，2009年5月22日正式营业。以时令蔬菜、瓜果种植为主体，以休闲、劳作、收获为形式，把农民的土地出租给城市居民，城市居民可以自己耕种，也可由当地人代为种植，是典型的市民农园模式。田心农家乐设立5个部门：行政部、农庄部、客房部、餐饮部、保安部，其中农庄500亩，客房55间。近年来，田心农家乐获得了良好的社会经济效益。

4. 乡村生态游

在具备良好生态环境的乡村，以生态环境作为旅游吸引物，开发观光、休闲、度假旅游产品，促进乡村旅游发展。乡村生态游以良好的生态环境为核心吸引物，发展乡村旅游业，满足游客对良好生态环境的需求，能够在乡村旅游发展的同时实现生态环境的改善。乡村生态游需具备两个条件：一是良好的生态资源；二是便利的交通、良好的基础设施和充足的资金保障。同时，乡村生态旅游地要注意两点：一是必须加强对生态环境的保护，防止旅游开发导致环境的破坏和退化；二是要培育旅游开发经营者和游客的环境保护意识。山水人家是乡村生态游的典型业态，北京密云区石塘路村、怀柔区夜渤海、昌平区郑各庄村、昌平区香堂村、昌平区羊台子村、延庆区秀水湾等都是其典型代表。

5. **特色庄园游**

特色庄园游适用于农业产业规模效益显著的地区，以产业化程度极高的优势农业产业为依托，以特色农业的大地景观、加工工艺和产品体验作为旅游吸引物，通过拓展农业观光、休闲、度假和体验等功能开发"农业+旅游"产品组合，带动农副产品加工、餐饮、住宿、购物、娱乐等相关产业发展，促使农业向二三产业延伸，实现农业与旅游业的协同发展。

台湾的台一生态休闲农场是特色庄园游的典型代表。台一生态休闲农场位于台湾南投县埔里镇，由台湾农民张国桢创于 1991 年。2001 年起开始发展农业观光，2002 年兴建了亮眼雅致且温馨舒适的花卉驿栈，2003 年设计了充满浪漫与新奇感的水上花屋。2010 年 3 月，兴建南芳花园宴会厅，并推出花餐养生料理。农场的园区占地 13 公顷并拥有得天独厚的山峦视野面积达数千公顷，被评为"台湾十大旅游行程及特色小镇风情游"。休闲农庄不仅是休闲、娱乐、游玩，且是实践、学习的好场所，农庄平时主要接待学校师生，用作毕业旅行或户外教学，周末则以吸引全家度假的客人为主，天天都有生意做。

（二）民俗风情旅游模式

即以农村风土人情、民俗文化为旅游吸引物，充分突出农耕文化、乡土文化和民俗文化特色，开发农耕展示、民间技艺、时令民俗、节庆活动、民间歌舞等旅游活动，增加乡村旅游的文化内涵。主要类型有农耕文化游、民俗文化游、乡土文化游、民族文化游。

1. **农耕文化游**

利用农耕技艺、农耕用具、农耕节气、农产品加工活动等，开展农业文化旅游，如新疆吐鲁番坎儿井民俗园。

坎儿井民俗园距市中心仅三公里。民俗园包括坎儿井、坎儿井博物馆、民俗街、民居宾馆、葡萄园等，它将具有悠久历史的坎儿井和具有民族特色的庭院式民居宾馆融为一体，既能让人们参观有 400 多年历史的坎儿井及其历史发展过程，又能了解维吾尔族民俗情况，是当今中国最具民族特色的集参观、观赏、购物、度假为一体的旅游景点。

坎儿井与长城、运河并列为中国古代三大工程。坎儿井民俗园就是让游客们了解坎儿井是如何引出了地下河水，使沙漠变成绿洲的。除此之外，还能在品尝纯正的民族风味小吃,欣赏到浓郁风情的维吾尔歌舞表演,步入坎儿井民俗园,可以通过最生动、最直观的方式,感受这凝聚着勤劳与智慧的人间奇迹。

2. 民俗文化游

利用居住民俗、服饰民俗、饮食民俗、礼仪民俗、节令民俗、游艺民俗等,开展民俗文化游,比较普遍的形式是民俗文化村和农业旅游节。

民俗文化村是民俗文化的体验综合体,如上海桃源民俗文化村,位于南汇区政府所在地惠南镇的北侧1公里处,处东海之滨,杭州湾畔。民俗村内已建有30多个不同游乐景点。蓝布坊是一座微型博物馆,游客可以观赏到蓝印花布的历史和制作工艺,而且还能试一试自己的身手,如果游客喜欢蓝印花布的衣服、工艺品,还能购买。阿乡小吃街有野菜馄饨、香瓜塌饼、咸菜饭等40余种食品小吃,让游客大饱口福。老八样饭店是最正宗的浦东农家办喜事接待贵客的当家菜,情趣盎然、富有特色的还有寿桃宴、百鸡宴、鱼家宴、田园自助餐、品桃活动、端午吃百粽等专题活动,民俗村的景点大多是按当地具有代表性的建筑风格而建的。游客可在蓝布坊内织布,在古戏台前听江南丝竹,在桃源茶楼上品春茶,在王小二酒店里喝米酒,在小茅屋畔垂钓捕鱼,桃源农家、桃林帐篷、古银杏石屋、大佬馆、草屋等结构迥异、风格独特的休闲度假居室更具吸引力。

农业旅游节是以节日的形式,展现现代田园魅力,让游客体验乡村风情。其活动内容包括很多方面,例如赏花、比赛及其他系列文化活动。农业旅游节的特点是通过举办乡村特有的节庆及娱乐活动来实现民众之间的交流互动,为游客提供参与的机会,加深对农民、农业生产活动和农村情况的了解。旅游节庆作为一种旅游营销产品,以其巨大的形象传播聚集效应、经济收益峰聚效应、关联产业带动效应受到旅游企业及旅游目的地的高度关注。鄂西乡村传统与现代节庆旅游资源类型众多,如恩施女儿会、巴东三峡纤夫文化旅游节、神农架生态旅游节、荆门油菜花旅游节、潭河游泳节、枝江桃花节、武当山庙会、来凤摆手舞等。通过挖掘包装民俗文化,全面提升农事节庆活动内涵,打造乡村旅游品牌。

3. 乡土文化游

利用民俗歌舞、民间技艺、民间戏剧、民间表演等,开展乡土文化游,如湖南怀化荆坪古文化村。战国时这里是牂牁古国之都且兰古城,汉代为舞阳县址，唐宋为溆州城址，是清朝乾隆皇帝启蒙老师潘仕权的故里。村内现有祠堂、古驿道、伏波宫、文昌阁、节孝坊、唐代古井、水文碑、龙凤桥、观音阁、五通神庙和旧、新石器时代遗址等20多处古文化遗址。荆坪及舞水河一带，古为南蛮之地，历来为各民族及各部族的杂居之地，民俗文化气息浓厚。现流传至今的如酒歌、傩戏、渔鼓、霸王鞭等民俗文化要素吸引着无数游客。

乡土文化游中广泛应用了传统民间艺术，民间艺术代表了一个民族和地方的文化特征，具有区域的独特性，传统艺术在乡村旅游中的不断创新能够强化当地旅游的品牌形象，促进乡村旅游产品的多元化。如河北吴桥荟萃杂技精华的杂技大世界，唐山的皮影戏，蔚县城乡的剪纸作坊和剪纸纪念馆，衡水的内画制作等。

4. 民族文化游

利用民族风俗、民族习惯、民族村落、民族歌舞、民族节日、民族宗教等，开展民族文化游。例如广西龙胜县以本地的少数民族特点，安排以"龙脊之春"为主要内容的新春文化活动，各项文化活动好戏连台，祥龙醒狮表演等竞相争艳，为广大游客营造春节祥和欢乐的节日气氛。游客利用春节长假走进农家，感受农家生活，悠然自在地吃农家菜、泡温泉，体验淳朴、自然的田园风情。

民族文化游中最典型的是民族风苑形式，民族风苑形式是指少数民族农村地区，以独特的民族风情为基础，大力改善基础设施和旅游接待设施，引导少数民族农民参与旅游开发，促进乡村旅游发展的一种形式。民族风苑是开展该形式旅游活动的依托，它是指以少数民族建筑、服饰、风俗生活形式、宗教信仰以及生产方式等为依托，集中展示少数民族风情，以提供少数民族风情体验为特色的旅游休闲娱乐综合接待场所。北京怀柔区七道梁正白旗村、怀柔区项栅子正蓝旗村和怀柔区老西沟镶红旗村、大兴区巴园子村、昌平区西贯市村、密云区古北口河西村等都是该形式的典型代表。

民族风苑形式以乡村旅游地特有的民族风情为核心吸引物，突出对民族特色的挖掘和展现，将民族文化与旅游有效地结合起来，满足游客对民族文化体验的需求，能达到民族文化传承与保护、农民增收致富、乡村旅游业发展等多重目标。采用民族风苑形式的乡村旅游地需具备两个条件：一是少数民族具备一定规模，二是民族风情具有独特性和吸引力。同时，采用该种形式的乡村旅游地要注意四点：一是要切实挖掘当地少数民族的风情，提升文化品位和旅游吸引力；二是要引导当地少数民族农民参与旅游接待活动；三是要增强居民对本民族文化的自豪感，保护和保持少数民族特有的文化习俗；四是要改善当地村容村貌和基础设施条件。

（三）农家乐旅游模式

即指农民利用自家庭院、自己生产的农产品及周围的田园风光、自然景点，以低廉的价格吸引游客前来吃、住、玩、游、娱、购等旅游活动。主要包括乡村景观、乡村农事、乡村生活等以观光、参与为主要内容、发展最早的一类乡村旅游产品。农家乐的基本特点，一是"农"的特征，置身于"农"的环境中，居农家屋，吃农家饭，干农家活，观农家景。二是"家"的感受，家人聚会，家常菜，家庭消费水平，家庭化休闲，大众化消费。三是"乐"的体验，农事体验，学习识别农作物，欣赏珍禽、畜禽养殖，参加犁地、摘菜、采果、推磨等。由于所依托的农业性质的不同，广义意义上的农家乐还包括渔家乐、林家乐、牧家乐等。但这里所指的农家乐产品是狭义的农家乐，与目前有些场合将"农家乐"与乡村旅游等同的广义意义上的农家乐有很大的区别。这类产品主要强调的是展示农村农作及生活这一主题，吸引城市旅游者体验农村生活的一类初级乡村旅游产品，不过通过长期的发展，许多地区的这类产品也都开始向复合型产品转型。一般而言，农家乐的主要类型有农业观光农家乐、民俗文化农家乐、民居型农家乐、休闲娱乐农家乐、食宿接待农家乐、农事参与农家乐。

1. 农业观光农家乐

利用田园农业生产及农家生活等，吸引游客前来观光、休闲和体验，如湖南"农家乐"。湖南"农家乐"的发展都最大程度地保持和突出原汁原味的农家风味。如益阳市相继开发的"竹乡农家乐""湖乡农家乐""花乡农家乐""渔乡农家乐""樵乡农家乐"等系列"农家乐"旅游产品，特别是开发"竹乡农家乐"时，围绕"竹"字，挖掘特色，突出"做客竹乡农家，亲近美好自然"的主题，吃竹宴，用竹家具，观竹海，集中展示了江南竹乡的农家风貌。

2. 民俗文化农家乐

利用当地民俗文化，吸引游客前来观赏、娱乐、休闲，如贵州郎德上寨的民俗风情农家乐。这里的农家乐伴随着山清水秀的自然景色、别具一格的吊脚木楼、工艺精湛的银饰盛装和动人心弦的铜鼓芦笙，有着别有趣味的十二道拦路酒和风味独特的苗族佳肴，郎德上寨的民俗文化，让这里不断散发着光芒，为每一位到来的游客都带来了静谧而美好的时光之旅。

3. 民居型农家乐

利用当地古村落和民居住宅，吸引游客前来观光旅游，如广西阳朔特色民居农家乐。泥砖屋是阳朔的本土民居特色。泥砖屋有着千年历史，泥砖是用田泥掺沙约三分之一，加稻草碎，加水拌成糊泥，然后用规格的木模压印成块，晾干之后甚为坚固，便可垒砌成屋墙。泥砖屋的墙基是用石头堆砌而成，坚固又防潮，然后再用泥砖砌成屋墙，保温还耐用，顶上覆盖黛瓦，这样一来冬暖夏凉，可尽享这群山峻岭之间的大自然气息。在岭南地区，百越人告别了干栏式巢居，就是以这种建筑为主。

4. 休闲娱乐农家乐

以优美的环境、齐全的设施，舒适的服务，为游客提供吃、住、玩等旅游活动，如四川成都的农家乐。成都的乡村旅游以农家乐为代表，主要以庭院、堰塘、果园、花圃、农场等农、林、牧、渔业自然资源和乡村人文资源吸引旅游者，提供观光、娱乐、运动、住宿、餐饮及购物等旅游服务。游客们在这里不仅可以吃到美味特色的食物，还能享受随之而来的风景，参与当地的农事活动。这样集吃、住、玩一体的农家乐，对游客们来说，是十分吸人眼球的。

5. 食宿接待农家乐

以舒适、卫生、安全的居住环境和可口的特色食品，吸引游客前来旅游。如常德的"农家乐"旅游让游客吃的是有地方特色农家风味餐，住的是青瓦木屋农家房舍，玩的是乡村民间文艺节目，买的是农家的风味土特产品及手工艺品等。

"民以食为天"，游客对乡村旅游地的深层体验，"从味蕾开始"。特色餐饮是乡村基于饮食传统文化，投入最少，最易于经营的旅游服务，因此也被农家乐广泛采用。如河北省乡村以特色餐饮带动乡村旅游的发展，一方面充分发挥原料"野、绿、鲜"的优势，另一方面尝试让游客在参与食物的制作过程中获得愉悦的心情。游客可到燕赵农家与村民一同耕耘，共享美食，可到秦皇岛吃鲜虾美蟹，去承德品宫御膳，还可到保定食药膳，品马家铺卤鸡等。

以特色餐饮为招牌的农家乐开发条件主要包括三点：一是邻近都市或其他旅游地，有充足的客源保障；二是具备与餐饮有关的特色民俗或者能够实现特色餐饮的开发；三是具备便利的交通条件和完善的基础设施。农家乐特色餐饮可以从农家主食，如锅贴饼子、红白相间的栗子枣香饭、凉拌山蕨菜、馍馍、农家菜肴和农家野菜等方面具体展开。

6. 农事参与农家乐

以农业生产活动和农业工艺技术，吸引游客前来旅游。农事参与农家乐旅游主要以乡村农事文化为依托，开发具有乡村特色的参与性活动项目，可很好地避免与城市旅游相趋同，使游客在乡村美景中感受到不一样的生活乐趣，从而增长知识、愉悦身心。比如，尝试当一天渔民，去挖沙蛤、打紫菜、采菱角，尝试渔家垂钓、锦鲤喂养，吃一次荷花全席，参与游泳、划龙船、堆沙、水上射击、摇橹接力、沙滩自行车等运动，还可以举行剥莲子比赛，等等。

（四）村落乡镇旅游模式

以古村镇宅院建筑和新农村格局为旅游吸引物，开发观光旅游。主要类型有古民居和古宅院游、民族村寨游、古镇建筑游、新村风貌游。

1. 古民居和古宅院游

古村落的旅游吸引力主要体现在文化景观，包括物质文化景观和古韵氛围。物质文化景观主要是存在于区域景观中的古建筑、民俗服饰、字画楹联等。古韵氛围是根植于古村落这个特定环境中的一种古文化氛围。旅游生态是古村落珍贵的旅游资源，是古村落"古"色的背景依托，是维系古村落旅游的命脉。古村落的乡村景观意境的感知和体验也成为现代最为时尚和有吸引力的乡村旅游活动。旅游者在进行古村落的旅游活动中能追寻儿时的记忆，寻找传说中的桃花源里，而且是避世文化的理想空间。如汉族的"秦砖汉瓦"、斗拱挑檐的建筑形式；满族的"口袋房，曼子炕"；白族的"走马转角楼"；傈僳族"百脚落地"的草屋等，都极具观赏价值和建筑研究价值。又如江南六大古镇中周庄保留着大量的元明清建筑，南浔保留着完整的江南大户人家的深宅大院，乌镇更是以原汁原味"小桥、流水、人家"的江南水阁房吸引了众多的旅游者。再如地处黄山风景区的西递、宏村古民居村落，风光秀美，历史文化内涵深厚，建筑工艺精湛，是保留最为完好的明清徽派建筑群，至今保存完好的明清民居有120多座，房屋基本上保持原貌，未被破坏，具有很高的旅游价值。

尤其值得一提的是江西婺源，婺源有徽派建筑和三雕，有保存完好的古老村落、民居、寺庙，还有傩舞徽剧。全县两个国家历史文化名村、12个全国民俗文化村、10个省级历史文化名村、3个全国重点文物保护单位、4个全国农业旅游示范点，让婺源由里到外形成一种浓郁的，纯真的人文氛围。这些乡村中的老树、老桥、老街、老房及其承载着的古老文化，蕴含着的历史信息，成为吸引游客的独特之处。

2. 民族村寨游

利用民族特色的村寨发展观光旅游，如云南瑞丽傣族自然村、红河哈尼族民俗村。

云南瑞丽的傣族自然村中，最负盛名的就是孔雀舞，它是傣族文化的重要标志，是傣族最原始，最古老、最典型的民族图腾和标志，寄寓着美好、善良等传统美德，更是傣家人追求吉祥、幸福、美好生活的象征，在瑞丽的傣族自然村，几乎月月有"摆"（节日），年年有歌舞。在傣族一年一度的"泼水节""关门节"等宗教民俗节日和夏熟丰收季节，傣族人民都会聚集在一起，敲起象脚鼓，跳起"孔雀舞"。这种民族特色便成为自然村引人注目的地方。

红河哈尼村落位于云南红河州元阳县境内，最低海拔144米，最高近3000米，以其悠久历史、独特景观、人文资源被列入世界文化景观遗产名录。在民俗村，可以感受到纯朴的哈尼族人生活的原生态。由于当地独特地貌的巨大落差，好多房屋就建在毫无护栏的悬崖上，形成了十分独特的奇观。同时，哈尼族老百姓的纯朴勤劳以及敬畏自然、与自然和谐相处的精神，也让无数来到此处的游客印象深刻。数百年来，正是他们以百折不挠的意志和非凡的智慧，在如此恶劣的生存环境中，创造了如此辉煌的奇迹，他们是这灿烂文化的薪火传承者。

3. 古镇建筑游

利用古镇房屋建筑、民居、街道、店铺、古寺庙、园林来发展观光旅游，如山西平遥、云南丽江、浙江南浔、安徽徽州镇。

平遥县位于山西省中部，是中国境内保存完整的明清时期古代县城的原型。平遥古城拥有2700多年的历史，是国家历史文化名城，世界文化遗产。平遥是山西省的文物大县，有300多处古迹。"汇通天下"的日升昌票号被誉为"中国现代银行的鼻祖",双林寺被专家誉为"东方彩塑艺术宝库",镇国寺万佛大殿是中国现存最早最珍贵的木构建筑之一。

丽江是第二批被批准的中国历史文化名城之一,是中国以整座古城申报世界文化遗产获得成功的两座古城之一。以水为核心的丽江古城因水的活用而呈现特有的水巷空间布局。桥梁密集是丽江古城最大的特色。在外部造型与结构上,古城民居糅合了中原建筑和藏族、白族建筑的技艺,形成了向上收分土石墙、叠落式屋顶、小青瓦、木构架等建筑手法,在建筑布局形式、建筑艺术手法等方面形成了独特的风格。丽江古城体现了中国古代城市建设的成就,是中国民居中具有鲜明特色和风格的类型之一。

南浔古镇明清时期为江南蚕丝名镇,是一个人文资源充足、中西建筑合璧的江南古镇。古镇以南市河、东市河、西市河、宝善河构成的十字河为骨架,其间又有许多河流纵横交错,街和民居沿河分布,随河而走,以南东街、南西街为串联,构成了十字形格局,街巷肌理完整,河道水系基本保存。十字河两岸形成商业街道,既有傍水筑宇、沿河成街的江南水乡小镇风貌,又有众多高品质的私家大宅第和江南园林,形成了小桥流水人家与大宅园林交相辉映的街区特色。2001年6月,南浔张氏旧宅建筑群被评为第五批全国重点文物保护单位。2005年,南浔古镇获评第二批中国历史文化名镇、国家5A级旅游景区等荣誉称号。

徽州古城,又名歙县古城,古称新安郡。位于安徽黄山市歙县徽城镇。古城始建于秦朝,自唐代以来,一直是徽郡、州、府治所在地,故县治与府治同在一座城内,形成了城套城的独特风格。

4. 新村风貌游

利用现代农村建筑、民居庭院、街道格局、村庄绿化、工农企业来发展观光旅游。新村风貌游大多开展于部分经济发达的农村地区,这些地区经济发达,交通便利,知名度较高,因此因势利导,接待游客参观、展示新农村形象。如北京韩村河、江苏华西村、河南南街。新村风貌游必须注意两点:一是要处理好发展旅游与发展其他产业的关系,二是要积极引导农民参与旅游接待活动。

(五)休闲度假旅游模式

依托自然优美的乡野风景、舒适怡人的清新气候、独特的地热温泉、环保生态的绿色空间，结合周围的田园景观和民俗文化，兴建一些休闲、娱乐设施，为游客提供休憩、度假、娱乐、餐饮、健身等服务。主要类型有休闲度假村、休闲农庄、乡村酒店、乡村俱乐部、乡村康体养身社区。

1. 休闲度假村

以山水、森林、温泉为依托，以齐全、高档的设施和优质的服务，为游客提供休闲、度假旅游，如广东梅州雁南飞茶田度假村。

休闲度假游是现代都市人为了缓解工作生活压力、利用假日外出放松精神和身体的一种较高层次的旅游形式，休闲度假需求成为旅游者基本的旅游需求之一。国内休闲度假旅游虽然还不是主导性消费市场，市场条件不是很成熟，还有待于提升和发展，但休闲度假游的发展势头迅猛。

正由于休闲度假游日趋火热，因此才会涌现出大量的休闲度假村。休闲度假村是休闲度假旅游模式中最主要的一种类型，一般位于大中城市周边的乡村，只要有足够的城市居民短途休假需求市场，都可以尝试开发休闲度假型的乡村旅游，但要注意培育自身的特色，防止与周边其他乡村旅游景点产品雷同。

如山东枣庄市峄城区万亩石榴园内的"石榴人家"、泰安市肥城万亩桃园中的"桃园人家"等为代表的休闲度假村，使旅游者在"石榴人家""桃园人家"中休闲度假，了解民风民俗，参与农事耕作，具有典型的山村度假意义。莱芜市的房干村让游客住在农户小康楼，通过参与各家生活，体味山村农家乐趣，还可以让游客体验包水饺、放鞭炮、耍花灯、逛山会等丰富多彩的民俗风情。济宁的运河人家，让旅游者住在运河的小船上，了解运河船家的生活习俗。威海市的"花村"和"画村"有浓郁的民俗文化，民间艺人在奇石收藏、剪纸、根雕等方面造诣颇深，游人在欣赏怡人的自然景色的同时感受那里独特的民俗。

2. 休闲农庄

以优越的自然环境、独特的田园景观、丰富的农业产品、优惠的餐饮和住宿，为游客提供休闲、观光旅游。如湖北武汉谦森岛庄园。谦森岛庄园位于武汉市黄陂区祁家湾街境内，该园由四个林果生产场组成，拥有果园种植面积1万亩。是一个集林果生产、科研、加工、进出口贸易和农业生态观光旅游为一体富有特色的大型现代化农业生产企业。庄园有着优越的自然条件，良好的种植条件促使庄园农业发展良好，从而形成了富有特色的田园景观，因此也吸引了大量游客，久而久之形成了良性循环，使庄园的知名度越来越高，取得了良好的经济效益。

3. 乡村酒店

以餐饮、住宿为主，配合周围自然景观和人文景观，为游客提供休闲旅游。如四川郫都区友爱镇。友爱镇最负盛名的便是徐家大院，它坐落于友爱镇农科村，中国农家乐第一就诞生于此，先后接待过党和国家领导人以及30多个国家的国际友人，徐家大院由川西特色的农家平房与仿古小楼构成，大院中套着数个小院，园林建筑别具匠心，是川派盆景的精品展示基地。因此这里成了自然景观和人文景观交相辉映的特色景点，集餐饮、住宿一体的世外桃源，吸引着无数游客慕名而来。

4. 乡村俱乐部

乡村俱乐部是为了满足人们休闲娱乐而设置的，利用合适的乡村环境，开展野外活动。如在原来知青集中的乡村建立"知青俱乐部"，开展"知青回家游"；利用水库、湖泊、鱼塘、河段建立"垂钓俱乐部"；选择适宜的地方建设"乡村高尔夫球俱乐部"或"乡村高尔夫球练习场俱乐部"等形式多样的乡村俱乐部。还可以安排篮球、网球、羽毛球、游泳池等一般运动设施的乡村俱乐部。例如，北京华彬庄园踞长城、临燕山，规划占地总面积约400平方千米，是现今中国最具规模的会员制俱乐部，是作为国际大都市的北京首屈一指的集体育、旅游、休闲、度假为一体的大型庄园式项目。庄园内设有18洞球场及配套设施的亚洲最大的会所、五星级豪华酒店、马术俱乐部、生态基地、世界产业领袖会邸、生命科学健康中心等。又如蓬莱南王山谷酒庄，不仅每年生产1000吨的高端庄园葡萄酒，还拥有地下酒窖、高级会所等国际葡萄庄园的建设标准，因而成为蓬莱新型的旅游项目。台湾长寿之乡——新竹县关西镇，是统一企业集团走入乡村俱乐部形态的第一步，内部的设计规划配合当地的山形水势，包括山训场、健康森林浴步道、全家游乐区、人工滑雪场、天文台、立体太空动感电影院等，是一个休闲度假的会员制俱乐部。

5. 乡村康体养生社区

以乡村良好的生态环境为背景，开发诸如食疗、药物保健、生态养生、天然氧吧等为内容的乡村康体社区。这类社区与传统的乡村社区有一定的重合，主要区别在于乡村社区注重的是对整个乡村生活的体验，是一种完全开放式的休闲度假式产品，经营与服务并不是主要特色，而康体养生社区一方面对生态环境要求比较高，往往在风景优美、山水环绕的山村，另一方面对服务要求比较高，有专门的经营机构进行开发与服务，消费水平要比乡村社区高，配套服务设施也更为齐全。其强调旅游产品的保健功能，如温泉、体验、按摩等，不仅能够满足游客健康的需求，而且为其带来利润回报。

（六）科普及教育旅游模式

利用农业观光园、农业科技生态园、农业产品展览馆、农业博览园或博物馆，为游客提供了解农业历史、学习农业技术、增长农业知识的旅游活动。如广东高明蔼雯教育农庄、沈阳市农业博览园、山东寿光生态博览园等。主要类型有现代农业科技园、乡村博物馆、主题农业园。

1. 现代农业科技园

利用现代高科技手段建立小型的农、林、牧生产基地，开发观看园区高新农业技术和品种、温室大棚内设施农业和生态农业，使游客增长现代农业知识，同时还可兼顾农副产品生产。

当前上海市已经建立了很多规模不大，但富有专业特色的农业园区，如孙桥现代农业园区、中荷玫瑰园、滨海世外桃源、南汇桃源民俗文化村、上海康南园艺场、新桥花卉苗木交易中心、交大农科花卉园艺场等。此类现代农业科技园不仅能使游客尤其是从小就生活在都市的青少年，了解农村，认识农业，掌握作物的常规栽培过程等，同时，可使游客领略高科技农业的魅力。

现代农业科技园比较典型的是山东省寿光市蔬菜高科技示范园，园区规划面积20000亩左右，已建成"三园三区五中心"格局，即蔬菜高新技术创新园、农业博士创业园、外商投资园；蔬菜标准化生产示范区、新品种试验示范区、现代化设施试验示范区；智能化信息管理中心、蔬菜高新技术培训中心、展示交流中心、现代化生物工程种苗中心和蔬菜保鲜加工销售中心。示范园与众多科研院所建立了长期合作关系，承担多项科研项目，已被列为山东省农业科技示范园区和国家农业科技园区试点单位，还被确定为博士后科研工作站、引进国外智力示范推广基地、山东省蔬菜工程技术研究中心、山东农业大学博士生实践基地。园区的农业科技观光旅游产业已经成为国内农业旅游的一个亮点，特别是园内体现现代农业水平的工厂化、标准化生产模式和各类优良先进的种植模式以及闻名全国的中国寿光蔬菜博览会，都成为吸引人们前往考察参观的重点。园内南国的水果、北方的蔬菜应有尽有，各式景点错落分布，令人向往，每年接待国内外各种旅游参观团体和单位 20000 多个，游客达 50 万人次以上。

2. 乡村博物馆

乡村博物馆是一种集中体现乡村历史文化的旅游产品，它涉及传统乡村生活的所有领域，从实物形态、方言到工作和生活习俗等每一个细节。中国茶叶博物馆是乡村博物馆形式的典型代表。中国茶叶博物馆坐落在西子湖畔的龙井茶乡，始建于 1986 年，占地 3100 平方米，由 4 组具有浓厚江南风格和茶乡特色的建筑和茶史、茶萃、茶具、茶事、茶俗 5 个展厅组成，形象生动地展示了中国茶叶发展史的全过程。旅游者可尝到采摘茶叶之趣，享受各式茶艺之乐。

3. 主题农业园

是指充分利用现代科学技术将自然、人文遗产、民族风情和文化以及各种可能融入的事物融会在一起，以突出某一个或多个主题的人造景观。

主题农业园是从主题公园（Theme Park）延伸来的，主题农业园所展示的是农业景观之美，与生态旅游区相比较，它一般不需要具有很好的自然景观和丰富的自然资源，它以人造景观为特色，把农、林、牧、副、渔，东西南北中的特色农业，以一个个的主题园的形式展示出农业生产方式和形式，供游人参观。因此，它是一部鲜活的农业教科书，可以给城市的市民特别是中小学生参观游览。正因如此，主题农业园一般也建在靠近大城市的地方。

奉贤都市菜园是主题农业园的典型代表。奉贤都市菜园是 2006 年由光明食品集团投资，和上海都市农商社联合开办，位于奉贤区海湾镇杭州湾畔，距离上海市中心约有 50 公里，占地面积 5000 亩，是目前国内区域面积最大，蔬菜种植品种最多的蔬菜主题公园，也是国家 4A 级旅游景区，全国农业旅游示范点，上海市科普教育基地。奉贤都市菜园是全国首家蔬菜主题公园，主体参观区为 400 亩，拥有农耕博览馆、博雅农园、馨香蔬苑、奇瓜异蔬园、四季果园等五个主体场馆，在菜园里可以观赏到新奇特优、流光溢彩的 200 多种蔬菜，体验到种植、收割、采摘、烹饪、品尝蔬菜的乐趣，了解到农耕历史文化、菜文化、现代农业的种植技术、种植模式、农产品加工等相关知识，以蔬菜全新的面貌带给游客全新的感受，让游客放松身心，回归自然，享受健康快乐。

（七）回归自然旅游模式

利用优美的自然景观、奇异的山水、绿色森林、静荡的湖水，发展观山、赏景、登山、森林浴、滑雪、滑水等旅游活动，让游客感悟大自然、亲近大自然、回归大自然。主要类型有森林公园、野营地、湿地公园、水上乐园、自然保护区。

1. 森林公园

对于那些区位条件好、地形多变、山峦起伏、溪流交错、森林茂密、景色秀丽、环境优良、气候舒适、面积较大的森林地段可开发为森林公园，使之成为人们回归自然，休闲、度假、野营、避暑、科考和进行森林浴的理想场所。

森林公园可在行、游、吃、住、娱、购旅游六要素上做文章。

行：开发"森林浴"，即在林场内设置林间步道、小路等，供游人散步、健行、慢跑、登山。为了让游人感到新鲜，道路需根据地形设计，有升、有降、有直、有曲，有为老年或恢复健康的游客设计的平缓步行路，也有为青年游客设计的迂回曲折、坡线较长的登山路。

游：结合地理学、生物学、环境学、园林学、药学等多种学科的知识，开发集知识性、趣味性为一体的森林旅游项目，如赏鸟、赏树、赏花等。

吃：突出"新鲜、独特、无污染"等特点的绿色食品、花卉食品和符合规定的野生动物。

住：少建高档宾馆和别墅，以小木屋、草舍、野营帐篷、洞穴等亲近自然、回归自然的住宿设施为主。

娱：以弓箭狩猎、密林寻宝等适合森林的项目为主，同时也可开辟游人植树区，专门让游人种植纪念树，如新婚蜜月树、情侣树、诞辰树等，并让游人亲自参与管理。

2. 野营地

野营是一种户外游憩活动，是暂时性离开都市或人口密集的地方，利用帐篷、高架帐篷床、睡袋、汽车旅馆、小木屋等在郊外过夜、享受大自然的野趣生态环境提供的保健功能，欣赏优美的自然风光并参与其他休闲娱乐活动的一项旅游活动项目。森林野营地要求离城市 30~160 公里左右，交通比较方便，但必须离开公路干线，具有良好的森林环境，气候好，空气洁净，环境比较幽静，有水源，避风，面积较森林公园小。在靠近水源的地方选择地势较平坦或有一些小起伏的地方建设野营地，也有人将野营地建在农荒地、草原，甚至沙漠边缘。

（八）特色产业带动旅游模式

指在一个乡或村的范围内，依据所在地区独特的优势，围绕一个特色产品或产业链，实行专业化生产经营，一村一业发展壮大来带动乡村综合发展的一种乡村旅游发展模式。

发展好乡村特色产业，是农村经济增长、农民增收的重要途径之一。由于乡村存在资金、技术等方面的困难，要使乡村特色产业形成产业链条很困难，这就需要在政府的指导下，采取各种措施，为乡村特色产业的发展给予积极的引导和支持，为乡村特色产业的发展注入新的活力。因此，政府主导是此类乡村旅游发展的关键。

特色产业带动型乡村旅游发展模式需要乡村具有生产某种特色产品的历史传统和自然条件，有相应的产业带动，并且该产业的市场需求旺盛。这种发展模式必须注意：要定位准确，大而全就是没特色；政府不能越位、缺位和错位，要树立服务意识，避免过分干预市场；重视示范带头作用，分步实施；大力加强农业和旅游产业一体化组织程度；重视市场推广和自主创新，以特色促品牌。

堰河村是特色产业带动型乡村旅游发展模式的典型代表。堰河村位于湖北省襄阳市谷城县"湖北十大名茶之乡"的五山镇西，约2.5公里，拥有1200亩生态茶园。堰河村依据自身优势，不断壮大茶叶种植加工产业，开展茶园观光旅游业，同时大力促进乡村环境综合整治。为了更好地发展乡村旅游，该村实行"政府主导，先扶公司，后带农户"的开发模式推行发展茶叶特色产业，实现经济社会持续快速和谐发展。2011年，该村年接待游客9万余人次，旅游综合收入达800余万元。

当前，工业企业进驻乡村成为乡村支柱产业的案例已较为常见，从大的方面来说，工业企业带动乡村旅游发展也属于特色产业带动型模式。随着旅游业的发展，工业旅游作为一种新兴的专项旅游方式，越来越受到人们的关注。在工业资源丰富的乡村开发工业旅游不仅能够优化资源配置，增加乡村经济效益，还能促进科学技术知识的普及和村民素质的提高。保持自然风貌是乡村旅游的特点之一，独特的工业旅游资源和优美的自然风光为发展工业旅游提供了得天独厚的条件。这种类型的乡村旅游开发，除了作为主要游览对象的工业景观和自然风光外，还可考虑在人文旅游资源等其他要素上做文章。

坳头村是乡村工业带动旅游发展的典型代表。坳头村位于湖北省大冶市灵乡镇西北，交通十分便利。全村依山傍水、山清水秀，丰富的矿产资源和动人的历史传说更给这片热土增添了几分人杰地灵。近年来，该村大力发展旅游业，通过矿冶景观建设和矿井探险体验产品设计等，开发出满足游客求知和探秘体验的旅游产品，使游客能够获得丰富的矿冶知识和旅游互动体验。此外，为了更进一步促进旅游的发展，该村注重工业、自然、人文的结合。2007年，该村就已实现总产值3.5亿元，村民人均纯收入超过8000元，是大冶市"三强村"之一。

三、经营模式

（一）股份制模式

这一模式主要是通过采取合作的形式合理开发旅游资源，按照各自的股份获得相应的收益。根据旅游资源的产权，可以界定为国家产权、乡村集体产权、村民小组产权和农户个人产权四种产权主体，在开发上可采取国家、集体和农户个体合作的方式进行，这样把旅游资源、特殊技术、劳动力转化成股本，收效一般按股份分红与按劳分红相结合。对于乡村旅游生态环境保护与恢复、旅游设施的建设与维护以及乡村旅游扩大再生产等公益机制的运行，企业可通过公益金的形式投入完成。这种模式有利于乡村旅游上规模、上档次。特别是通过股份形式，扩大了乡村集体和农民的经营份额，有利于实现农民参与的深层次转变，从而引导居民自觉参与到他们赖以生存的生态资源的保护中去。

（二）"农户+农户"模式

这是乡村旅游初期阶段常见的经营模式。在远离市场的乡村，农民对企业介入乡村旅游开发普遍有一定的顾虑，甚至还有抵触情绪，多数农户不愿把有限的资金或土地交给公司来经营，生怕有什么闪失使其"陷"进去，他们更相信那些"示范户"。在这些山村里，通常是"开拓户"首先开发乡村旅游获得了成功，在他们的示范带动下，农户们纷纷加入旅游接待的行列，并从中学习经验和技术，在短暂的磨合下，形成"农户+农户"的乡村旅游开发模式。这种模式通常投入较少，接待量有限，但乡村文化保留得最真实，游客花费少还能体验到最真的本地习俗和文化。但受管理水平和资金投入的影响，通常旅游的带动效应有限。在当前乡村旅游竞争加剧的情况下，这种模式具有短平快优势。他们善于学习别人经验，汲取别人教训，因其势单力薄，规模有限，往往注重揣摩、迎合游客心理，极具个性化服务。例如北京平谷金海湖镇红石门村，只有6家农户搞民俗旅游，接待条件一般，但其真诚的个性化服务，让游客动容。

（三）"个体农庄"模式

这一模式是以规模农业个体户发展起来的，以"旅游个体户"的形式出现，通过对自己经营的农牧果场进行改造和旅游项目建设，使之成为一个完整意义的旅游景区（点），能完成旅游接待和服务工作。通过个体农庄的发展，吸纳附近闲散劳动力，通过手工艺、表演、服务、生产等形式加入服务业中，形成以点带面的发展模式。如湖南益阳赫山区的"花乡农家"和内蒙古乌拉特中旗的"瑙干塔拉"，通过旅游个体户自身的发展带动了同村的农牧民参与乡村旅游的开发，走上共同致富的道路。

（四）政府主导综合开发模式

指由政府主导进行乡村旅游的规划设计，投入资金建设和改善公共基础设施，开发核心景区景点，吸引社会资金投入，引导乡村居民参与旅游接待服务，促进乡村旅游快速发展的模式。该模式的特点：一是充分发挥政府主导的作用，表现在搞好乡村旅游规划，搞好公共服务，加强监督和宏观管理；二是调动各方参与积极性，政府要优化投资环境，吸引社会资金投入和村民参与乡村旅游开发，协调各方利益，及时化解相关矛盾；三是坚持科学发展观，走可持续发展之路。该模式综合了前述几种模式的相关做法，有效地发挥了政府的主导作用，最大程度地照顾到各方的利益，有效地调动了各方面的积极性，体现了乡村旅游经营模式的发展趋势。

（五）"公司+农户"模式

这一模式通过吸纳当地农民参与乡村旅游的经营与管理，在开发乡村旅游资源时，充分利用农户闲置的资产、富余的劳动力、丰富的农事活动，丰富旅游活动。同时，通过引进旅游公司的管理，对乡村旅游接待服务进行规范，避免因不良竞争而损害游客的利益。"公司+农户"模式的特点，一是通过以公司为主导进行整体开发和经营，解决了发展乡村旅游的资金短缺问题；二是发挥公司的经济实力和经营能力，强化公共基础设施建设，开发核心旅游资源，配套服务接待设施，加强对外宣传促销，促进乡村旅游迅速健康发展；三是引导和帮助村民改善环境条件，开展配套接待服务活动，促进村民收入的增加；四是提高村民的旅游服务质量，形成良好的旅游环境和氛围，增强对旅游者的吸引力。

这一模式的典型代表是广西灵川县毛州岛的开发与管理。其特色在于公司或投资商，充分听取农户的意见和看法，而在经营管理中，广泛地吸引农户参与到经营与管理中。在公司的37位员工中，有33位是农户代表。如此大比例的农户参与景区经营管理，在我国的旅游景区中实属少见。农户乐于接受管理，投资商与农户和谐共处，体现出该管理模式的特色和先进性。另外，这一模式在其他较多地区也取得了较好的成效，例如福建武夷山下梅村引进武夷山旅游集团公司进行投资和管理，形成农民入股的"公司+农户模式"。又如云南丽江市引进昆明鼎业集团对束河古镇进行保护、开发和经营，腾冲市引进柏联集团对和顺镇进行整体保护、改造和经营，西双版纳橄榄坝农场投资对五个傣族村寨进行整体开发、包装和经营等。

（六）"政府+公司+农村旅游协会+旅行社"模式

这一模式的特点是充分发挥旅游产业链中各环节的优势，通过合理分享利益，避免了过度商业化，保护了本土文化，增强了当地居民的自豪感，从而为旅游业可持续发展奠定基础。此模式各级职责分明，有利于激发各自潜能，形成"一盘棋"思想。具体来讲，政府负责乡村旅游的规划和基础设施建设，优化发展环境；乡村旅游公司负责经营管理和商业运作；农民旅游协会负责组织村民参与地方戏的表演、导游、工艺品的制作、提供住宿餐饮等，并负责维护和修缮各自的传统民俗，协调公司与农民的利益；旅行社负责开拓市场，组织客源。贵州平坝区天龙镇在发展乡村旅游时就采用了这种模式，天龙镇从2001年9月起开发乡村旅游，到2002年参与旅游开发的农户人均收入提高了5倍，同时推进了农村产业结构的调整，在参与旅游的农户中有42%的劳动力从事服务业，并为农村弱势群体（妇女、老人）提供了旅游从业机会，最大限度地保存了当地文化的真实性，使古老的民族文化呈现出勃勃生机。

（七）"政府+公司+农户"模式

从目前一些地区乡村旅游发展现状来看，这一模式的实质是政府引导下的

"企业＋农户"模式，就是在乡村旅游开发中，由县、乡各级政府和旅游主管部门按市场需求和全县旅游总体规划，确定开发地点、内容和时间，发动当地村民动手实施开发，开发过程中政府和旅游部门进行必要的指导和引导。由当地村民或村民与外来投资者一起承建乡村旅游开发有限责任公司，旅游经营管理按企业运作，利润由村民（乡村旅游资源所有者）和外来投资者按一定比例分成，除此以外，村民们还可以通过为游客提供住宿、餐饮等服务而获取收益。这个模式一是减少了政府对旅游开发的投入，二是使当地居民真正得到了实惠，三是减少了旅游管理部门的管理难度，因而是一种切实可行的乡村旅游经营模式。

（八）"公司＋社区＋农户"模式

这一模式是"公司＋农户"模式的延伸。社区（如村委会）搭起桥梁，公司先与当地社区进行合作，再通过社区组织农户参与乡村旅游。公司一般不与农户直接合作，所接触的是社区，但农户接待服务、参与旅游开发则要可经过公司的专业培训，并制定相关的规定，以规范农户的行为，保证接待服务水平，保障公司、农户和游客的利益。此模式通过社区链接，便于公司与农户协调、沟通，利于克服公司与农户因利益分配产生的矛盾。同时，社区还可对公司起到一定的监督作用，保证乡村旅游正规、有序发展。

（九）公司制模式

这一模式的特点是发展进入快、起点层次高、开发有规模，如果思路对头、经营科学，容易使乡村旅游开发迅速走上有序化发展的道路。如广西兴安县开发的"乡里乐"和"忘忧谷"两个旅游点品牌响亮，主要是经营管理起点较高，一开始就实行公司制经营管理。如"忘忧谷"是由当地农民注册成立的"瑶苑旅游开发公司"经营管理的，而"乡里乐"则由3个农民集资注册成立的"乡里乐休闲山庄公司"开发经营。

公司制模式比较适合乡村旅游初期阶段，随着农民的关注与参与，这种利益主体是公司的模式，将难以适应未来乡村旅游发展的趋势。农民作为乡村旅游参与主体，其积极性是不容忽视的，而采用公司制模式，农民很难从旅游收入中获得应有的利益，受益的仅是靠提升农产品附加值获得。乡村旅游生财之源是公共资源，应是农民共同的公共资源，但在使用这种公共资源中最大受益的则是旅游公司，当地农民很难得到相应利益，并且还要承担旅游开发所带来的各种负面影响。这种资源与利益的严重失衡，极易引起农民的不满。

四、模式创新

（一）乡村旅游资源观的创新

传统上认为乡村旅游资源包括观光园、采摘园、农业科技园、古民居、古镇、农家乐、休闲农庄、农家菜肴、民俗活动等，因此现阶段各地开展的乡村旅游活动也主要围绕这些资源展开，乡村旅游产品新意不足。实际上，旅游资源是游憩需求的变化与科技进步的视角。对于乡村旅游而言，其旅游资源不仅包括上述传统旅游资源，随着旅游者需求的变化，还可以创造新的旅游资源，例如创意农业以及借助科技手段打造的乡村景观与活动。

创意农业本质上属于都市现代农业的高级阶段。所谓创意农业，就是以市场为导向，将农业的产前、产中和产后诸环节联结为完整的产业链条，将农产品和文化、艺术创意结合，产生出更高的附加值，以实现资源优化配置的一种新型农业经营方式。发展创意农业是建设美丽乡村的重要内容，需要特别指出的是，目前国内创意农业项目的实践方式仅停留在发展特色农产品、良种以及农业休闲观光上，这是远远不够的，应创新农业发展方式，构建多层次的产业链和价值体系。

在创意农业发展上，北京郊区已取得明显进展，紫海香堤艺术庄园、京承碧园蔬菜迷宫、爱斐堡葡萄酒庄就是其中的成功案例。创意产业融入乡村旅游，将乡村打造成艺术家们创作之地，其创作过程、创作的作品、产生的神秘感都会吸引着游客前来。北京通州区宋庄镇、昌平区下苑画家村等是其典型代表。由于大量艺术家入住创造而形成的浓郁的文化氛围，具有创意的空间特色，将创意产业和生态环境融合起来，不仅丰富了乡村旅游的内容，而且创新了乡村旅游的产品形式。

在培育新型旅游资源上，可通过整合其他产业资源、建设人工景观、策划旅游节庆等手法，通过产业融合，借助科技手段，人工创意并营造能够体现乡村特质的旅游景观与活动。如昆明市官渡区福保村建设的室内温泉水上世界以及承办的农民文化节与乡村文化艺术节。采用科技手段培育新资源也是创意农业的本质要求。创新的关键在于融合科技与文化构建创新农业新思维，去积极挖掘和开拓文化生产力在新农村发展中的巨大潜力和价值空间。可以预见，文化和科技的有机融合所产生的巨大作用必将为我国美丽乡村的建设和发展注入新的动力，创造出新的价值。

（二）乡村旅游开发主体的创新

为了解决乡村旅游开发主体类型单一、力量薄弱、各自为战等问题，乡村旅游发展中必须拓宽视野，创新思维，寻求新的乡村旅游开发主体。在目前的情况下，可以采取的主要途径包括专业合作社、农业龙头企业和外来旅游企业。

主体创新包括以下几种形式。

（1）成立旅游专业合作社。作为在农村家庭承包经营基础上，同类农产品和农业生产经营服务的提供者、利用者自愿联合、民主管理的互助性经济组织，农业专业合作社已经具有了法律保障。乡村旅游专业合作社有利于整合资源，扩大经营规模，推进产品创新，提高营销能力，增强竞争力，塑造旅游品牌，如山东莱芜市龙山乡村旅游专业合作社。

（2）依托农业龙头企业。农业产业化龙头企业一般拥有固定的生产基地，具有一定的科技研发、人力资源和市场网络优势，产权清晰，规模较大，竞争力和带动能力较强。在城市化进程加快，休闲成为生活要素的背景下，部分龙头企业已经意识到发展休闲旅游的优势和意义，自发开展旅游接待活动，如晨农集团建设农业观光科技园、金江集团安宁基地开展餐饮与住宿服务。

（3）引进大型旅游企业（集团）。大型旅游企业以其先进的开发理念、雄厚的资本、丰富的经营经验在乡村旅游中发挥着推进器的作用，是乡村旅游业态创新和产品升级的重要依托。例如，经漳州市旅游局牵线搭桥，长泰马洋溪旅游区、古山重村与福建中旅集团实施旅游开发合作，成立"长泰古山重旅游发展有限公司"，"中旅"以控股的形式负责景区的投资开发与管理，马洋溪与山重村村委会参与管理与分红，共同建设特色乡村旅游休闲度假胜地。

（4）引进外部人士。以优势资源为吸引，鼓励国际友人、文化创意人士投资乡村旅游，融合当地民俗与西方文化、传统理念与现代文明，开发新兴旅游产品，促进乡村旅游发展的品牌化、国际化。德清县的"洋家乐"在这方面做出了榜样。德清县莫干山景区海外闻名，该县积极发展融本地特色和国外文化为一体的"洋家乐"新兴业态，至今已吸引英、法等十多个国家外籍人士投资经营三九坞国际乡村会所等具有异国风情的"洋家乐"35家，开发了乡土体验、湿地休闲、避暑度假、健康养生等一系列新兴旅游产品，深受国内外高端客户的青睐。

（三）乡村旅游营销模式的创新

一方面搭建网络宣传平台。以德清县的裸心谷为例，"洋家乐"在宣传营销中善于借助网络，在网络上发图文相关的宣传广告，在网上提供经营者与游客的交流平台。裸心谷纯朴的乡村气息，绿荫如海，耀眼的阳光洒在荷花塘中，此外，自行车、攀岩、越野等户外活动项目吸引了大批消费水平较高的都市白领、户外运动爱好者和外国人，为裸心谷带来了更广阔的客源产生了更高的经济效益。

在新时代的背景下，营销模式创新，应该搭建一个专业的网络平台，整合乡村旅游的广告宣传，发挥网络的作用，进行大规模、有组织的宣传推广。另一方面建立行业协会等组织进行大规模有组织的宣传，与杂志报纸、电视节目等宣传媒介构建长期的联系，在宣传方面上，不仅要突出特色差异，还可以进行运用一些促销策略吸引游客。

（四）乡村旅游制度建设的创新

乡村旅游发展需要良好的外部环境，其中十分关键的就是制度环境。近年来，中国不断推进城乡统筹和基本公共服务均等化，深化农村土地制度、劳动体制、资本金融市场、社会管理体制改革，并取得了明显进步，但是约束乡村旅游发展的制度要素依然存在，突出地表现在土地流转与旅游项目建设用地方面。为此，必须大胆探索，先行先试，创新乡村旅游的制度建设。所谓制度建设，是指在特定领域内约束人们行为的一组规则，它支配经济单位之间可能采取的合作与竞争方式。乡村旅游的制度建设涉及政府激励、行业管理、公共服务、规划设计、要素供给、资金筹集、利益分配、生态保护等方面，其中对于乡村旅游转型升级影响较大的就是土地供给、水源地旅游利用、开发资金筹集、旅游中介服务与行业管理，而最明显的则是土地供给，已成为制约项目落地的瓶颈。虽然四川和山东已经开展了基于宅基地、集体建设用地流转的旅游试点，但前者处于灾后重建的过程中，后者是农业发达的沿海经济强省，有着特定的背景与环境。乡村旅游土地流转并未在全国得以推广，不少地方政府官员仍然因为没有明确的法律依据而存在各种担忧，不敢批准乡村旅游建设项目，尤其是大型休闲度假旅游项目。

（五）乡村旅游经营模式的创新

目前，乡村旅游的经营模式虽然种类高达9种，但大多只有政府和农户的参与，企业参与的占小部分。政府在其中发挥着指导发展思路，建设基础设施的作用，农户负责一家一户的经营。转变经营模式要求政府主导，多方参与，各方支持。由于乡村旅游发展规划的缺位与乡村旅游发展的冲动共同作用，乡村旅游发展出现了前述的一系列问题。乡村旅游经营模式中引入专业智力支撑可有效解决规划缺位的问题。采取"政府＋农户＋社区＋高校/研究院＋企业"的模式，政府负责完善旅游相关的政策法规，规范经营行为，同时加强对配套基础设施的建设。社区负责环境保护、活动组织、行业自律等。高校、研究所在对旅游项目的开发上进行分析认证，负责参与旅游项目的规划和乡村旅游从业人员的培养。

发动和吸引企业的加入一方面是为了筹集资金，另一方面是为了利用企业在旅游项目经营管理和营销推广上的经验，为乡村旅游项目的推广宣传借力，并由此建立起乡村旅游经营的利益联动机制。

（六）乡村旅游产品体系的创新

在乡村旅游产品的功能定位上，当前大部分地区乡村旅游产品均为观光、休闲、游憩等针对中低端人群的产品，乡村康体娱乐、乡村度假等是乡村旅游发展过程中的新兴事物，却发展极快，为旅游业增长做出了卓越贡献。特别是在欧美一些发达国家，此类产品已具有相当的规模，在我国东部经济发达地区，这类产品的市场效益也十分可观。针对高端消费人群，可在邻近都市地区开发档次较高的庄园式乡村度假产品。针对中端客户，可结合分时度假房产开展旅游活动的分时型乡村度假产品，针对一般游客，在淳朴的偏远乡村开发公寓式乡村度假产品等。

（七）乡村旅游空间组织的创新

在乡村旅游产品的空间组织上，当前大多数乡村旅游产品呈点状分散式布局，各乡村旅游点联系不够紧密，体现在产品的互补性不够强、交通联系密度不够高等多个方面。这样容易导致乡村旅游产品的地域内竞争和分割。应站在全局的角度，统筹组织各乡村旅游产品，形成乡村旅游精品线路、特色产业带和优势产业群，在区域内共享乡村旅游资源、服务、信息、客源，形成多元化、多功能和多层次的规模经营格局。

第四章
湖北省乡村旅游资源调查与评价

一、资源分类

（一）分类依据

乡村旅游资源分类的依据有：乡村旅游资源的禀赋性状，即现存状况、形态、特征；乡村旅游资源的价值和功能。同时，参考了《旅游资源分类、调查与评价（GB/T18971—2003）》的分类体系。

（二）分类体系

根据分类依据，构建湖北省乡村旅游资源分类体系，将湖北省乡村旅游资源分为8个主类，18个亚类，41个基本类型（见表4-1）。

表4-1 湖北省乡村资源分类体系

主类	亚类	基本类型	主类	亚类	基本类型
乡村观光类1	农业观光园11	观光花园111	乡村养生类4	运动健身场地41	水上运动场地411
		观光果园112			陆上运动场地412
		观光茶园113		康体疗养地42	温泉421
		观光林地114			养生疗养院422
		农业科技园115	乡村科普类5	科普场地51	农业博物馆511
	动物观光地12	野生动物饲养地121			教育庄园512

续表

主类	亚类	基本类型	主类	亚类	基本类型
乡村观光类 1	动物观光地 12	乡村牧场 122	乡村科普类 5	研修场所 52	农业科研基地 521
		观鸟地 123			乡村博物馆 522
	水域观光地 13	渔村风光 131	乡村文化类 6	乡村聚落 61	特色村落民居 611
		水体观光地 132			乡村遗产景观 612
	乡村风光 14	美丽乡村 141		民俗文化聚集地 62	民俗文化村 621
乡村体验类 2	林果采摘园 21	果蔬采摘园 211			历史文化名镇（村、街）622
		茶叶采摘园 212	乡村商品类 7	乡村美食 71	特色农家菜肴 711
	特色农事体验 22	传统农耕文化体验地 221		乡村特色商品 72	纪念品、工艺品 721
		现代农耕文化体验地 222			特色食品 722
乡村度假类 3	休闲娱乐型 31	农家乐 311		民俗型节庆 81	少数民族节日 811
		租赁农场 312			民俗节庆 812
		农业庄园 313	乡村节庆类 8		
	度假娱乐型 32	农业休闲园 321			
		野营地 322			
		农家小屋 323		创新型节庆 82	特色旅游节事 821
		乡村俱乐部 324			
		避暑度假地 325			

（三）类型统计

将乡村旅游资源调查的主要资源 553 处进行归类，得到湖北省乡村旅游资源分类表（见表 4-2）。

表 4-2　湖北省乡村资源分类表

主类	亚类	基本类型	典型代表
乡村观光类 1	农业观光园 11	观光花园 111	东方爱琴海（大冶）、江北农业带（黄州）、云中花海（夷陵）、七彩花海（江夏）、郁金香主题公园（东西湖）、木兰玫瑰园（黄陂）、香草花田（蔡甸）、京绿公路百里花卉长廊（荆门）、野荷（天门）、杜鹃花（麻城）、万亩樱园（赤壁）、玫瑰园（枣阳）、洪湖荷花（洪湖）、沧湖莲花（赤壁）、油菜花（沙洋）、杨店桃花（孝感）、梨花（老河口）、茶花园（京山）、太湖桃花村（荆州）
		观光果园 112	百鹤湾现代脐橙观光园（秭归）、蓝莓园（当阳）、村坊村—葡萄（建始）、万亩梨园（利川）、瑞源农庄葡萄园（罗田）、官庄村—橘子（夷陵）、桃源村—柿子（广水）
		观光茶园 113	伍家台茶园（宣恩）、普安村万亩白茶基地（兴山）、九畹丝绵茶园、建东村—白茶（秭归）、陆游茶园（秭归）、木耳山万亩茶园（鹤峰）、高拱桥村（恩施）、兰田村—有机茶园（利川）、夹壁村—红茶（利川）、楠木村（利川）、五二村（利川）、车云山茶文化生态园（随县）、三里城茶叶生态园（大悟）、龙王垭观光茶园（十堰）
		观光林地 114	太子山林场（京山）、十里画廊（罗田）、竹海风光（秭归）、铁厂荒森林公园（当阳）、重阳沟（荆门）、山丰村红叶景区（随县）、熊家境（铁山）、银杏谷（曾都）、栗子坪村红豆杉（五峰）、珙桐（五峰）、盆景带（长阳）、钱冲万亩银杏园（安陆）、黄柏村—杨梅树（来凤）
		农业科技园 115	峒山村（鄂城）、黄龙洞新农果园（五峰）、格林生态食品工业园（兴山）、凤凰山现代生态农业园（当阳）、双莲现代农业核心示范园（当阳）、兴盛村—生产示范基地（利川）、如意情（东西湖）、湖北宏华现代农业观光园（东西湖）、荆门市金旭农牧有限公司（掇刀）、京河生态农业观光园（漳河新区）、昕泰生态农业园（漳河新区）、二月风葛文化风情园（随县）、敖家坝（十堰）、中华汉苑月亮湖生态农业科技示范园（郧阳区）、榆树岭村休闲农业示范基地（南漳）、谭店现代农业休闲观光园（漳河新区）、华恒生态科技有限公司（随县）、军垦农场（阳新）、龙感湖农场（黄梅）、胡家湾生态农业观光园（当阳）、中阳垭村县级科技示范园（兴山）、斤坪生态农业观光园（十堰）、随州市花都生态农业有限公司（曾都）、湖北佳禾生态农业有限公司（随县）、蔡家渡柑橘生态旅游观光园（丹江口）、沃地集团农业旅游观光园（襄城）、丰华生态观光园（黄陂）、蔡家渡柑橘生态旅游观光示范园（丹江口）、丁家冲村休闲农业观光园（京山）、漳河生态示范园（漳河）、千桥农业生态观光园（咸安）、丰华生态农业观光园、玉皇顶生态农业观光园（丹江口）、月亮湖生态农业观光园（郧阳区）、湖北紫园生态展示园（钟祥）、农业科技示范园区（嘉鱼）、龙王垭生态文化观光园（竹溪）、朱湾村生态农业示范区（天门）、楚荣生态农业观光园（孝南）、京山丁家冲休闲农业观光园（京山）、生态示范园（漳河）、现代农业展示中心（黄陂）、昱龙现代生态示范园（随县）、千桥农业生态观光园（咸安）、九宫山生态农业观光园（通山）

续表

主类	亚类	基本类型	典型代表
乡村观光类1	动物观光地12	野生动物饲养地121	立农生态孔雀观光园（京山）、盛老汉农庄—乌龟（京山）、石桥水乡—甲鱼（襄州）、白鹿春（梅花鹿养殖基地）（荆门屈家岭）
		乡村牧场122	木兰草原（黄陂）、齐岳山（利川）
		观鸟地123	杨集镇观鸟基地（京山）、洪湖（洪湖市）
	水域观光地13	渔村风光131	红莲湖（华容）、高潮村（监利）、王坑村（监利）、乘风村（洪湖）、陈湾村（洪湖）、梁子村（梁子湖）
		水体观光地132	大九湖（神农架）、汈汊湖（汉川）、白莲河（浠水）、梁子湖（鄂州—江夏）、董家河（鹤峰）、清江（利川）、郁江画廊（利川）、沉湖湿地公园（蔡甸）、西凉湖（赤壁）、三ященно连江水库（嘉鱼）、双桥村—鸳鸯溪（京山）、聂家河镇—渔阳河（宜都）、小西湖（建始）、龙潭河（随县）、黑屋湾水库（随县）、吕家河（丹江口）、梦里水乡（利川）、官庄村水库（夷陵）、阳辛村水库（阳新）、鱼泉河（南漳）
	乡村风光14	美丽乡村景观141	乌云山村（英山）、彭墩村（钟祥）、木天河村（松滋）、鳖字石村（罗田）、广坪村（远安）、稻田景观（大悟）、火青村（枣阳）、圣人堂村（罗田）、绿水村（曾都）
乡村体验类2	林果采摘园21	果蔬采摘园211	五峰黄龙洞新农果园（五峰）、蓝莓园（当阳）、如意情（东西湖）、团林铺镇—蓝莓（荆州）、绿林百果采摘园（京山）、华恒生态科技有限公司（随县）、沧湖生态农业开发区（赤壁）、熊家境（铁山）、橘园（江夏）
		茶叶采摘园212	普安村万亩白茶基地（兴山）、五山堰河茶园（谷城）
	特色农事体验22	传统农耕文化体验地221	农耕年华（黄陂）、石榴红村（东西湖）
		现代农耕文化体验地222	金旭农牧有限公司（荆门）、橘园（江夏）、葡萄园（罗田）
乡村度假类3	休闲娱乐31	农家乐311	海荣农庄（枣阳）、银杏沱村农家乐（秭归）、小西湖村（建始）、秋收农场（沙市）、武神公路沿线、百丈沟农家乐群（茅箭）、罗家坡（竹山）、巨龙湖（东西湖）、柏泉生态园（东西湖）、梁湖农庄（江夏）、胜天农庄（黄陂）、富源堂（襄州）、品翠苑（樊城）、紫荆农庄（荆州）、稻香村农庄（荆州）、逸景园（茅箭）、凤声苑（远安）、鄂人谷（蕲春）、将军红（红安）、桃源湖度假村（曾都）、龙潭水寨（利川）、醉润月度假村（江夏）、梁子湖龙湾度假村（江夏）、梦天湖山庄（江夏）、和平农业公社（江夏）、地丰园生态农庄（黄陂）、坤润农庄双龙度假村（黄陂）、双龙度假村（黄陂）、保safe九号养生山庄（大冶）、龙凤山庄（大冶）、岘山农园（襄城）、富源塘农家饭庄（襄州）、邓城庄园（樊城）、柳林山庄（保康）、世外桃源山庄（监利）、洪府庄园（远安）、蓝天度假村（房县）、天资生态农庄（孝南）、楚荣生态园（孝南）、祝家庄（孝南）、东正山庄（鄂城）、清远山庄（麻城）、九龙吟（红安）、大泉生态农庄（崇阳）、香樟园（嘉鱼）、渔樵人家生态园（潜江）、水上人家（恩施）、聚贤庄（恩施）、石桥坪农家乐（巴东）、老家人民公社（枝江）

续表

主类	亚类	基本类型	典型代表
乡村度假类 3	休闲娱乐 31	租赁农场 312	如意情（东西湖）、石榴红村（东西湖）
		农业庄园 313	柏泉都市农业休闲带（东西湖）、梦天湖山庄（江夏）、新华农庄（江夏）、春雨生态科技园（老河口）、白泥塘村万寿菊园（利川）、营上村（恩施）、屏山村（鹤峰）、华中康谷（黄石）、尧治河村（保康）、樱桃沟（郧阳区）
	度假娱乐 32	农业休闲园 321	华中康谷（黄石）、官桥八组（嘉鱼）、长冲村长山岛（麻城）、李花山村（石首）、万秀村（梁子湖）、牛头山村（嘉鱼）、石桥水乡旅游区（襄州）、青泥湾休闲农庄（樊城）、金龙水寨（蔡甸）、吉农田间超市（东西湖）、龙泉湖逸品园休闲山庄（黄石）、龙凤山生态园度假村（大冶）、三峡茶文化生态民俗旅游村（夷陵）、三峡步步升布鞋文化村（枝江）、湖北尧治河村（保康）、春雨苗木果品专业合作社（老河口）、富源塘农家饭庄（襄州）、大川镇大川村（茅箭）、女娲天池休闲度假村（竹山）、金凯农家小院（监利）、东湖村休闲农业科技园（沙市）、峰口安心生态农庄（洪湖）、长架山生态农庄（安陆）、孝感市福良山（孝南）、井边湾（孝昌）、策湖水乡度假村（浠水）、华容休闲渔业有限公司（武穴）、湖北梧桐湖渔民山庄（华容）、阿富生态园（利川）、碧水源农庄（曾都）、八角庙村（神农架）、胜天农庄（黄陂）、保安镇沼山村（大冶）、秀水湾生态园（大冶）、李行生态农业度假区（襄州）、中华紫薇园（襄城）、紫荆农庄（荆州）、幸福农庄（长阳）、安家乡瓦房沟村（郧西）、云梦苑北渔业休闲园（云梦）、寨子沟生态农业景观休闲山庄（钟祥）、银山生态园（鄂城）、詹家湖休闲渔村（团风）、温泉镇百丈河村（英山）、药姑山生态度假村（通城）、古堰生态农业园（崇阳）、云峰山万亩生态茶园休闲村（曾都）、恩健生态休闲农业园（利川）、毛坝乡茶香苑（利川）、天来农业生态园（黄梅）、大同水乡农庄（洪湖）、吉农田间超市（东西湖）、龙凤山休闲度假村（大冶）、黄金湖休闲度假村（大冶）、土老憨橘园休闲生态农场（宜都）、百宝寨（当阳）、龙泉农业生态休闲农庄（石首）、桃花山东湖开心农场（沙市）、金凯农家小院（监利）、春雨苗木专业合作社（谷城）、彭墩乡村世界（钟祥）、双福生态农业园（漳河）、桃源绿色幸福村（广水）、随州市碧水源生态庄园（曾都）、尚市镇群金村（随县）、桃源湖度假村（随州）、福良山生态园（孝南）、龙池山庄（应城）、安ातan生态农业园（安陆）、希尔寨生态农庄（武穴）、盛丰渔业农庄（华容）、坤旺农业科技园（崇阳）、合玉立农产品专业合作社（通城）、咸宁市畜牧良种场（咸安）、民欣生态农庄（利川）、天湖度假村（天门）、沔城回族镇古柏门村（仙桃）、木鱼镇青天袍民俗山庄（神农架）
		野营地 322	云雾山（黄陂）
		农家小屋 323	和平村（兴山）

续表

主类	亚类	基本类型	典型代表
乡村度假类3	度假娱乐32	乡村俱乐部324	帝元俱乐部（新洲）
		避暑度假地325	兰陵溪村（秭归）、光明村（利川）、白羊塘村（利川）、梨树村（利川）、天湖国际旅游度假中心（利川）、小西湖村（建始）
乡村养生类4	运动健身场地41	水上运动场地411	郁江画廊—划船（（利川）、佛宝山生态综合开发区—户外运动（利川）、乘风村—划船（洪湖）、金龙水寨—划船（蔡甸）、灵龙峡漂流（远安）、望家村—灵龙峡漂流（远安）、九畹溪漂流（秭归）、毕昇大峡谷漂流（英山）、桃花冲漂流（英山）、双桥村漂流（京山）、鱼泉河村—漂流（南漳）
		陆上运动场地412	野三坝自驾游集散中心（巴东）、生态狩猎场（利川）、华恒生态科技有限公司—越野赛车（随州）、雨蒙村—越野赛车（随县）
	康体疗养地42	温泉421	庙垭村—五龙温泉（秭归）、洪山镇—玉龙温泉（随县）、牛头山三湖温泉（嘉鱼）、玉女汤温泉（应城）
		养生疗养院422	双丘村（赤壁）、葛仙山村（赤壁）、尧治河村（保康）、二月风葛文化风情园（随县）
乡村科普类5	科普场地51	农业博物馆511	红春清江民俗文化村—民俗博物馆（宜都）、火青纪念馆（枣阳）、张场村（荆州）、蜜蜂博物馆（荆门）、油菜花博物馆（沙洋）、龟博物馆（京山）
		教育庄园512	格林生态食品工业园（兴山）、航空欢乐小镇（荆门）、五二村—制茶（利川）
	研修场所52	农业科研基地521	峒山村（鄂城）、格林生态食品工业园（兴山）
		乡村博物馆522	石榴红村（东西湖）
乡村文化类6	乡村聚落61	特色村落民居611	九古奇村（大冶）、枫香坡（恩施）、刘家桥村（咸安）、麻柳溪村（咸丰）、杨梅古镇（来凤）、五峰栗子坪村（五峰）、和平村（兴山）、胡家坪—传统村落（秭归）、西陵峡村（秭归）、聂家河镇—古镇（宜都）、前湾传统村落（枣阳）、均州老街（丹江口）、清末庄园（丹江口）、冯氏民居（南漳）、泉塘村（武穴）、倒灌溪世外桃源乡村世界（京山）、义和新农村（京山）、张高寨（利川）、田坝村（利川）、高拱桥村（恩施）、大路坪村（鹤峰）、董家河村（鹤峰）、高岩村（巴东）、三里城村（巴东）、黎家大院（随县）、解河村戴家仓屋（随县）、鱼木寨（利川）、大花屋（远安）、古民居群（秭归）、三斗坪（夷陵）、昭君镇（兴山）、董市镇（枝江）

续表

主类	亚类	基本类型	典型代表
乡村文化类6	乡村聚落61	乡村遗产景观612	石桥村（来凤）、和平村—造纸厂（兴山）、中华屈氏第一村—屈真墓（秭归）、屈原村（秭归）、邓玉麟将军故居（巴东）、围龙坝村（巴东）、三友坪村（巴东）、高坪镇—石柱观（建始）、龙潭老屋（利川）、老龙洞摩崖题刻（利川）、龙水村—文庙、大田庄（利川）、佛宝山生态综合开发区—崖洞遗址、白云寺（利川）、长冲村（麻城）、鸡笼山庙（麻城）、红安县太平桥镇毛岗岭村（红安）、吴店镇（枣阳）、竹房城镇带（十堰）、敖家坝（竹溪）、夹马寨（南漳）、赤壁市官塘驿镇葛仙山村（赤壁）、重阳沟（荆门）、双桥村（京山）、北闸村（松滋）、张场村（荆州）、链子岩村（秭归）、苦竹溪村（巴东）、双沟镇（襄州）、花林观音洞（远安）、大石门（竹溪）
	民俗文化聚集地62	民俗文化村621	牛岭村（秭归）、土家族村（秭归）、建东村（秭归）、红春清江民俗文化村（宜都）、邓家河民俗文化村（荆门）、土城镇黄酒民俗村（房县）、双丘村（赤壁）、丹阳古镇（孝南）、新河村（利川）、熊家境（铁山）、伍家沟（丹江口）、大余湾（黄陂）、烟墩包村（枝江）
		历史文化名镇（村、街）622	鱼木村（利川）、安居镇（随县）、红春村（宜都）、白岩坪村（五峰）、望家村（远安）、安家河村（郧西）、皇城村（钟祥）、三山村（鄂城）、对天河村（红安）、陈策楼村（黄冈）、龟峰山村（麻城）、李山村（蕲春）、普安村（赤壁）、陈沟村（建始）、坪坝营村（咸丰）、升子村（鹤峰）、石桥坪村（巴东）、木兰乡（黄陂）、木鱼镇（神农架）、三斗坪镇（夷陵）、武当山镇（十堰）、瞿家湾镇（洪湖）、汤池镇（应城）、客店镇（钟祥）、九资河镇（罗田）、七里坪镇（红安）、赤壁镇（赤壁）、南河镇（谷城）、谋道镇（利川）、梁子镇（梁子湖）、沔街（仙桃）、武当金银街（十堰）、长胜街（红安）、陶珠路风情街（西陵）、木鱼老街（神农架）、双泉村（黄陂）、杜川村（房县）、熊畈村（孝昌）、三泉村（东宝）、吉祥寺村（随县）、高拱桥村（恩施）、杜柳村（仙桃）、坳头村（大冶）、吴家山村（英山）、杏花村（麻城）、紫霄村（十堰）、吕家河村（丹江口）、胡家河村（曾都）、江冲村（大悟）、方营村（老河口）、赵家河村（钟祥）、石牌村（夷陵）、新坪村（夷陵）、温水村（神农架林）、高岚村（兴山）、汈汊湖许家村（汉川）、洪河村（应城）、碧山村（安陆）、凤凰村（公安）、羊楼洞村（赤壁）、三山村（鄂城）、皇城村（钟祥）、长丰村（红安）、西角湖村（蕲春）、林家大湾村（团风）、关垭子村（竹溪）、安家河村（郧西）、九龙桥村（丹江口）、姚庵村（襄城）、朝阳村（利川）、代陈沟村（建始）、两河口村（宣恩）
乡村商品类7	乡村美食71	特色农家菜肴711	中华龙虾生态休闲园（潜江）、大闸蟹（梁子湖）、武昌鱼（梁子湖）、生态鱼（洪湖）、土家腊肉（恩施）、榨广椒（恩施）

续表

主类	亚类	基本类型	典型代表
乡村商品类7	乡村特色商品72	纪念品、工艺品721	步步升布鞋文化村（枝江）、黄龙寺村—刺绣、土染、制陶（猇亭）、红春清江民俗文化村—木雕、石雕等（宜都）、木雕根雕艺术（利川）、人头山村—毛坝漆（利川）、管窑镇（蕲春）、兰田村—造纸术（利川）土家织锦（恩施）
		特色食品722	楚食园（漳河新区）、酸浆面（枣阳）、张高寨—蜂蜜、山野食品（利川）、港饼（黄石）、麻糖米酒（孝感）、凤头姜（利川）
乡村节庆类8	民俗型节庆81	少数民族节日811	恩施州庆日（恩施州）、摆手节（来凤）、女儿会（恩施土家族）、牛王节（恩施土家族和苗族）
		民俗节庆812	中华屈氏第一村—端午节（秭归）、西陵峡村（秭归）、葛仙山村（赤壁）、马桥镇（保康）
	创新型节庆82	特色旅游节事821	新市桃花源（枣阳）、孝感桃花节、沙洋油菜花节、麻城杜鹃花节、老河口梨花节等、新茶村女娲文化旅游节（竹山）

二、基本特征

根据统计表，可见湖北省乡村旅游资源类型丰富，包括乡村观光、乡村体验、乡村度假等多层次的旅游资源，其中也不乏丰富的乡村文化景观、乡村商品及乡村节庆。

（一）乡村旅游繁花似锦，四季赏花美不胜收

湖北省地处中部，四季分明，农业资源及景观十分丰富，形成了四季赏花的独特资源。麻城的杜鹃花、十堰樱桃沟的野樱花、荆门的油菜花、荆州的桃花、老河口的梨花、洪湖的荷花、京山的茶花、咸安的桂花都享有盛名，使得一年四季花香不断。1月赏梅花，打年货、做豆丝、熬腊八粥；2月观茶花、体验乡村童玩、打糍粑等民俗；3月赏油菜花、桃花、采茶；4月观杜鹃花、梨花、杏花、槐花，采山野菜；5月看高山杜鹃花、采樱桃、端午包粽子；6月薰衣草、玫瑰花、乡村童玩；7—8月荷花、紫薇花、采菱、采葡萄、烤苞谷、捉萤火虫；9月菊花、桂花、制作桂花糕、打板栗；10月乌桕、银杏、采柿子、砍甘蔗、农村做南瓜灯；11月采橘子、柚子、包饺子、吸天然氧吧；12月采草莓、喝藕汤，湖北旅游四季花香不断。如武汉市周边以玫瑰（东方爱情海、木兰玫瑰园）、薰衣草（江夏薰衣草基地）、郁金香（东西湖）、七色花海（江夏）等为主题的都市休闲赏花带；黄冈麻城市龟峰山的古杜鹃、孝感市杨店的桃花、沙洋县的油菜花基地、老河口的梨花、洪湖的荷花等，是闻名全省乃至全国的重要资源。除此之外，恩施、宜昌等地的茶园，如兴山县普安村万亩白茶基地、利川市毛坝镇夹壁村千亩茶园（冷后浑）景观、芭蕉侗族乡高拱桥村、鹤峰县走马镇升子村木耳山万亩茶园等是茶园观光，采摘茶叶，品茗养性的好地方。

（二）千湖之省风情浓郁，河湖水产丰富多样

湖北境内有长江、汉江两大水系，湖泊星罗棋布，水库沟渠连片成网，为水域观光、水上娱乐、水产养殖提供了丰富的场所，也造就了典型的水上风情、鱼米之乡的风光，因此，水体旅游资源自然是湖北重要的乡村旅游资源。荆州的洪湖、汉川的汈汊湖、江夏和鄂州的梁子湖、蔡甸的沉湖等，分布于乡里村间的众多水体旅游成为湖北省独有的自然乡土风貌景观。湖北是千湖之省，境内湖泊众多，水库密集，形成了丰富的水乡风情景观。洪湖是中国第七大淡水湖，湖北省第一大湖。洪湖水域面积广阔，为413平方公里，是湖面观光、水上休闲、水体养殖及赏荷花的重要观光地。位于洪湖西岸的高潮村，村民世代以渔为生，是一个典型的小渔村，也是《洪湖赤卫队》的起源地，文化浓郁，水乡风情典型，为湖北省百家旅游名村之一。此外，梁子湖烟波浩渺，水质澄清，面积42万亩，是全国十大名湖之一，湖北省第二大淡水湖，武昌鱼的母亲湖。湖区气候宜人，生态良好，动植物资源丰富多彩，鸟类137种，鱼类105种，有"水底森林、鸟类天堂"之说。梁子岛四面环水，状如菱角，面积2.2平方公里，有世外桃源、梦里水乡、水上蓬莱之美誉。湖北省乡村生态环境优美，不乏众多的野生生物保护区及湿地生物群和观鸟地。如石首市天鹅洲生态湿地，是长江中下游最具独特性的湿地之一，这里有1000余头麋鹿，是全球最大的野生麋鹿种群；此外，天鹅洲也是江豚繁殖基地和天鹅的栖息地，这里是鸬鹚、天鹅、红嘴鸥、鱼鸥、豆雁等鸟类的天堂。

湖北渔业资源丰富，全省水域总面积2500万亩，宜养水面1360万亩，共有鱼类176种。2011年，湖北省水产品总产量达到356万吨，水产品产值达509亿元，淡水产品总量连续16年雄踞全国榜首。大闸蟹、鲫鱼、武昌鱼、"楚江红"小龙虾、梁子湖大河蟹、"洪湖渔家"生态鱼等都是湖北有名的水产品。得天独厚的淡水资源和良好的生态环境，为湖北水产业提供了无比宽广的发展舞台。

（三）农家风情自然朴实，田园风光如诗如画

湖北地域辽阔，农家生活异彩纷呈。在广袤的江汉平原农村，广大的农村居民以农耕为主，家家户户喂养牲畜家禽，以米饭为主食；而在鄂西北和鄂西南，他们除了种田以外，还种树、种茶、种花、种果，常常上山打猎，而且少数民族居民务农时有唱歌的喜好，上山要唱山歌，田间劳作要唱田歌，有号子歌、放牛歌、砍柴歌等。闲暇时分，不同地区的居民会用不同的方式打发时间，同时各个地方人们的穿着、服饰、语言和农家生活习惯等都各有特色。这些特色鲜明、乡土气息浓厚的农村生活对常年生活在城里的人来说具有极大的吸引力。

湖北省乡村旅游资源丰富，田园风光独具特色。沙洋县油菜花盛开时节，金浪翻滚，蔚为壮观；英山县茶园观光带，云雾缭绕，绿意盎然；恩施大峡谷梯田如诗如画，是人类改天换地的见证；长阳清江幽静清雅，鱼作景观令人神往；武汉市黄陂区云雾山原始杜鹃林带，花开时节，成火红的海洋。湖北美丽的农村的自然田园风光美不胜收，令人们流连忘返。

（四）民风民俗传统神秘，乡野村寨古朴典雅

湖北省不仅乡村旅游资源丰富，而且农业生产历史悠久，孕育了丰富的文化内涵和民俗风情。湖北省自古以来民俗风情淳朴，是楚文化的发祥地，吃粽子和赛龙舟、舞狮子、玩龙灯、耍皮影、打花鼓、薅草锣鼓等民俗活动令人流连忘返；少数民族绝大部分分布在鄂西地区，这使鄂西地区形成了与湖北省其他地区差异较大的民俗文化，例如土家族独特的服饰和语言、婚丧习俗、宗教信仰、音乐歌舞等对国内外的游客都有着巨大的吸引力。

湖北省分布着众多的特色村落民居，它们是历史文化的支撑点和现实载体，也是湖北发展乡村旅游的宝贵资源。特色村落有少数民族的吊脚楼、四合小院等等，都以当地独有的民族文化为基础，显示了独特魅力的建筑风格；村落乡味十足，不是依山，就是傍水，犹如一处处藏在大山中的宝藏，以它卓越的自然风采、灿烂的文化和古朴的民俗风情，向游人展示荆楚文明的神秘与魅力。

（五）农家接待遍地开花，乡村度假初具规模

目前，在湖北迅速兴起的农家乐，犹如一朵朵绚丽的花朵，绽开在荆楚大地上。以"住农家屋，吃农家饭，干农家活，享农家乐"为主要内容的民俗风情旅游，能够让旅游者摆脱城市喧嚣、繁忙公务之外，置身于乡土气息浓郁、自然风光秀美的农村田园中，并能让游客，开展各种休闲娱乐型旅游活动，如

农家美食品尝、农特产品购物、农村体育活动参与以及采摘、认种、垂钓、棋牌游戏等，从而深受广大游客的欢迎。在宜昌、襄阳、武汉、恩施、竹山—竹溪—房县等多地都形成了农家乐集聚带，成为当地乡村旅游的主体。

当今城市环境污染日益严重，雾霾成为常态天气，令人无比向往的自然绿色、天然氧吧，成为人们休闲的热点。利用当地农村自然生态，碧水蓝天，清新空气，根据市场需求提供各种功能性的康体疗养产品，如"森林洗肺"、温泉旅游产品、中药养生等疗养型旅游产品，以及漂流、划船、骑马和野外拓展等健身型旅游产品成为乡村旅游者的新宠。湖北有被誉为"中国温泉之都"的咸宁，中华医药学家李时珍的故里蕲春，乡村疗养地丰富。同时，湖北省内许多河流都开发了漂流项目，如秭归九畹溪、英山毕昇大峡谷、桃花冲漂流等，这些漂流河段空气清新，气候宜人，植被覆盖率高，是游客放松身心、健身疗养及体验乡野趣味的好地方。

湖北乡村度假村已初具规模，呈现数量与质量同步提升的良好势头。利用湖北省农村优越的自然生态环境，开展各种休闲度假型旅游活动，让游客可以亲近大自然，放松身心。

三、质量评价

（一）结构评价

按照乡村旅游资源分类表，将8大主类进行统计，结果如表4-3所示。

表4-3 湖北省乡村资源归类统计表

主类	资源单体数量
乡村观光类	138
乡村体验类	13
乡村度假类	148
乡村养生类	21
乡村科普类	8
乡村文化类	146
乡村商品类	20
乡村节庆类	10
总计	504

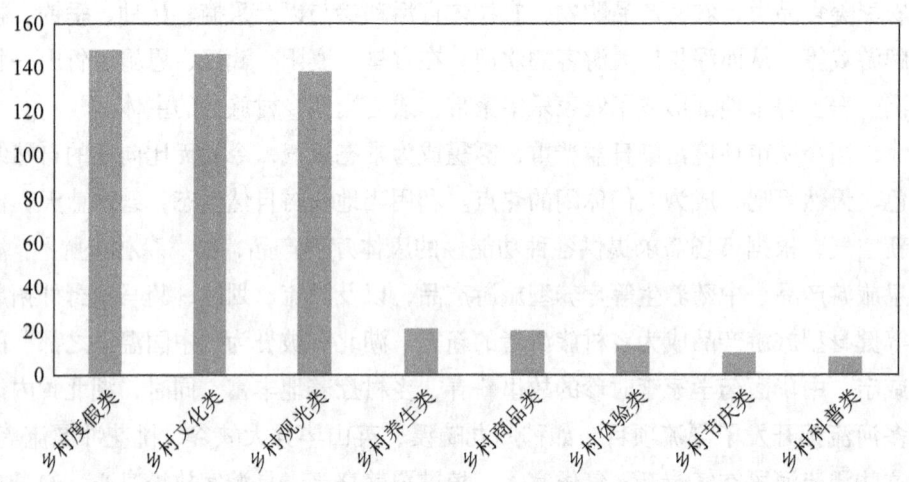

图 4-1 湖北省乡村旅游资源单体统计图

由此可以看出，湖北省乡村旅游资源种类齐全，以乡村度假、乡村文化、乡村观光类为主，说明湖北省乡村旅游资源乡村观光、休闲度假及乡村文化资源富集，乡村风光自然迤逦，文化底蕴深厚。在亚类分类中，农业科技园、农业休闲园和历史文化名镇（村、街）占的比重最大，说明乡村旅游发展基础较好；旅游商品琳琅满目，旅游节庆多样，为乡村旅游开发提供了丰富的资源条件。相对而言，乡村科普和乡村节庆类型较少。

（二）等级评价

1. 评价指标

根据乡村旅游资源特色，构建湖北省乡村旅游资源评价指标与方法。乡村旅游资源由资源本身的价值，开发条件及开发价值决定。资源价值、开发条件和开发价值各占 60 分、30 分及 10 分。乡村的典型性、观赏性是其价值的主要因素；旅游资源所处的旅游环境是否优美，生态环境质量好坏也成为旅游者选择的重要标准之一，因此，旅游环境是开发条件的重要因素。乡村旅游具有旅游扶贫与产业带动的功能，其开发的综合价值和带动效应是评价旅游资源开发价值的主要因子（见表 4-4）。

表 4-4　乡村旅游资源等级评价指标

目标层	综合评价层	项目评价层	评价因子层
乡村旅游资源（100）	资源价值（60）	乡村性（30）	典型性（15）
			观赏性（8）
			文化性（4）
			科普性（3）
		参与性（15）	趣味性（8）
			参与度（7）
		珍稀奇特性（8）	
		规模与容量（4）	
		知名度（3）	
	开发条件（30）	环境质量（10）	旅游环境（7）
			村容村貌（3）
		市场潜力（7）	
		区位交通（5）	
		基础设施（4）	
		政策因素（2）	
		旅游人才（2）	
	开发价值（10）	旅游带动效应（6）	
		旅游综合价值（4）	

2. 分级标准

按照评价因子的综合得分，将乡村旅游资源分为 3 级。

五级旅游资源，得分值域 ≥ 90 分；四级旅游资源，得分值域为 75~89 分；三级旅游资源得分值域为 60~74 分。

五级旅游资源称为特品级旅游资源，在全国具有一定的代表性和影响力，能够反映湖北省乡村旅游的某一特征，从长远来看，也是吸引国际旅游者的重要资源；四级旅游资源为优级旅游资源，是全省发展乡村旅游的重要资源；三级旅游资源为良级，是吸引地市乡村游客的重要资源。

3. 评价结果

按照乡村旅游资源单体评价指标与赋分标准，对湖北省主要乡村旅游资源单体进行了评价,(见表 4-5)。

表 4-5 湖北省主要乡村旅游资源单体评价结果

分值	分级	旅游资源单体名称	开发等级
≥90分	五级旅游资源	东西湖郁金香园、宣恩伍家台、鹤峰木耳山、咸丰麻柳溪一小村、五峰栗子坪、长阳盆景带、郧阳区樱桃沟、丹江口吕家河、大冶九古奇村、铁山熊家境、麻城杜鹃花、保康尧治河、孝昌井边湾、监利高潮村、沙洋油菜花、神农架大九湖、随县银杏谷	特品级 17
75~89分	四级旅游资源	黄陂玫瑰园、江夏七彩花海、江夏梁湖农庄、东西湖石榴红村、东西湖柏泉都市农业休闲带、蔡甸金龙水寨、来凤杨梅古寨、建始关口葡萄、利川梦里水乡、恩施枫香坡、利川鱼木寨、利川张高寨、宜都红春村、远安嫘祖镇、秭归银杏坨、枝江老家人民公社、夷陵官庄村、茅箭百丈沟、丹江口伍家沟、竹溪敖家坝、竹山总兵安—罗家坡、谷城堰河村、枣阳海荣农庄、梁子湖万秀村、大冶东方爱情海、黄石华中康谷、石首李花山村、松滋北闸村、荆州木天河、潜江中华龙虾生态园、天门天湖野荷生态园、仙桃沔街、嘉鱼官桥八组、京山茶花园、京山观鸟基地、孝南祝家庄、孝南丹阳古镇、孝感杨店桃花、安陆钱冲、浠水白莲河、黄州江北农业带	优级 41
60~74分	三级旅游资源	蔡甸香草花田、蔡甸沉湖、东西湖如意情、江夏梦天湖山庄、江夏新华农庄、黄陂农耕年华农业风情园、黄陂丰华生态观光园、黄陂地丰园生态农庄、黄陂坤润农庄双龙度假村、黄陂云雾山、黄梅龙感湖农场、英山乌云山村、红安对天河村、京山盛老汉农庄、京山丁家冲休闲农业观光园、京山立农生态孔雀观光园、沙市秋收农场、东宝漳河水库、荆门屈家岭白鹿春、荆门蜜蜂博物馆、枣阳玫瑰园、枣阳新市桃花源、枣阳火青纪念馆、荆州太湖桃花村、洪湖乘风村、监利世外桃源山庄、枝江步步升布鞋文化村、秭归九畹溪漂流、三峡茶文化生态民俗旅游村、兴山和平村、秭归建东村、远安望家村、利川万亩梨园、鹤峰董家河、恩施聚贤庄、巴东石桥坪农家乐、利川龙潭水寨、利川生态狩猎场、利川天湖国际旅游度假中心、来凤杨梅古镇、广水桃源村、房县蓝天度假村、随县二月风葛文化风情园、随县车云山茶文化生态园、曾都绿水村、竹溪龙王垭观光茶园、房县土城镇黄酒民俗村、郧西安家乡瓦房沟村、郧阳区月亮湖生态农业观光园、鄂城峒山村、鄂城银山生态园、梁子湖龙湾度假村、阳新军垦农场、大冶凤山生态园度假村、大冶保安镇沼山村、大冶秀水湾生态园、嘉鱼牛头山村、赤壁万亩樱园、咸安刘家桥村、丹江口蔡家渡柑橘生态旅游观光园、神农架木鱼老街、神农架八角庙村、天门天湖度假村、朱湾村生态农业示范区、潜江渔樵人家生态园、钟祥彭墩乡村世界、襄城沃地集团农业旅游观光园、漳河双福生态农业园、襄城岘山家园、襄州富源塘农家饭店、樊城邓城庄园、保康柳林山庄、英山毕昇大峡谷漂流、英山桃花冲漂流、蕲春李山村、赤壁普安村、赤壁西凉湖、赤壁沧湖生态农业开发区、孝南楚荣生态园、嘉鱼三湖连江水库	良级 80

4. 评价结论

根据评价结果，全省共有 17 处五级旅游资源。五级旅游资源无论从资源观光价值、开发条件还是开发效应方面，在全省都具有一定的代表性和先进性。四级旅游资源 41 处，三级旅游资源 80 处。

5. 五级旅游资源概述

（1）东西湖郁金香园，占地 600 亩，是华中地区规模最大、品种最全、技术含量最高的休闲农业中心，彩叶苗木旗舰中心和生态科普培训中心。郁金香园有 3 个风情园：京剧脸谱园、荷兰风情园、江南水乡园。目前已成功举办了郁金香花节、向日葵节等节庆，已经成为武汉市近郊重要的赏花、休闲之地，也是体验田园，享受健康的主要目的地。

（2）宣恩伍家台"茶叶公园"，集观茶、采茶、制茶、品茶于一体，让游客一站式体验土家苗寨的茶文化。

（3）鹤峰县走马镇木耳山茶园，则是湖北最大的连片茶园，为农民提供现金收入近亿元。云雾中的鹤峰茶叶在致富一方土家百姓的同时，又成为生态旅游观光的项目中一道亮丽的风景线，吸引了不少山外来客。

（4）麻柳溪村，属湖北省咸丰县黄金洞乡。民居依山而建，错落有致，百年古塔倒映水中，是一个可以在纯美和光明中回味经历地下光怪陆离世界的心灵港湾。

（5）栗子坪村，位于采花乡东南部，地处独岭山脉北麓。因盛产板栗而得名，一批树龄在两百年以上的古树及红花玉兰、红豆杉、珙桐等珍稀树种遍布村寨。山清水秀、气温适中、空气清新加之民风和畅淳朴，是一个"高山生态乡村疗养胜地"。

（6）高家堰镇，被誉为"湖北根艺盆景第一镇"。现有各类盆景 100 万盆，品种 30 个，根艺作品 1.5 万件。盆景一级保护品种以银杏、小叶中华蚊母、红豆杉为主；二级保护品种有中华蚊母、对接白蜡、珙桐、红花矩木、紫薇。上等品种以开花、挂果、叶小、四季常青为特征，主要有金弹子、火炬、矮塔、矩木、杜鹃、水蜡、迟兰等。

（7）郧县樱桃沟，位于郧阳区和十堰结合部，多年有种植樱桃的习惯，面积达 3000 余亩。这里的樱桃粒大肉厚、色泽鲜艳、入口甘甜。近年来，樱桃沟相继修建了连接樱桃沟的景区道路、旅游交通指示牌、樱桃广场、停车场等基础设施，并指导村民把农舍统一装饰，樱桃沟成为一个集休闲、度假、餐饮、娱乐、健身于一体的多功能、全方位、综合性的乡村旅游目的地。

（8）丹江口吕家河，是中国汉族民歌第一村。乡村野舍辉映皇家建筑，民歌俚谣伴随晨钟暮鼓。对吕家河人而言，歌唱，是快乐，是忧伤，是绵绵不绝的符号，更是生生不息的文化密码。村民们以口传心授的方式保存了秦、唐流放文化遗存和明大修武当带来的全国各地的传统民歌5000多首，曲调达79种之多。据调查，村内能唱2小时以上民歌者达85人，占全村1079人的7%，其中能唱千首民歌的有4人，能唱百首以上民歌的有124人。2008年6月，被国务院列为国家级非物质文化遗产。

（9）大冶九古奇村，所谓"九古"，即古树、古墓、古井、古祠、古碑、古道、古沟渠、古宅、古碾。古树在上冯村随处可见，百年以上的古树有千株以上，其中最古老的香樟树有500多年的树龄。而被称为中华枸骨王的枸骨树，树龄在千年以上。古井该村现存16口，井洞有方有圆，井水冬暖夏凉，甜润绵长。规模最宏大的要数古宅，有百余栋，分为六个片区，建筑风格为皖赣鄂南派，屋内雕梁画栋，匾额对联，天井对称，石柱精巧。此外，160多棺元、明、清古墓，2000多米长的古道，70多米长又保存完好的古渠，建于清嘉庆年间的古祠，3个古碑和一处古碾，均颇具古朴气息和浓厚的历史文化色彩。

（10）铁山熊家境。地处丘陵地带，平均海拔334.9米，全村四面群山环绕，风景秀丽，森林覆盖率达95%以上，野生资源丰富，生长着多种名贵树木，其中不乏千年古树。熊家境村紧挨东方山风景区西门，西邻黄石国家矿山公园。2010年，熊家境被评为湖北省省级生态村；2012年获"中国最美丽特色旅游乡村"称号。

（11）麻城杜鹃花。麻城市古杜鹃总面积达100多万亩，其中龟峰山风景区连片面积达10万多亩，生长周期百万年以上，现存树龄均在两百年以上。目前，麻城杜鹃花已成为湖北省乡村旅游及黄冈市旅游的一张名片。

（12）保康尧治河。尧治河村高楼耸立，别墅整齐，俨然一幅现代乡村的景象：整个村庄山峻水美，自然景观迷人，有长达4公里的尧帝神峡、朝观暮浴的梨花山、深不可测老龙洞、神秘肃穆的龙门寺、道教圣地黄龙观、气势非凡的巴岩峡、飞泻而下的滴水岩瀑布等景观。独特的高山美景和神奇的尧治河精神,是尧治河村最大的吸引物。

(13)孝昌井边湾。总投资3亿元,占地面积6742亩,核心区沿河2000亩为乡村休闲农庄,精心设计了200多套不同国家风格的乡村农家小院,院后是一亩三分地,主要针对高端消费人群及会员;外围5000亩是有机农产品供应基地,定期向会员家庭和香港、东南亚等城市供应高品质、无污染的粮油蔬菜、畜禽水产等。

(14)监利高潮村,村民时代以渔为生,是一个典型的小渔村,也是《洪湖赤卫队》的起源地,文化浓郁,水乡风情典型,为湖北省旅游名村。

(15)沙洋油菜花,沙洋县种植油菜70多万亩,是沙洋县以农业带动旅游发展的主要载体,沙洋县大力挖掘油菜文化,发展油菜产业,打造油菜花景观。尤其是油菜花百里长廊,菜花的清香扑鼻而来,两边金灿灿的花海蔚为壮观。沙洋县已连续7年举办油菜花节,是湖北省乡村旅游的又一张名片。

(16)神农架大九湖,位于渝鄂交界处,是亚高山的一片湿地。面积30000多亩,海拔1700米,在"抬头见高山,地无三尺平"的神农架群山之中,被誉为湖北的"呼伦贝尔""神农江南"。

(17)随县银杏谷,是世界四大密集成片的古银杏群落之一。银杏谷内有千岁以上的银杏树308棵,百岁以上银杏树17000多棵,定植银杏树510万多棵。以古银杏群落为标志的田园风光,述说着中国传统哲学关于人与自然和谐的文化理念。

(三)空间评价

为把握全省乡村旅游资源,尤其是优级以上资源空间分布特征,将全省四级、五级旅游资源进行空间分布统计,结果如表4-6所示。

表4-6 湖北省优级以上乡村旅游资源空间数量分布

地区 \ 资源等级	五级旅游资源	四级旅游资源	优级以上资源总计
武汉	1	6	7
恩施	3	6	9
宜昌	2	5	7
黄冈	1	2	3
黄石	2	2	4

续表

资源等级 地区	五级旅游资源	四级旅游资源	优级以上资源总计
鄂州	0	1	1
咸宁	0	1	1
荆州	1	3	4
荆门	1	2	3
天门	0	1	1
仙桃	0	1	1
潜江	0	1	1
襄阳	1	2	3
十堰	2	4	6
神农架	1	0	1
随州	1	0	1
孝感	1	4	5
总计	17	41	58

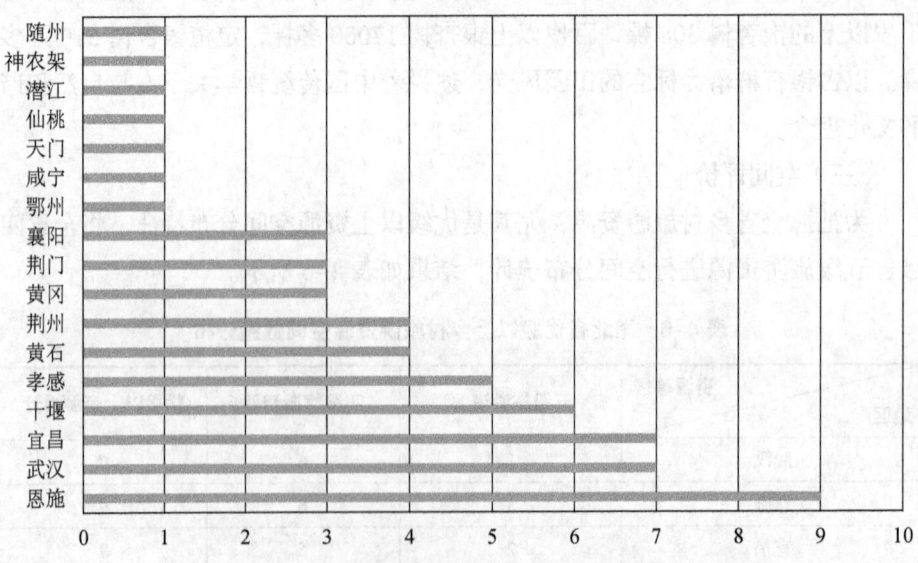

图 4-2 各地优级以上乡村旅游资源分布图

由此可以看出，优级以上旅游资源在全省 17 地（市、区）均有分布，主要集中在恩施、宜昌、武汉、十堰、孝感等地，在空间分布上集聚特征明显，其他地区分布数量相对较少，也较为分散。

（四）开发条件评价

1. 九省通衢，高铁添翼——区位条件

湖北省位于我国中心腹地，素有"九省通衢"之美誉，自古就是中国水运、铁路运输的枢纽。随着武广高铁、合武高铁、郑西高铁、沪汉蓉高铁的通车，武汉成为高铁的核心，提升了湖北省旅游市场的等级，实现了旅游产品的转变，为乡村旅游发展奠定了先行基础。

自 2003 年以来，湖北省启动村级路改造工程以来，农村交通条件已得到了明显的改善，乡村旅游通达性大大增强。"十一五"期间，国家投资 50 亿元专项资金扶持湖北省农村公路建设，其中 45 亿元用于全省 4.5 万公里村级路改造，5 亿元将全部投入恩施市 1250 公里通乡公路改造，每公里国家投资约 40 万元；与此同时，省交通厅将继续推进农村公路"双通"工程（村村通公路、村村通客运）和绿色通道建设工作，为促进乡村旅游的可进入性提供了条件。

2. 人口密集，需求旺盛——市场条件

湖北省是中国人口数量较多的省份，人口密度每平方公里 320 人，是全国平均水平的 2 倍以上。随着城市居民生活水平的不断提高，闲暇时间的增加以及人们休闲意识的提高，乡村旅游将成为城镇居民主要的休闲旅游方式之一。尤其是武汉"8+1"城市圈，城镇居民收入偏高，需求量大，乡村旅游前景看好。

3. 旅游富民，政府抓手——政策条件

2006 年，国家旅游局确定全国旅游主题年为"2006 中国乡村游"，2007年，开展了"2007 中国和谐城乡游"活动，并在全国范围内共同组织实施乡村旅游"百千万工程"，建成具有乡村旅游示范意义的 100 个县、1000 个乡镇和 10000 个村。中共中央国务院 2010 年在发布的《中共中央国务院关于加快发展现代农业，进一步增强农村发展活力的若干意见》中明确指出：要发展乡村旅游和休闲农业，推进农村生态文明建设；2014 年 8 月出台了《关于促进旅游业改革发展的若干意见》明确指出大力发展乡村旅游。2014 年 11 月，《湖北省旅游条例（修订草案二审稿）》提请湖北省十二届人大常委会第十二次会议审议，明确提出要规范乡村旅游开发建设，并通过加强乡村公共服务和基础设施建设，为乡村旅游提供良好的发展环境。这些政策为湖北省乡村旅游的发展提供了非常适宜的背景和机遇。

湖北是农业大省，近年来，在破解"三农"难题过程中，湖北省打破过去就农业发展农业，看到了旅游富民的强大效应，将旅游业作为统筹区域经济的引擎，走出了一条旅游强县富民的新路。开发一处景点，带动一方经济，致富一方百姓。例如，黄陂区已成为旅游脱贫致富的典范，它所创造的"政府主导、行业主管、企业主角、农民主体"模式，被奉为旅游兴农的新样本。目前，全省已有30多个乡镇靠旅游脱贫，旅游业直接就业人数超过50万人，拉动间接就业人数约250万人。

4. 投资兴盛，热情高涨——融资条件

湖北省现已初步形成全方位、多层次、宽领域的乡村旅游投资格局。乡村旅游投资项目总额呈现不断上升的趋势。从资金投向看，除传统的酒店项目外，各类资本加快进入乡村旅游行业其他领域，如民俗文化、康体健身、拓展运动等。同时，乡村旅游公路、乡村旅游集散中心、旅游名镇名村也已成为湖北省乡村旅游投资的重要领域。

总之，从类型统计看，湖北省乡村旅游资源类型丰富，尤其以乡村观光、乡村度假及乡村文化类资源为主；从等级结果看，四级、五级旅游资源分布相对集中，且特色突出，以名花、湖泊、高山茶园、乡村文化地为主要特征；从开发条件看，政府支持，交通先行，需求旺盛，投资高涨为乡村旅游资源开发提供了多方保障。

四、开发现状

（一）已有开发基础

1. 乡村旅游开发初成规模

随着乡村旅游需求的日益升温，湖北省乡村旅游迅速发展起来，已成为湖北旅游热点。从旅游业的六要素来看，随着政府、企业以及农民个体对乡村旅游基础设施投入的增大，全省主要乡村旅游景区景点已基本形成了食、住、行、游、购、娱为一体的产业综合发展体系。各地结合地域资源特色和农业产业特征，纷纷重视和发展乡村旅游，湖北省现已建成乡村旅游景点1674处，农家乐经营户3904家,在建乡村旅游项目76个;在农村环境整治和基础设施完善工程的进展过程中,乡村旅游接待水平也有很大提高;湖北省乡村旅游在产品类型和产品层次上也有了纵深发展,从过去单一的观光游览和餐饮娱乐产品形式,向融观光度假、民俗宗教、购物娱乐、绿色生态、文化科教等多种功能于一体的产品格局发展。

2. 乡村交通明显改善

湖北省自2003年启动村级路改造工程以来,农村交通条件已得到了明显的改善,乡村旅游通达性大大增强。"十一五"期间国家斥资50亿元专项资金用于湖北省农村公路改造,5亿元投入恩施1250公里通乡公路改造;同时省交通厅将继续推进农村公路"双通"工程(村村通公路、村村通客运)和"绿色通道"建设工作,湖北省农村公路交通状况有所改善。至2009年底,全省公路总里程达到197196公里,其中高速公路总里程达到3283公里,连接省内经济大三角,武汉城市圈及周边省会城市的高速公路网络基本形成。乡镇通畅率达到89.35%,行政村通达率达到95.18%,行政村通沥青水泥路率达到94%,使得湖北乡村旅游的通达性大大增强,交通问题将不再成为制约湖北省乡村旅游发展的瓶颈。

3. 乡村旅游开发火热

2004年,国家旅游局开展首批"全国农业旅游示范点"的评选活动,湖北省积极参与其中,最终武汉农业生态园、武汉谦森岛庄园、襄阳锦绣园、洪湖蓝田农业生态旅游区、宜昌中华鲟园和鄂州梁子湖生态旅游区六家农业示范点入选,这极大地推动了湖北乡村旅游向更高层次发展。湖北省在"2006中国乡村旅游"中举办了武汉乡村休闲旅游节,并在同年的华中旅游博览会上推出了武汉—三角山、木兰天池—红安等七条乡村旅游路线,使得各地乡村旅游接待人数和收入大幅增长,2007年1月,国家旅游局公布的第二批全国农业旅游示范点中,湖北省又有武汉市龙泉山生态农业园、利川福宝山生态综合开发区、咸丰龙家界土苗民俗风情大观园、恩施农业高新技术示范园、宜昌车溪民俗观光园、英山乌云山茶叶公园、罗田九资河圣人堂村七家入选,2007年10月底,湖北旅游局和农业局向各地市下发了《关于发展全省乡村旅游的指导意见》,督促乡村旅游工作的开展。2008年起,湖北乡村旅游开始进入规范化发展的阶段,省旅游局参照联合湖北大学旅游发展研究会编制的《湖北乡村旅游发展总体规划2008—2020》，并积极响应国家号召，于2008年下半年启动了湖北乡村旅游名市名村名镇的创建工作，各地各创建单位按照创建要求，强化措施，加大创建力度，使全省掀起了乡村旅游开发的热潮。

（二）存在问题

1. 旅游资源开发层次较低，市场竞争激烈

湖北的很多乡村旅游产品停留在提供住宿和餐饮的低层次上，很少注意提升其本身的文化内涵及参与性。随着游客文化素质的不断提高以及教育的普及，很多游客会把旅游与历史、民俗、宗教、文化、艺术等结合起来，这对乡村旅游提出了更高层次的要求。

国家旅游局大力推进乡村旅游发展，全国各地都火热地开发乡村旅游，湖北面临周边邻省如江西、湖南、河南的激烈竞争。从可进入性、资源特色和开发项目等方面来看，这些区域并不比湖北差，有些方面甚至比湖北更具特色，他们均把湖北作为重要的二级市场，尤其瞄准武汉市。以江西婺源为例，其开发乡村旅游的历史长，且在挖掘农业文化、体现"农"味等方面已逐渐形成自己的特色，在市场上有一定的竞争力，吸引着众多湖北城镇居民前往旅游。婺源的魅力还未退去，湖南凤凰城又闪亮登场。因此，湖北乡村旅游既遇到难得的机遇，又面临严峻的挑战。

2. 旅游资源同质现象严重，缺乏独特性

由于受到现有农业规模、科技水平和资金投入等因素的制约，部分地区的经营者为谋求眼前利益，出现了"大规模扩张，低水平发展"的现象，一些旅游服务设施建设存在粗制滥造、缺乏文化内涵等问题。目前，湖北乡村旅游点旅游产品单一，服务项目大同小异，尤其是在小范围区域内，众多的乡村旅游资源更具有明显的同质性，难以形成独特卖点的旅游吸引力，彼此间竞争加剧，增大了市场风险。如湖南凤凰古镇与恩施古城土苗风情竞争，宜昌长阳土家族自治县对土家民俗的开发等，在一定程度上会影响到恩施市旅游市场。所以，乡村旅游发展应重视品牌效应，做到"人无我有，人有我优"，努力使景区体现差异、突出特色。

3. 旅游区域配套设施滞后，服务水平不高

乡村旅游资源丰富的地区一般是比较偏远农村，而现今一些对外开放的乡村旅游项目，基础设施建设严重滞后。首先是交通问题直接影响到乡村旅游的

可进入性；其次是吃、住及水电等问题，很多乡村旅游区内都没有建设可供游客舒适逗留的设施；再次是旅游服务问题，多数从事乡村旅游的服务人员文化素质较低，未受过规范的培训，整体接待服务水平较低；第四是卫生问题，由于受长期以来的卫生习惯及卫生基础条件等的影响，在当地农民看来习以为常的生活习惯，存在着较为严重的卫生问题，比较"原始"的农家食、宿环境使一些旅游者难以适应，还有待改善。

4. 区域旅游开发协作性差，难以形成精品

旅游业本身就是一个区域合作性强的产业，不可能仅单一景区（点）或一个狭小区域就能把旅游业做大做强。湖北省很多乡村旅游的开发仅仅重视发挥自身的资源优势和特色，而没注意与周边地区的互补，这样是难以形成精品的，所以，在旅游开发中，必须树立大旅游观念，既要重视自身的优势，又要加强与周边地区的合作，这样才能提升区域旅游形象，拓展区域旅游的发展空间，进而达到整个区域健康、快速发展的目的。

第五章 湖北省乡村旅游市场分析与定位

一、市场分析[①]

（一）出游动机

湖北省乡村旅游客源市场主要出游动机为乡村原生生活体验。大众客源市场以乡村生态观光和休闲度假为主要出游目的；小众客源市场以文化体验为主要出游目的；专项客源市场则以艺术创作和生活体验为主要出游目的（见图5-1）。

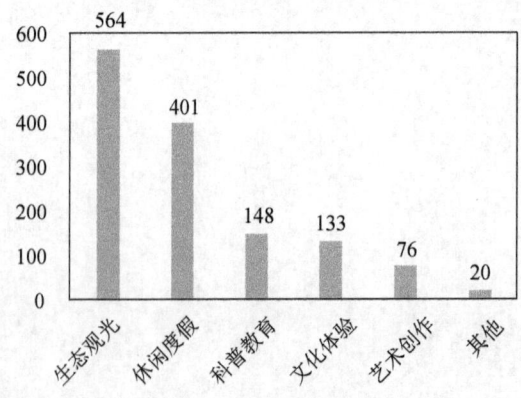

图 5-1 游客出游动机

---

① 笔者在武汉、宜昌、襄阳、黄石、十堰等17个地市州以及互联网共发放调查问卷1420份，回收有效问卷1342份。

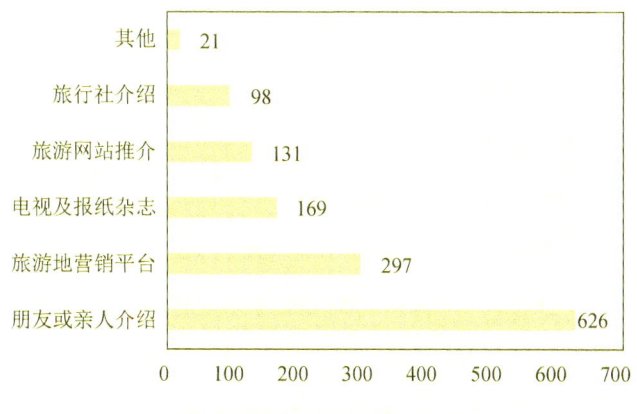

图 5-2 游客信息渠道

(二) 出游信息渠道

乡村旅游出游目的地选择的信息来源主要为亲友推荐、旅游地营销平台、电视广告、报纸杂志、网络、微信公共平台、旅行社营销平台等（见图 5-2）。其中，亲友推荐为最主要的信息来源，即"口碑效应"对以自驾为主要形式的乡村旅游市场具有重要意义。旅游地营销和传媒信息分列信息来源的二三位。

(三) 目的地选择

影响乡村旅游出游目的地选择的主要因素为目的地资源、交通便捷程度、路程时间、旅游接待设施、旅游费用等（见图 5-3）。其中，目的地资源禀赋和交通便捷程度为目的地选择最重要的影响因素。

(四) 出游方式

大众客源市场主要出游方式为团队出游，小众高端市场多选择自驾出游，专项客源市场以特定时段集中出游为主，出游方式相对多样，如组团包车、结伴自驾、徒步、骑行等游（见图 5-4 所示）。

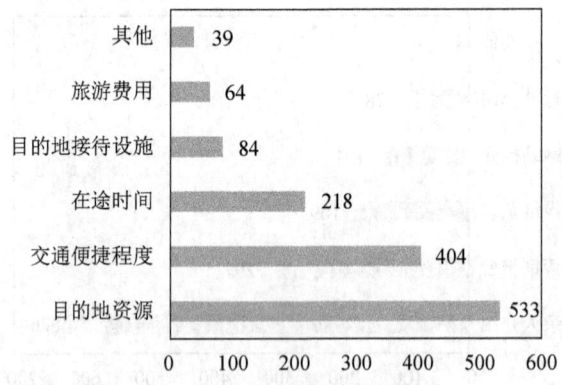

图 5-3　目的地选择影响因素

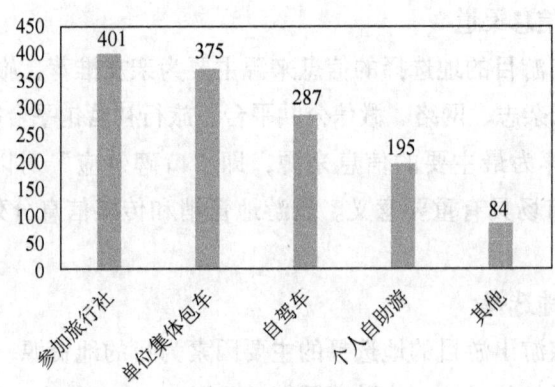

图 5-4　游客出游方式

（五）消费水平

大众客源市场出游消费水平主要为 200~300 元 / 人天，小众高端市场游客消费水平多为 400 元 / 人天，专项客源市场游客人均消费水平约为 300~400 元 / 人天（见图 5-5）。

（六）停留时间

大众客源市场游客停留时间多为 2 天，小众高端客源市场游客停留时间略长，以三四日为主，专项客源市场游客以专项需求为导向，停留时间并不确定（见图 5-6 所示）。

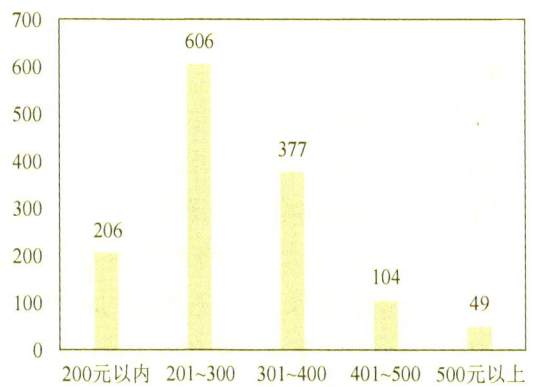

图 5-5　游客消费预期

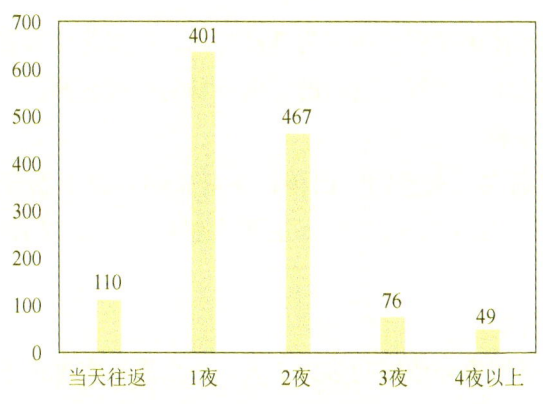

图 5-6　游客停留时间

二、市场定位

（一）客源空间结构

1. 省内客源市场

乡村旅游客源市场主要以大中城市居民为主体，尤其是省内社会经济发展水平较高的城市，如武汉、宜昌、恩施、荆门、随州、襄阳、孝感等城市的居民均为其周边乡村旅游发展的主要客源市场。

综合来看，湖北省乡村旅游省内客源市场主要以武汉市、宜昌市、恩施土家族苗族自治区（以下简称恩施州）、襄阳市为核心增长极；以十堰市、随州市、黄石市、孝感市为重点培植区域；其他地区为腹地客源市场。

2. 国内客源市场

湖北省乡村旅游的国内客源市场以周边交通便捷区域为主，以高速铁路（高速公路）2小时通勤圈为一级客源市场；以高速铁路（高速公路）4小时通勤圈为二级客源市场；以其他区域为拓展客源市场。

具体来看，湖北省乡村旅游国内一级客源市场为陕西省、重庆市、湖南省、江西省、安徽省和河南省临近湖北、交通便捷的城市；二级客源市场为长三角城市群、珠三角城市群、京津冀都市圈和成渝城市群；三级旅游客源市场为以武汉为核心的4小时高铁圈沿线城市区域。

（二）客源市场结构

1. 客源类型

以生态观光和休闲度假型游客为基础客源；以文化体验和科普教育型游客为重点客源；以艺术创作等为目的的专项市场为高端客源。

2. 客源组织结构

大众客源市场主要选择团队出游，小众高端客源市场多选择自驾出游较多，专项客源市场出游方式多样，主要为组团包车、结伴自驾、徒步、骑行等。

（三）出游时间

大众客源市场游客停留时间多为2天，小众高端客源市场游客停留时间多为3天以上，专项客源市场游客停留时间相对灵活，但一般不少于4天。

（四）消费水平

大众客源市场游客消费水平约为200~300元/人天，小众高端客源市场游客消费水平约为400元/人天，专项客源市场游客消费水平约为200~300元/人天。

表5-1 湖北省乡村旅游客源市场类型表

旅游需求	决策依据	游客类型	市场定位	停留时间	组织方式	消费水平（元）
远离城市 向往乡村 回归自然	资源禀赋 便捷程度 接待设施水平	大众型	生态观光 休闲度假	2日	团队 家庭 自驾车	200~300

续表

旅游需求	决策依据	游客类型	市场定位	停留时间	组织方式	消费水平（元）
乡村文化体验 传统文化探寻	资源禀赋 传统文化特色 地域文化原真性保持	高端型	文化体验	3日及以上	散客 自驾车	400
教育科普 农事活动参与体验 现代农业参观体验	农事活动参与性程度 与客源地差异程度 农业现代化程度	大众型	教育科普	2日	团队 家庭 自驾车	200~300
艺术创作 摄影 绘画 采风 生活体验 露营 徒步 骑行	乡村景观 当地特色民居 聚落 生活方式 民歌 诗词 风物 传统民间工艺	小众型	专项	根据需求少数可停留4日以上	团队包车 组团自驾 骑行 徒步	200~300

第六章 湖北省乡村旅游发展目标与战略

一、指导思想

以科学发展观为指导,全面贯彻党的十八大、十八届三中、四中全会精神,把乡村旅游放在全省经济社会发展全局的高度,努力建设美丽乡村,走向社会主义生态文明新时代,以加快转变发展方式为主线,以实现乡村旅游"资源多样化、服务便利化、管理精细化、市场多元化"为战略目标,进一步整合乡村旅游资源,大力挖掘乡村民俗文化,完善乡村旅游设施,推进乡村旅游景区景点建设,推出乡村旅游精品,打造知名乡村旅游品牌,不断扩大乡村旅游产业规模,加快乡村旅游国际化、现代化和信息化进程,创新乡村旅游管理体制,形成"政府引导、农民主体、社会参与、市场运作"的发展新格局,带动农民就业增收,推动城乡统筹,实现湖北省乡村旅游的跨越式、可持续发展。

二、基本原则

(一)通盘考虑,整体谋划

紧密围绕党中央国务院和湖北省统筹城乡一体化发展、美丽乡村建设与小城镇建设的总体布局,在充分发挥旅游业综合带动作用的同时,积极探索乡村旅游发展的新机制、新思路。坚持"高起点、高品位"的原则,从整体上谋划布局乡村旅游发展,在厘清乡村旅游资源赋存状况的基础上,结合产业发展现状引导农民开展乡村旅游活动,以旅游为载体,实现农民增收,改善农村环境,促进美丽乡村建设。

（二）突出特色，培育品牌

突出湖北"大美生态，灿烂文化"的乡村旅游资源特色，依托乡村风情与田园风光，深入挖掘原生态和原生文化资源，突出以乡村地域及与农事农家相关的风土、风物、风俗、风景组合的特色风貌，增强乡村旅游的吸引力和感染力。明确乡村旅游产品市场定位，重点实施精品工程，实现乡村旅游产品的系列化、精品化、特色化和多样化。

（三）立体开发，融合发展

整合生态环境、历史文化、民俗风情等优势乡村旅游资源，多维立体开发，构建多维复合式乡村旅游产品谱系和产业集群，形成体系健全、制度规范、机制有效、运转协调的协作体系，充分利用旅游产业的关联性强、带动性广、劳动密集型等特点，树立大旅游、大产业的发展理念，充分整合农村、农业、林业、旅游、文化等资源，实现差异对接、优势互补、合理组合，构建功能完善、形式多样的产业布局，推动乡村旅游及其他业态融合发展。

（四）政府主导，市场运作

创新旅游管理体制，坚持管办分离，充分发挥政府主导作用，在制定政策、把握方向、搞好配套等方面下功夫。坚持"政府搭台，企业唱戏"的原则，积极引入市场机制，让企业成为旅游产业的主体，充分发挥市场在乡村旅游资源配置中的决定性作用。着重培育龙头企业，形成规模化与集群化经营，推进旅游市场化进程，充分发挥社会资本的作用。

（五）科学开发，永续发展

树立低碳式村旅游和负责任开发的理念，把握乡村环境和乡村文化本身的脆弱性特征，确定环境友好型的乡村旅游开发模式、资源节约型的乡村旅游经营模式和生态文明型的乡村旅游消费模式，遵循科学发展思想，并综合考量乡村旅游业发展态势和市场发展前景，推进乡村旅游业跨越式和可持续发展。

三、战略目标

（一）总体战略目标

以农为本，以旅促农，实现"三个提升，四个促进，一个突破"：即从满足游客的一般观光需求向满足休闲度假需求提升，从旅游产业分散开发向整合资源、统筹开发提升，从简单追求旅游规模向大力提高人均消费能力、追求旅游质量提升；促进乡村旅游成为湖北农村经济新的增长点和支柱产业，促进乡村旅游成为湖北农村一、二、三产业融合发展的龙头产业，促进乡村旅游成为保障农民就业、增收和满足居民休闲需求的民生产业，促进乡村旅游成为湖北美丽乡村建设和城乡一体化发展的主导产业；乡村旅游成为突破资源整合与利益平衡障碍，实现融合发展的、生态友好型的绿色产业。

围绕"三个提升，四个促进，一个突破"的目标，提升和完善现有乡村旅游项目，培育种类丰富、档次适中的乡村旅游产品体系，把湖北省建设成为全国乡村旅游经济强省，中部一流、全国著名的复合型乡村旅游目的地和长江经济带乡村旅游集散中心地。

（二）阶段性战略目标

1. 近期（2018—2020 年）

建设融乡村观光、生态休闲、文化体验和乡村度假于一体的乡村旅游产品体系，促进乡村旅游成为湖北旅游的重要组成、休闲度假的重要载体，推动乡村旅游与新型城镇化有机结合，基本把湖北建成国家旅游扶贫示范区。到 2020 年，乡村旅游总收入在旅游收入中的比重突破 30%，乡村旅游直接从业人员超过 40 万人，通过发展观光农业、生态旅游、民俗旅游等促进解决"三农"问题，通过乡村旅游开发、项目建设逐步实施旅游扶贫工程，扶助贫困人员 120 万人。

2. 中远期（2021—2025 年）

充分发挥湖北乡村旅游"江、湖、文化"资源优势，凸显"乡村观光＋生态休闲＋文化体验＝绿色度假"的乡村旅游精髓，把湖北乡村地区建设成为中部地区一流、全国著名的回归自然的生态空间、感受传统的精神家园、放松身心的度假胜地。到 2025 年，乡村旅游总收入在旅游收入中的比重达到 60%；乡村旅游直接从业人员超过 70 万人。

四、战略措施

（一）"全方位"三位一体战略

把发展乡村旅游作为解决三农问题、建设美丽乡村、促进城乡一体化发展的突破口，实现社会效益、经济效益、环境效益全面丰收。一是把乡村旅游与解决"三农"问题结合起来。发展乡村旅游促进农业产业结构调整，提升农产产业层次和水平，促进现代农业生产、经济、生态、社会、文化等多重功能的实现，创造农业经济新的增长点。二是把乡村旅游与建设美丽乡村结合起来。把乡村旅游作为美丽乡村建设的重要抓手，加强对乡村道路、供电、通信、环卫、给排水等基础设施建设，按照突出特色、弘扬传统、彰显文化的要求，严格保护乡村生态环境与传统文化。三是把乡村旅游与城乡一体化结合起来。发展乡村旅游加强城乡交流，在为城市居民提供亲近自然和放松心态的场所以及促进农民自身素质提高的基础上，促进城乡一体化发展。

（二）复合化产品供给战略

以生态保护为基础，以文化体验为重点，以休闲度假为核心目标，塑造"生态家园、文化圣地、休闲乐园"湖北荆楚乡村旅游的品牌。着力发展以荆楚乡韵为特色的乡村旅游，以文化体验和乡村休闲为重点，注重乡村旅游产品的参与性、体验性和特色性，深度挖掘荆楚文化的内涵，展示湖北乡村荆楚文化的博大精深。要突出新农村旅游特色，设计新乡村旅游项目，引导农民积极参与乡村旅游，把现代新农村打造成为具有湖北特色的国家级乡村旅游精品。

（三）精品化品牌开发战略

乡村旅游品牌开发的关键是促进乡村旅游由粗放型向精品化发展。通过品牌的开发、培育、提升和结构调整，实现乡村旅游的精品化、特色化和多样化。一是精心塑造品牌，策划构思新颖、深含韵味、富于美感、各具特色的乡村旅游品牌形象，提升乡村旅游地的形象和知名度；通过各种方式展示和传递乡村旅游品牌的相关信息；加强对品牌的保护和延伸，形成互相促进的品牌体系。二是大力推广品牌，以整体形象为核心整合营销，创品牌、树形象；高度注重提高服务质量，开展"口碑营销"。

（四）两型化产业协调战略

贯彻"环境容量控制"和"可允许的环境影响"的乡村旅游环境管理原则，大力发展资源节约型、环境友好型乡村旅游产业。控制乡村旅游发展的环境负面影响，制定和实施乡村旅游资源保护规划；提高企业和社区在乡村旅游规划、乡村旅游决策和利益分配过程中的参与程度，制订和执行乡村旅游就业计划和乡村旅游扶贫计划；完善乡村旅游产业链，提高乡村旅游的产业关联度，减少乡村旅游发展中的损失，促使乡村旅游发展的社会、经济、环境效益最大化。

（五）互补型双轮驱动战略

强化城乡旅游的互补作用，促进城乡旅游双轮驱动，建立城乡旅游共同营销机制，城市旅游促销活动要宣传乡村旅游的详细资料，城市重大旅游节庆活动要在乡村旅游景区景点设立分会场，促进城市旅游与乡村旅游的有机协调。成立湖北城乡旅游协调发展合作机构，定期举办联席会议解决城乡旅游协调发展的实际问题。制定政策鼓励城市旅游经营企业与乡村旅游景区景点建立旅游企业集团，联合开发产品，实行联营共赢。

（六）多尺度整合竞合战略

坚持优势互补、错位竞争，实现产品服务的独特性和经济运营的低成本有机结合，做到"人无我有、人有我优、人优我特、人特我廉"，推动湖北乡村旅游的差别化、专业化、规模化和敏捷化发展。同时，建立协商互动、信息互通和市场互惠等无障碍管道和机制，破除条块分割、各自为政，加强与省、市、县不同空间尺度区域乡村旅游资源、产品、线路、营销的整合。

第七章

湖北省乡村旅游发展空间格局

一、基本原则

（一）地域整合

依据乡村旅游辐射面广、关联性强的特点，以乡村旅游资源为主体结合地域特色景点、地域文化进行区域性整合，形成较大地域单元的主题乡村旅游区域，实现一个地域单元，一个旅游主题，一个旅游品牌。

（二）规模集聚

以旅游主导功能为纽带，通过功能一致的集中整合，使其成为旅游功能性组团，既通过多样性的景观类型吸引游客、形成鲜明形象，又利于乡村旅游线路的组织，在空间上形成规模聚集效应。

（三）主导因素

在空间布局与功能上要充分挖掘不同区域乡村旅游发展的比较优势，体现区域的资源差异与产品特色，实现产品与功能差异化的竞争合作。功能分区应依据特色旅游资源赋存状况，把握主体性资源。

（四）市场导向

以客源市场需求为乡村旅游开发的出发点和中心点，把满足游客需要与区内特色和资源差异结合起来，依托自然生态、人文景观等资源优势，针对游客的不同需要，开发不同的乡村旅游产品，以满足不同市场的差异化需求。同时，在乡村旅游产品功能设计和乡村旅游地域组织方面，亦应遵循乡村旅游市场规律。

（五）综合效益

要以科学发展观统领，全面实现乡村旅游的经济、社会、生态三大效益的协调一致。树立"两型"乡村旅游产业发展观，实现乡村旅游业与人民生活水平提高，与生态环境保护，与乡镇产业转型，与新农村建设等方面有机统一。

二、空间布局

在综合考虑湖北省乡村旅游资源分布状况、自然生态环境、乡村旅游发展基础，并结合各地区农业产业发展情况以及兼顾行政区划因素的基础上，将湖北省乡村旅游发展归纳为六个片区。

六大片区：武汉都市农业乡村旅游片区

宜昌橘都茶乡乡村旅游片区

恩施民族风情乡村旅游片区

鄂东四季花木乡村旅游片区

鄂西北山地生态乡村旅游片区

江汉平原水乡田园乡村旅游片区

考虑到中远期乡村旅游发展的趋势和特点，同时结合国家"长江经济带"战略和湖北省"十三五"旅游规划提出的"长江旅游带"格局，提出在规划中远期形成"长江乡村旅游带"，形成"一带六片区"的空间格局。

（一）武汉都市农业乡村旅游片区

1. 概况

武汉都市农业乡村旅游片区主要包括以汉阳区、洪山区 2 个为中心城区以及东西湖区、蔡甸区、江夏区、黄陂区、新洲区、汉南区 6 个远城区为主的环城乡村休闲游憩带。城市郊区自然风光独特，四季气候分明，江河纵横、湖港交织，拥有大都市罕有的 100 多个湖泊和众多山峦，构成了气势恢宏、极具特色的滨江、滨湖水生态环境；文化底蕴深厚，人文景观具有浓郁的荆楚文化特色。

2. 资源特色

武汉都市农业乡村旅游片区是湖北省乡村旅游空间结构的核心，交通便捷、经济实力雄厚，游客以当地为主外地为辅，以满足城市居民的休闲游览需求，是集田园风光、现代农业生态园、新农村示范、规模农业产业基地、休闲农庄等为主要内容的城郊乡村旅游圈。

3. **发展定位**

将武汉都市农业乡村旅游片区打造成为湖北省国内一流旅游度假地的重要组成部分，以国内一流品质打造软硬件设施，形成中国特色的国内著名品牌乡村旅游目的地，让武汉都市农业乡村旅游片区成为宣传中国特色美丽乡村建设的名片，成为展示新时期中国乡村居民新生活的典范。

（二）宜昌橘都茶乡乡村旅游片区

1. **概况**

该区域主要指宜昌市所辖行政范围，该区域乡村旅游资源特色鲜明，乡村自然生态与田园风光、乡村聚落与建筑景观、农业基地与生产形态、乡土风情与文化活动、乡村物产与特色工艺等乡村旅游资源融为一体，在空间分布上形成大分散、小集中的特点，总体上构成库区、山区、平原等三大类型的乡村旅游资源集聚区。

2. **资源特色**

该区域的乡村旅游资源种类丰富，主要包括①乡村自然生态与田园风光：该区域水系发达，物种丰富，自然风光优美，库区湖汊港湾、山区橘林茶乡、平原阡陌田野等田园风光特色鲜明。②乡村聚落与建筑景观：该区域在建筑景观上呈现出沿江峡江风格、山区干栏式风格和平原明清建筑风格，传统乡村聚落和新农村风貌交相辉映，代表性的分别是枝江董市镇、远安大花屋、晓峰古民居群和三斗坪、昭君镇、宜都红春村、秭归建东村等。③农业基地与生产形态：该区域是湖北省茶叶、柑橘主产区，农业产业化程度较高，拥有成规模的水果产业、畜牧产业、水产业、蔬菜产业、茶叶产业、中药材产业等特色产业基地，部分已开发成了农业观光园，如枝江万亩桃花园等。④乡土风情与文化活动：宜昌是巴文化与楚文化的交融地，乡土风情、文化活动丰富多彩。典型的有秭归端午节、西陵庙会、嫘祖庙会、土家女儿会等。⑤乡村物产与特色工艺：该区域盛产茶叶、柑橘、香菇、木耳、板栗、水产等乡村物产，已开发了三峡苕酥、土老憨、秭归屈姑、清江鱼等一系列土特产品，奇石、根雕、盆景、制陶、步步升布鞋等传统工艺美妙绝伦。

3. **发展定位**

以发展乡村休闲度假游为重点，以新型城镇化、美丽乡村和旅游项目建设为抓手，对该区域实施全域规划、全域生态、全域美化、全域养生，以景区的标准打造整个宜昌地区，打破景区与景区之外的二元对立结构，为游客营造"处处是景观、村村是景点"的乡村旅游体验。

（三）恩施民族风情乡村旅游片区

1. 概况

主要是指恩施土家族苗族自治州，该区域乡村旅游具有浓郁的土家族与苗族民族风情，其是巴文化的发祥地，是世界优秀民歌《龙船调》的故乡，也是鄂西生态文化旅游圈的核心区。该区域有200多万年前"建始直立人"留下的世界最早的"古人类文化"，有与楚渝文化交相辉映的"巴文化"；有精美绝伦的土家织锦西兰卡普；有中国南方干栏式建筑经典土家吊脚楼。

2. 资源特色

该区域的乡村旅游资源主要为民俗文化景观，包括：

①传统民居，如营上村、龙潭老屋、邓玉麟将军故居等，是传统建筑和艺术留存，具有很强的文化厚重感和村落文化底蕴。

②传统饮食，主要是体现传统的烹调、腌制、制作工艺等传统菜肴，有酸菜、富硒洋芋糊、辣子鸡、薇菜烧腊肉以及土家族、苗族的格格、合渣、腊肉、土豆干等风味独特美食小吃，特色鲜明、花样繁多。

③民间文艺类，主要是体现土苗风情的山民歌、劳动号子、民风民俗、年节祭事、节庆事项，如草把龙、利川灯歌等。

④民间工艺，民间艺人对于传统工艺和技术的传承和创新，如龙潭村的根雕等。此外，该区域乡村旅游资源还包括山水自然景观、农业观光、田园风光、集镇景观与村落景观等，为民族风情乡村旅游发展提供了良好的资源基础条件。

3. 发展定位

坚持推进该区域乡村旅游发展，突出生态风景、民族风情特色，以土苗风情、生态文化为载体，大力整合绿色生态和人文资源，加快开发和提升一批特色旅游项目，以点带面、滚动发展，打造具有较强吸引力和影响力的特色文化旅游板块，使该区域成为全国著名的民族风情乡村旅游目的地。

（四）鄂东四季花木乡村旅游片区

1. 概况

该区域包括黄冈、黄石、鄂州、咸宁、孝感五个地级市及所管辖的城镇村落。该区域山清水秀，景色宜人，物产丰富，各类花卉树木旅游资源禀赋高，艺术观赏价值大，参与性、体验性强，对乡村旅游市场有着较高的吸引力。区域内黄冈有着一望无际的油菜花田、历经千年的林木古树、绿色盎然的百里茶林、争奇斗艳的十里杜鹃花等多种绿色生态资源；咸宁桂花甲冠全国，楠竹闻名神州，苎麻饮誉荆楚，茶叶畅销欧美，在全国享有"桂花之乡""楠竹之乡""苎麻之乡""茶叶之乡"之美誉；鄂州的蜡梅与荷花、黄石的玫瑰、孝感的桃花享誉海内外，此外，黄石与孝感还分别是著名的"国家园林城市"与"国家森林城市"。

2. 资源特色

该区域以具有自然性的花卉苗木品种和新颖性的花木文化为旅游吸引物，依托城镇区域的优美景观、自然环境、建筑和文化等资源，在传统的花木休闲游和花木体验游的基础上，积极拓展开发乡村旅游度假、休闲娱乐等项目。比较具有代表性的四季花木旅游资源有：杜鹃花专题旅游产品，龟峰山建成了当今世界上规模最大、品种最多、品质最高的杜鹃盆景博览园（又称"杜鹃花立方"）；茶花专题旅游产品，"中国·湖北五脑山茶花（盆景）展"是华中地区规模最高、专业性最强的茶花（盆景）展会活动；莲花专题旅游产品，沧湖生态农业开发区的4000亩香莲种植基地，便于游客从不同角度观赏莲花；李时珍生态观光园正在全力打造鄂东花卉苗木第一村和万亩生态观光旅游目的地。

3. 发展定位

结合本区域自然生态旅游资源、红色旅游资源和宗教文化旅游资源，围绕四季花木旅游资源，因地制宜、整体规划、突出特色重点、统筹经济、社会、环境效益的协调发展，制定符合本区域四季花木旅游开发与拓展的营销对策，走一条形态创新，分阶段、分层次开发的具有湖北特色的花木循环经济乡村旅游发展模式。

4. 区域发展重点

黄冈应突出大别山绿色生态旅游和红色文化、名人文化和佛教文化特色，依托杜鹃花、油菜花、茶花与林木古树等多种特色花木资源，在"低碳环保、节能减排"的国际大背景下，抓住武汉城市圈成为"资源节约型、环境友好型社会"的契机，按照低碳节能标准规划建设一批具有全国影响力的绿色生态度假项目、农业转型提升项目，促使低碳和谐旅游成为黄冈乡村旅游的重要标准。

黄石应以玫瑰花观赏为重点，依托大冶"东方爱琴海"与全国首个乡村"园博会"，实现农业、工业与商贸及旅游等第三产业融合发展，探索出一条产业结构优化、生态环境改善、经济实力增强、人与自然和谐，具有黄石特色的生态产业发展新路，促进黄石从挖矿冶炼的"铜草花经济时代"全面迈向生态绿色"玫瑰经济时代"。

鄂州应突出休闲旅游和荷花观赏特色，发挥梁子湖、红莲湖等生态资源和广大农村乡土资源优势，全面发展花木观赏旅游基本要素和相关延伸产业，以创建生态示范景区为己任，以保护和恢复梁子湖、红莲湖等原生态湖泊为目标，走可持续发展战略之路。积极推进传统产业转移，发展生态旅游、休闲度假、文化创意、现代农业，努力构建低碳经济体系。努力探索实施"两型"建设示范区，既有效保障湿地生态功能，又充分利用湿地生态优势，促进鄂州生态环境保护与地方经济的和谐发展。

咸宁应最大限度地发挥自身的比较优势，立足桂花、楠竹、苎麻、茶叶等乡村资源特色，做到"有所为，有所不为"，在形象设计、主题提炼、产品定位等方面形成专业化生产、差异化定位和错位化竞争。同时，有机组合区域旅游要素，不断扩大合作范畴，重点加强与周边区域温泉旅游资源、产品、线路、营销的整合，形成体系健全、制度规范、机制有效、运转协调的协作体系，推进整个区域旅游一体化发展。

孝感应突出休闲旅游和孝文化特色，依托"两山"（孝感双峰山、安陆白兆山），"三湖"（孝昌观音湖、大悟龙潭、汉川汈汊湖），综合开发系列山水旅游景观，重点培育打造孝感桃花文化旅游节、安陆古银杏群落等地方特色花木资源，增强花木资源生态观光的长期性和实效性，提高游客参与性，积极培育具有本地花木资源特色的农家乐。

（五）鄂西北山地生态乡村旅游片区

1. 概况

该区域包括襄阳、十堰、随州三个地级市以及神农架林区管辖的城镇村落。该区域斜倚于大巴山的余脉，属于汉江中游地区，汉江贯穿整个区域，是湖北山地、丘陵、平原的过渡地带，繁茂的植被，丰富的物产形成了鄂西北地区以林木、蔬菜、茶叶、药材、养殖等原生态农业为主的特色产业带，同时造就了山区农民质朴热情的民风民俗，为发展乡村旅游经济提供了很好的基础与保障。

2. 资源特色

该区域以中低山为主，谷深坡陡，乡村旅游主要以发展山地生态农业为主，在发展农业生产的基础上有机地附加了生态旅游观光功能，把农业、生态和旅游业结合起来，利用田园景观、农业生产活动、农村生态环境和农业生态经营模式，吸引游客前来观赏、品尝、作习、体验、健身、科学考察、环保教育、度假、购物。比较具有代表性的是：五山堰河乡村旅游区初步形成了以茶与道文化为主轴的特色鲜明的文化、休闲旅游胜地；老河口春雨生态科技园"四和香"品牌及合作社浓郁的园林风情成为提升老河口市城市品位的一张名片；新市镇大力发展优质桃产业，是湖北省桃子种植面积最大的乡镇，新市桃花源更是"中国桃之乡"的核心区域；龙王垭观光茶园依托两万多亩优质茶园生产的"龙王垭"全国有名，曾是唐朝武则天钦定的皇家贡茶。

3. 发展定位

抓住鄂西北山林生态环境优越、绿色原生态农副产品丰厚的特点，以自然旅游资源为依托，围绕特色山地生态产品开展主题辐射发展模式，坚持统一规划、有序开发，把资源保护与开发有机统一起来，把山地生态与景区建设结合起来，将本区域打造成国内山地生态与乡村旅游完美融合的典范。

4. 区域发展重点

襄阳要突出农旅结合，以"农"为形、以"旅"为魂、以"富"为本，增强旅游吸引，发展高效和观光为一体的特色新农业，深入开展农事参与、农耕文化旅游，积极开拓市场，开展示范教育和修学旅游，把美丽乡村旅游打造成为襄阳乡村观光旅游的特色品牌。利用本区生态优越以及农业观光园、科技园集中的现有优势条件，着重发展生态农业园、高科技农业园和休闲农庄，大力发展乡村修学和休闲农业。

十堰要重点打造以武当山文化为底蕴，以农事活动参与、农家生活体验和乡村休闲为特色的参与体验式乡村旅游。在现有采摘、餐饮和农家乐的基础上，大力完善交通条件，加大生态环境整治和保护，提高服务设施，规范服务标准，大力开展播种、收割、放牧、捕捞、农产品加工以及樱桃节等各种主题农业活动，进一步丰富乡村娱乐、参与、体验和休闲的内容，促使乡村旅游规模化、品牌化。

随州要重点打造生态观光、农场旅游、休闲农业等乡村旅游。依托滨湖生态环境和田园景观，进一步充实完善现有生态农业园、高科技农业园和休闲农庄的旅游功能，大力发展生态农业、生态养殖和休闲农业。积极开发以大洪山为主体的生态旅游区，加强与荆门钟祥市、京山县的区域旅游协作，共同整合打造大洪山生态旅游品牌。

神农架林区要着重发展生态休闲和文化体验乡村旅游。突出区位、生态和文化优势，发挥大九湖、官门山景区等真山真水的优势和特色，以湿地、森林、生态为重点，开展健身、疗养和生态养生等旅游活动，大力开发生态休闲旅游；依托民俗文化旅游资源，大力发展民间工艺和土特产品，开展文化休闲和民俗体验乡村游。

（六）江汉平原水乡田园乡村旅游片区

1. 概况

该区域包括荆州、荆门两个地级市以及天门、仙桃、潜江三个省直管市。该区域河流纵横交错，湖泊星罗棋布，素有"鱼米之乡"之称。湖区是中国的著名水产区，不仅盛产青、草、鲢、鳙四大家鱼，鲤、鲫、桂、乌鳢等鱼类亦丰。还盛产虾、蟹、贝类、莲、藕、菱、芦苇和水禽。其中多种水产品为重要出口商品，水产品的生产加工给居民带来了经济效益。随着水利建设与河湖的综合治理，水产由过去以天然捕捞为主，转而重视发展人工养殖。

2. 资源特色

该区域乡村旅游景点以水乡景观为主，渔家风情园、休闲农庄、现代渔业观光园等展现了一个集水产品养殖观光、体验、销售于一体的水乡风情和生态旅游胜地。比较具有代表性的有洪湖西岸的高潮村，已发展成为集洪湖湿地生态保护和旅游观光于一体的水乡旅游景区；天门市天湖生态园具有野荷花近500亩；潜江中华龙虾生态休闲园以龙虾为主题，打造集龙虾美食城、龙虾博物馆、龙虾雕塑、中央广场、热带雨林景观为一体的水乡风情旅游区。

3. 发展定位

将楚汉文化同江汉鱼米水乡风光结合在一起，建设成生态环境优美、服务设施完善、水乡特色鲜明的旅游目的地，使之成为湖北水乡乡村休闲度假旅游的重要载体、水产品产业化示范基地，使之成为长江旅游线上的精品和国内著名的水乡乡村旅游地。

4. 区域发展重点

荆州要以洪湖大湖风光、水体景观、乡村风貌为载体，以水乡风情、渔家民俗、生态农业产业和红色根据地为特色。根据洪湖区域特点，适时推出湖泊生态专题旅游（洪湖水生生物、洪湖湿地鸟类等）、洪湖旅游商品专题旅游（如洪湖淡水贝雕等）、生态农业产业专题考察、水利工程考察等。做大规模、做出特色、做强品牌，打造具有洪湖特色和国内一流水平的水乡风情乡村旅游地。

荆门要围绕山水人文、健康宜居、水乡风情、农谷乡情四大主题，依托漳河风景区，建设国家湿地公园，打造成"华中滨水休闲第一湖"，依托引江济汉工程，发展水上娱乐、生态休闲农庄、工程桥梁观光项目，打造综合性"田园文化休闲旅游风光带"。通过加强自然资源的整合，不断完善和提升生态旅游产品，突出生态休闲主题，大力发展生态休闲、绿色度假、文化体验和参与体验式农家乐等乡村旅游产品。

天仙潜要依托自身乡村旅游资源禀赋，充分发挥比较优势，体现区域的资源差异与产品特色。天门要紧紧围绕荷花做文章，倾力打造"荷文化"助推乡村旅游发展，以天湖度假区为载体，形成湖北独树一帜的乡村旅游产品。以"荷文化"旅游资源为招牌，丰富"荷文化"旅游的参与体验内容，并大力发展绿色生态旅游、民俗旅游和乡村休闲，围绕打造"荷香之城"，形成以"荷文化"旅游为特色的乡村生态旅游区。潜江要紧紧围绕小龙虾品牌，深入发展小龙虾美食、小龙虾文化，进一步加强对潜江小龙虾的品质和品牌保护；将龙虾产业作为全市农村经济的支柱产业、农民增收的亮点产业来抓，以中华龙虾园为重点，整合潜江"二园、二湖、两河、一江"自然资源，大力发展康体疗养、户外运动、游戏娱乐等休闲度假旅游项目，形成以小龙虾美食文化为特色的美食体验与乡村休闲旅游区。

三、发展引导

湖北省乡村旅游的发展方向在符合基本原则的前提下，会综合考虑资源分布状况、自然生态环境、乡村旅游发展基础，并结合各地区农业产业发展情况以及兼顾行政区划因素的基础上进行引导工作。

发展方向主要从生态、文化、产业的角度进行引导，从而达到满足游客体验、促进文化传承、带动产业发展的目的。

（一）武汉都市农业乡村旅游片区发展方向

重点发展以乡村观光体验为主导的休闲度假。本着"田园环境中的舒适体验"的原则营造原生态景观环境，设计以休闲度假为主体的深度体验产品，拉长游客乡村旅游时间，契合游客到城市郊区寻找差异生活与深度体验的目的，推动武汉环城乡村旅游成为城市居民的第二生活方式，让乡村旅游成为武汉居民生活的重要组成部分。

主要发展生态农业观光、农业科普教育、农业休闲等旅游项目。以现有农业、林果业和花卉种植业作为基础景观基调，以梦天湖山庄、沉湖湿地公园、汉恒河生态园、异域风情木兰草原、郁金香主题公园、梁湖农庄、木兰玫瑰园、金龙水寨等为主要依托，重点发展农业观光游、农业科普游、农业休闲游、康体养生、观光度假游等高端乡村旅游产品以及"三高"型综合农园等乡村旅游产品，形成融农业观光采摘购买、绿色餐饮度假为主要内容的精品旅游区。同时利用该旅游带接近城市的优势，开发假日农业生产地，推出"城市上班族，假日做农夫""小市民菜（果）园"等体验项目。

（二）宜昌橘都茶乡乡村旅游片区发展方向

对以该区域原始质朴的土家文化、源远流长的峡江文化、丰富多彩的民俗文化进行挖掘、整理、包装、优化，促进历史文化、民族民俗文化与乡村旅游相结合，以原汁原味的乡村民族民俗文化和地方特色餐饮吸引游客，让该区域的地方特色文化资源成为乡村旅游发展的重要载体。

加强特色产业对乡村旅游的支撑力度，促进乡村发展与乡村旅游相结合，将地方资源优势转化为产业优势和经济优势的特色乡村旅游。以观光游览型乡村旅游产品为基础，以休闲度假型乡村旅游产品为重点，以文化体验型乡村旅游产品为特色，因地制宜地发展观光农业、生态农业、水利旅游。大力发展休闲农业，建设现代农业观光示范园区、高科技农业产业示范园，扩大农林产品的加工和销售，从而延伸农业产业链，增加农业附加值，促进农民致富，推动乡村旅游建设。

保持景观的原生态与乡村环境的充分融合，以旅游景区为乡村旅游的重要依托，围绕旅游景区，结合农业产业特色，推进农旅互动融合。充分利用该区域诸多3A级及以上的旅游景区分布在乡村的有利条件，加强景区对周边乡村旅游的带动发展力度，争取形成"发展一片景区、致富一方百姓、带动一方经济"的良好局面。

（三）恩施民族风情乡村旅游片区发展方向

把提升文化内涵贯穿于旅游开发全过程，促进资源的文化价值转换为旅游产品。推进女儿城、民族饮食街区、民族建筑街区、民族风情演艺中心和重点景区演出场所建设，整合女儿会、龙船调、纤夫节、摆手节等文化旅游品牌，壮大旅游文化产业，培育新的旅游消费热点。加强村民的文化与文物保护意识，完善民俗建筑的保护和修缮工作；制定当地有关传统饮食的工艺标准，提高民间工艺艺人的收入水平；传承体现土苗风情的民间文艺类节目，适度进行商业化运作。

充分利用农村的地方特色，以城镇居民休闲需要为目标，挖掘乡村最具特色的产品，突出农村清新、古朴、生态的环境氛围，体现原汁原味的农家特色，展现农村生活特点，形成乡土文化氛围，保持农村生态环境，增强亲和性、知识性、参与性等体验内容，促进农业生产与旅游紧密结合。积极打造乡村旅游特色精品，将乡村山水自然景观与浓郁的土苗民俗风情深度融合，加大以生态休闲为主的乡村旅游产品开发力度。着力打造恩施枫香坡、望城坡等一批乡村旅游示范带，发挥和放大旅游名镇名村效应，大力推进乡村旅游发展。

（四）鄂东四季花木乡村旅游片区发展方向

根据本地的气候、土质、花木品种资源优势，确定以绿化苗木和观赏苗木为主，切花和盆花为辅产业方向，挖掘特色、创立品牌，在不同时期推出市场所需的、有竞争优势的品牌产品。如野生珍稀品种的培育、药用植物、果树演化成观赏树的开发，短、中、长期品种的开发引进研究，全年花期品种的搭配设计，做到优质品种的不断更新，全年四季季季有花，以本地市场为主，开拓周边省份市场，瞄准国际市场。

对花木产品进行精深加工，延长产业链，增加产品附加值，从观光价值到观光、商品、养生、交易等多种产业价值拓展，充分挖掘花卉的多重利用价值，释放眼球经济之外的花卉产业经济，探索开发花木的食用、药用、香料等多种价值，从赏花到买花、吃花、享花、用花。

破解花木观赏明显季节性劣势，加强构建花季之外的吸引力度，通过多种技术催延花期，打造基于不同花期的花卉组合，提升淡季的花期饱和度。基于基地优势资源开发的转化式旅游产品，基于市场需求热点开发的植入式旅游产品，抓住花卉引爆效应，通过打造主题娱乐、生态度假、花乡休闲、花木科普、主题演艺等方式强化花外吸引，延长游客停留时间，挺高游客重游率，花木引客，花外留客，以花木观光带动其他旅游休闲消费。

（五）鄂西北山地生态乡村旅游片区发展方向

依托鄂西北各地区的自然田园风光来满足游客回归自然，返璞归真的需求，满足体验型游客的要求，体验农事活动，农家访问，考察生态农业生态村等活动。为游客提供能够深入乡村生活的空间，使游客参与农耕活动、学习农作物的种植技术、农机具的使用技术、农产品加工技术以及农业经营管理等，亲身体验农产品生产过程。游览区内提供的可采摘的直销果园、农产品集市等，既让游客有机会购买乡村旅游产品，又充分体验收获的愉悦。

围绕特色生态农产品或产业链，实行专业化生产经营，一村一业发展壮大来带动乡村综合发展。注重农业新技术的引进和推广力度，全面改造传统种养技术，发展更加完善的生态农业；从旅游开发的角度发展未来的生态农业，使传统经济型农业向现代旅游型生态农业转变。

积极打造游览区内的农业科技示范园、生态农业示范园、科学普及示范园，以浓缩的典型农业模式展示农业发展的历史与现实，展示特色农业生产景观与经营模式，让游客了解较系统的农业生产进步的知识，使游客与当地农业文化之间建立起一种情感联系。

（六）江汉平原水乡田园乡村旅游片区发展方向

结合江汉平原所特有的平原湖区型旅游资源，依托原有已开发经营成熟的风景名胜区和当地农业生产形态，挖掘江汉平原农村民俗文化，充分利用湖泊水库资源开展各种形式的农家乐产品，形成湖畔观景、水上游乐、农家体验等多功能复合型乡村旅游产品体系。通过政府投资、外商投资或合资的形式以现代农村展示、特色农业带动为主要发展模式，建立"鱼稻型""虾稻型""鱼莲型"等多种立体模式和拍卖、租赁、合作、股份等多种经营方式，同时鼓励农户依托景区自发开展农家乐旅游活动，实现集中打造精品、名品，分散发展覆盖全区的格局。

以"保持乡村本色，凸现文化特色"为原则，整合江汉平原国家重要商品粮生产基地、鱼米水乡风情、湖泊湿地等多种类型资源特征以及楚汉文化的发源地等独具特色的文化资源，坚持以旅游文化、旅游环境和旅游品牌建设为重点，深入挖掘地方农民生产劳作特征，并对具有传统民风民俗进行恢复和保护，结合农村资源特色，通过乡村旅游产品形式表现出来，全力打造环境优美、村风文明、村容整洁、特色鲜明的水乡风情旅游品牌。

第八章

湖北省乡村旅游产品开发营销

乡村旅游产品的开发目标是以"鱼米之乡"和"四季花香"两大旅游产品为核心,以乡村观光旅游产品、乡村体验旅游产品、乡村度假旅游产品和乡村科普旅游产品为辅助,依托"一带六片区"的空间布局,打造四季花香、水乡风情、乡村观光、乡村体验、乡村度假、乡村科普、乡村文化和乡村节庆八大主题旅游产品线路,以构建立体化、多层次、多受众的"二四六八"产品体系。

总体思路是分期建设,实现"三大目标"。

1. 自然生态和人文民俗等乡村资源的有效开发,促进旅游产品从观光体验型向休闲度假型转变。

2. 乡村旅游的发展,带动湖北农村产业结构向良性方向调整,使旅游产业成为湖北美丽乡村建设和城乡一体发展的主导产业。

3. "乡村观光+生态休闲+文化体验=绿色度假"乡村旅游精髓的凸显,使湖北乡村地区成为中部地区一流的回归自然的生态空间、感受传统的精神家园、放松身心的度假地。最终致力于将湖北打造为全国乡村旅游经济强省、中部一流、全国著名的复合型乡村旅游目的地和长江经济带乡村旅游集散中心地。

一、产品体系

以六大片区的空间布局为依托,重点打造以下两大核心旅游产品、四个辅助旅游产品。

(一)"鱼米之乡"核心旅游产品系列

"鱼米之乡"旅游产品主要集中在江汉平原水乡田园乡村旅游片区和鄂东

四季花木乡村旅游片区。在产品开发上重点打造"两江五湖"（长江、汉江、洪湖、漳河、梁子湖、汈汊湖、保安湖）沿岸，以观光和休闲为主，突出水乡风情体验。

（二）"四季花香"核心旅游产品系列

"四季花香"旅游产品系列以武汉都市农业乡村旅游片区、鄂东四季花木乡村旅游片区和江汉平原水乡田园乡村旅游片区最为集中，其中以"花为媒"的"三朵金花"（东西湖郁金香、沙洋油菜花、麻城杜鹃）为核心，另外已经有市场影响力的有：郧阳区樱桃沟、随县银杏谷、黄陂玫瑰园、江夏七彩花海、东西湖石榴红村、大冶东方爱情海、石首李花山村、赤壁万亩樱园、老河口梨花、京山茶花园、孝感杨店桃花、安陆钱冲银杏、夷陵云中花海等。主要以花木观光为主，乡村体验为辅。

湖北四季花香旅游项目：1月赏梅花、打年货、做豆丝、熬腊八粥等；2月赏茶花、乡村童玩、打糍粑等民俗；3月赏油菜花、桃花、樱花、采茶；4月赏杜鹃花、梨花、杏花、槐花、采山野菜；5月赏高山杜鹃花、采樱桃、端午包粽子；6月赏薰衣草、玫瑰花、乡村童玩；7月、8月赏荷花、紫薇花、采菱、采葡萄、烤苞谷、捉萤火虫；9月赏菊花、桂花、制作桂花糕、打板栗；10月赏乌桕、银杏、采柿子、砍甘蔗、农村做南瓜灯；11月采橘子、柚子、包饺子，吸天然氧吧；12月采草莓、喝藕汤。

（三）乡村观光类旅游产品

目前已开发的项目有：黄陂木兰草原、神农架大九湖、高家堰盆景带、鄂州梁子湖、荆州洪湖、嘉鱼三湖连江、利川郁江画廊、五峰栗子坪、浠水白莲河、秭归百鹤湾现代脐橙观光园、黄州江北农业带、鹤峰木耳山、十堰龙王垭观光茶园、宣恩伍家台茶园、罗田十里画廊、随县吴山镇山丰村红叶景区、鄂城峒山村、漳河新区昕泰生态农业园、京山盛老汉农庄、监利高潮村（渔村）等。

（四）乡村体验类旅游产品

目前已经开发的项目有：江夏梁湖农庄、京山太子山林场、五峰黄龙洞新农果园、大冶九古奇村、铁山熊家境、东西湖如意情生态乐园、沙市秋收农场、利川佛宝山生态综合开发区（户外运动）、蔡甸金龙水寨、远安望家村、巴东野三坝自驾游集散中心、随县雨蒙村（越野赛车）等。

（五）乡村度假类旅游产品

目前已经开发的项目有：孝昌井边湾农业生态园、黄石华中康谷、保康尧治河村、嘉鱼官桥八组、东西湖柏泉都市农业休闲带、枣阳海荣农庄、秭归银杏沱村、建始小西湖村、荆州团林铺镇、孝南新建源祝家庄、江夏梦天湖山庄、江夏新华农庄、利川白泥塘村、恩施营上村、枝江老家人民公社、新洲帝元俱乐部、利川天湖国际旅游度假中心、建始小西湖村等。

（六）乡村科普类旅游产品

乡村科普类旅游产品主要集中在江汉平原水乡田园乡村旅游片区、宜昌橘都茶乡乡村旅游片区和鄂西北山地生态乡村旅游片区，以乡村观光＋科普＋体验为主。目前已开发的项目有：荆门科普旅游生态圈（含沙洋油菜博物馆、京山丁家冲休闲农业观光园、京山盛老汉农庄、屈家岭白鹿春养生园、钟祥中华葛文化风情园、东宝区蜜蜂博物馆、漳河昕泰生态农业园、掇刀区万亩蓝莓产业园、掇刀区双碑现代农业循环产业园）、随县二月风葛文化风情园、保康尧治河村、宜都红春清江民俗文化村及民俗博物馆、枣阳火青纪念馆、荆州张场村等。

二、线路组织

根据旅游产品的空间分布和交通条件，湖北省乡村旅游拟设计以下可开发的八大主题旅游产品线路。

（一）四季花香游

春季游

一日游：武汉樱花—荆门油菜花（或麻城杜鹃、东西湖郁金香、黄陂玫瑰、江夏七彩花海、黄石铁山槐花、京山茶花、孝感杨店桃花等）。

二日游或三日游：将武汉樱花与各地赏花线路相结合即可。

其中除赏花外，穿插采茶、采山野菜、蔬果采摘、乡村童玩等旅游项目。

夏季游

一日游：武汉—大冶东方爱情海（或老河口梨花、襄阳紫薇园、孝昌紫薇园、郧阳区樱桃沟、夷陵云中花海、天门野荷生态园、洪湖荷花、梁子湖荷花、汈汊湖荷花、赤壁沧湖荷花、监利高潮村荷花等。）

二日游或三日游：从武汉出发将大冶东方爱情海、老河口梨花、襄阳紫薇园、孝昌紫薇园、郧阳区樱桃沟、夷陵云中花海与各湖泊荷花观赏线路相结合即可。

其中除赏花外，穿插采樱桃、端午包粽子、采菱、制作桂花糕、打板栗、蔬果采摘等旅游项目。

秋季游

一日游：武汉—咸宁桂花（或江夏菊花、安陆钱冲银杏、随州曾都银杏谷、利川白泥塘村万寿菊园等）。

二日游或三日游：从武汉出发将咸宁桂花与江夏菊花、安陆钱冲银杏、随州曾都银杏谷、利川白泥塘村万寿菊园观赏线路相结合即可。

其中除赏花外，穿插采柿子、砍甘蔗、打柚子、打核桃、做南瓜灯、蔬果采摘等旅游项目。

冬季游

一日游：武汉梅花—东西湖月季（或京山茶花、江夏仙客来等）。

二日游或三日游：将武汉梅花与各地赏花线路相结合即可。

其中除赏花外，穿插采草莓、喝藕汤、打年货、做豆丝、熬腊八粥、打糍粑、蔬果采摘等旅游项目。

（二）水乡风情游

二日游：武汉—蔡甸沉湖湿地公园（或神农架大九湖、汉川汈汊湖、鄂州梁子湖、利川郁江画廊、利川梦里水乡、浠水白莲河、嘉鱼三湖连江、华容红莲湖、丹江口昌家河、京山双桥村—鸳鸯溪等）。

多日游：从武汉出发将蔡甸沉湖湿地公园与各地水乡观光线路相结合。

（三）乡村观光游

二日游：武汉—黄陂木兰草原（或利川齐岳山、宣恩伍家台茶园、京山太子山林场、罗田十里画廊、秭归竹海风光、高家堰盆景带、鄂城峒山村、五峰黄龙洞新农果园、漳河新区昕泰生态农业园等）。

多日游：从武汉出发将黄陂木兰草原与各地观光线路相结合。

（四）乡村体验游

二日游：武汉—黄陂农耕年华（或东西湖石榴红村、东西湖如意情、利川佛宝山生态综合开发区、蔡甸金龙水寨、当阳蓝莓园、京山广信生态园、铁山熊家境、江夏橘园、兴山普安村万亩白茶基地、谷城五山堰河茶园、巴东野三坝自驾游集散中心、利川生态狩猎场、保康尧治河村、随县二月风葛文化风情园、秭归庙垭村五龙温泉、随县洪山镇玉龙温泉、嘉鱼牛头山山湖温泉、应城玉女汤温泉等）。

多日游：从武汉出发将黄陂农耕年华与各地旅游体验线路相结合。

（五）乡村度假游

二日游：武汉—黄陂云雾山（或黄陂胜天农庄、东西湖柏泉生态园、江夏梁湖农庄和新华农庄、黄石华中康谷、嘉鱼官桥八组、兴山和平村、新洲帝元俱乐部、枣阳海荣农庄、孝南新建源祝家庄、保康柳林山庄、秭归银杏沱村农家乐、建始小西湖村、沙市秋收农场、茅箭百丈沟农家乐群、竹山罗家坡、远安凤声苑、蕲春鄂人谷、红安将军红、曾都桃源湖度假村、恩施水上人家和聚贤庄、利川龙潭水寨、老河口春雨生态科技园、恩施营上村、鹤峰屏山村等）。

多日游：从武汉出发将黄陂云雾山与各地度假旅游线路相结合。

（六）乡村科普游

二日游：武汉—荆门科普生态旅游圈（含沙洋油菜博物馆、京山丁家冲休闲农业观光园、京山盛老汉农庄、屈家岭白鹿春养生园、钟祥中华葛文化风情园、东宝区蜜蜂博物馆、漳河昕泰生态农业园、掇刀区万亩蓝莓产业园、掇刀区双碑现代农业循环产业园）或宜都红春清江民俗文化村、枣阳火青纪念馆、荆州张场村古章华台、兴山格林生态食品工业园、荆门航空欢乐小镇、利川五二村制茶园、兴山格林生态食品工业园等。

多日游：从武汉出发将荆门科普生态旅游圈与各地科普旅游线路相结合。

（七）乡村文化游

二日游：武汉—大冶九古奇村（或恩施枫香坡、咸安刘家桥村、咸丰麻柳溪村、来凤杨梅古镇、五峰栗子坪村、利川张高寨、随县黎家大院、远安大花屋、夷陵三斗坪、兴山昭君镇、枝江董市镇、利川鱼木寨、利川谋道镇、随县安居镇、宜都红春村、郧西安家河村、钟祥皇城村、鄂城三山村、黄冈陈策楼村、麻城龟峰山村、咸丰坪坝营村、鹤峰升子村、黄陂木兰乡、神农架木鱼镇、十堰武当山镇、应城汤池镇、红安七里坪镇、赤壁镇、赤壁羊楼洞村、梁子湖梁子镇、仙桃沔街、老河口方营村、汉川汈汊湖许家村、公安凤凰村、鄂城三山村、竹溪关垭子村、郧西安家河村、丹江口九龙桥村、利川朝阳村、建始代陈沟村、宣恩两河口村等)。

多日游：从武汉出发将大冶九古奇村与各地乡村文化线路相结合。

(八) 乡村节庆游

二日游：武汉—恩施土家族女儿会（或恩施土家族和苗族牛王节、秭归中华屈氏端午节、竹山新茶村女娲文化旅游节、来凤摆手节、沙洋油菜花节、麻城杜鹃花节、老河口梨花节、孝感桃花节等)。

多日游：从武汉出发将以上人文节庆与赏花节庆线路相结合。

三、营销推广

(一) 营销目标

1. 推介旅游产品，扩大旅游地知名度

重点突出"鱼米之乡"和"四季花香"的旅游形象宣传，打造特色旅游产品，提高知名度。营销推广上通过广告宣传、新媒体营销（微营销、云营销、互联网营销）、市场推广（含事件营销）、人员推销等多种方式，向目标客源市场推介旅游产品，扩大旅游知名度。

2. 塑造旅游地形象，创建旅游品牌

一是通过对旅游资源和产品进行多种方式的营销推广，塑造旅游品牌形象；二是通过打造"鱼米之乡"和"四季花香"旅游产品体系，进一步推进主题旅游形象的塑造。

(二) 营销策略

1. 集中化营销策略

采取集中化策略，集中优势资金、人才和技术力量培植核心乡村旅游产品——"鱼米之乡"和"四季花香"，进行集中化、高强度的品牌营销。

2. 区域联动营销策略

采取共赢机制，采用区域联动营销，使湖北成为中部地区重要的乡村旅游目的地，以进一步提高湖北乡村旅游的知名度和美誉度。

3. 主题营销策略

着力推出拳头产品，重点包装，一击鸣天下。加大对乡村旅游宣传和教育，进而培养乡村居民自豪感和责任感，打造口碑市场，提升美誉度。

4. 网络营销策略

（1）传统网络营销手段

通过网络平台推介和宣传湖北乡村旅游资源、产品和主题形象。如建立湖北乡村旅游网，与官方旅游网站相链接；争取与携程网、艺龙网、去哪儿网、同程网、途牛网、驴妈妈网等旅游专业预订网站合作，开展网上预订业务；利用电子邮件进行网上旅游形象调查，及时调整旅游产品内容、旅游线路，处理游客投诉等，还通过网络论坛和日志等方式交流旅游经验和心得，获取建议。

（2）微时代网络营销手段

重点打造智慧乡村游。建设湖北省乡村旅游平台网，推行四位一体（微信、微博、APP、门户网虚拟平台）的虚实结合立体网络营销体系，以APP、OTA、SNS、微信公众号、微视频、官方微博、博客等新媒体形式，直接将各类旅游信息主动传送到公共平台上，以便随时让游客掌握湖北乡村旅游动态和最新资讯。努力实现"智慧营销"。

（三）营销活动

旅游营销活动主要以节庆与赛事为主。

1. 四大节庆

（1）"春到湖北"旅游节

主题：中部花海，春到湖北

时间：3~5月

活动内容：系列赏花活动、地方民俗表演及民间美食大赛。主推武汉樱花、沙洋油菜花、麻城杜鹃、东西湖郁金香、郧阳区樱桃、黄陂玫瑰、江夏七彩花海、大冶东方爱情海、石首李花山村桃花、老河口梨花、京山茶花、孝感杨店桃花等春季花卉系列。

（2）"清凉鄂西"旅游节

主题：青山绿水，避暑天堂

时间：6~8月

活动内容：吸引游客到神农架、恩施和宜昌避暑，体验鄂西地区民俗和少数民族文化。

（3）"金秋江汉"旅游节

主题：金色湖北，欢乐田园

时间：9~11月

活动内容：水乡风情体验、各类秋季花木观赏、乡村农事体验（收获）等。

（4）"温暖湖北"旅游节

主题：冬游湖北，温暖一身（生）

时间：12月～次年2月

活动内容：温泉度假、乡村庙会与乡村节事相结合。

2. 四大赛事

（1）国际A级热气球大赛

（2）"春到湖北"（金色湖北）摄影大赛

（3）"中流砥柱"全国龙舟争霸赛（5~6月）

（4）"湖北味道"乡村厨艺争霸赛（11~12月）

第九章 湖北省乡村旅游发展重点项目

一、设置原则

1. 突出特色资源

乡村旅游资源种类繁多,在重点项目选择上,突出体现最具有特色的乡村旅游资源,这类资源等级较高,吸引力较强,开发价值较大。

2. 突出现有基础

乡村旅游发展基础良莠不齐,在重点项目选择上,突出体现发展基础较好的项目,这类项目建设和发展条件更为成熟,难度相对较小,更快取得成效。

3. 突出发展潜力

受交通、资金等多方面限制,部分乡村旅游资源虽然开发现状较差,但品位较高,发展潜力较大,在重点项目选择上,突出体现这类资源条件较好,后期开发有望取得较好成效的项目。

二、重点项目库建设

根据上述原则,确定湖北省乡村旅游发展建设的重点项目库(见表9-1所示)。

第九章 湖北省乡村旅游发展重点项目

表 9-1 湖北省乡村旅游重点项目库

序号	名称	建设性质	时序	发展目标	功能定位	建设内容	地点（范围）	投资额度	投资主体
1	黄陂区杜堂村	新建、改扩建	近期	武汉城郊赏花游目的地、全国休闲农业与乡村旅游示范点	休闲游憩、赏花观光、乡村休闲体验	1. 完善乡村基础设施 2. 加强乡村环境整治 3. 配置特色餐饮点和特色民俗、自驾营地、房车营地 4. 建设开发花卉苗圃基地 5. 建设赏花桥梁、栈道系统、观景平台、丰富苗圃内部游览道路	姚家集镇	0.5亿元	招商引资
2	黄陂玫瑰园	新建、改扩建	近期	湖北最著名的以玫瑰为主题的旅游公园	玫瑰观赏、品尝购物、乡村休闲	1. 提升玫瑰园景观 2. 完善玫瑰园设施 3. 建设玫瑰精油生产游览基地 4. 建设自驾营地、房车营地、帐篷营地	王家河街道	0.5亿元	招商引资
3	东西湖区郁金香园	新建、改扩建	近期	武汉赏花游胜地、湖北乡村旅游示范区	花卉观光、林业生产、休闲游憩、科普教育	1. 建设郁金香栽植区，分为京剧脸谱园、荷兰风情园、江南水乡园三大核心主展区 2. 建设向日葵与野花栽植区、江南水乡园、欧洲风情园 3. 开发建设多种休闲娱乐项目，开发鲜花系列食品、纪念品 4. 丰富特色餐饮点建设、帐篷营地、自驾营地、房车营地 5. 建设特色民俗	东西湖吴新干线柏泉杨湾	1.2亿元	政府主导招商引资
4	东西湖区石榴红村	新建、改扩建	近期	湖北旅游名村	乡村休闲、农耕体验、运动娱乐、商务洽谈	1. 建设会议中心 2. 配置特色餐饮点、开发特产销售 3. 完善民居建设、统一风格 4. 整治村庄环境 5. 建设农业休闲乐区 6. 建设篝火广场、野营地 7. 建设特色乡村活动体验区 8. 建设石榴园（售卖观赏）	武汉东西湖汉江江畔	0.5亿元	招商引资

· 109 ·

续表

序号	名称	建设性质	时序	发展目标	功能定位	建设内容	地点（范围）	投资额度	投资主体
5	蔡甸金龙水寨	新建、改扩建	近期	湖北著名的城郊型乡村休闲游憩地	美食品尝、休闲游憩、农事体验	1. 建设亲水观景平台、游步道 2. 建设水上运动娱乐区 3. 建设水屋别墅、自驾营地、房车营地 4. 建设水上漂浮休闲平台	索河镇	0.8亿元	招商引资
6	蔡甸沉湖湿地	改扩建	近期	国家湿地公园	生态观光、科普教育、休闲度假	1. 建设水上观景台、堤岸亲水栈道、步行道等内部游览道路 2. 完善餐饮点建设，依据地方特产创作特色餐饮、纪念品 3. 建设特色民宿，如临湖度假木屋别墅 4. 建设湿地内部栈道、桥梁系统、休憩系统 5. 建设自驾营地、房车营地、帐篷营地	武汉市蔡甸区西南部	2亿元	政府主导
7	江夏梁湖农庄	新建、改扩建	近期	国家4A级景区	休闲游憩、赏花观光、美食品尝	1. 改造街景、墙画 2. 开辟来集 3. 建设帐篷营地、自驾营地、房车营地 4. 设置休闲娱乐项目	梁湖大道	0.5亿元	招商引资
8	江夏七彩花海	新建、改扩建	近期	湖北生态农业旅游示范区、国家4A级景区	花卉生产、休闲游憩、生态观光、科普教育	1. 建设多个花卉种植区 2. 设置乡村娱乐基地 3. 开发建设摄影基地 4. 建设特色民宿、餐饮点、自驾营地 5. 完善观景步道系统 6. 建设花卉种植、加工科普园区 7. 生产花卉衍生品 8. 提供热气球高空观赏花海项目	江夏区五里界街	0.5亿元	招商引资
9	洪山菜薹	改造、提升	近期	中国最著名的旅游特产	美食品尝、购物	1. 规范种植区 2. 改良生产、加工工艺 3. 重新包装	洪山区一带	0.5亿元	招商引资

第九章　湖北省乡村旅游发展重点项目

续表

序号	名称	建设性质	时序	发展目标	功能定位	建设内容	地点（范围）	投资额度	投资主体
10	宜都天龙湾国家湿地公园	改扩建	近期	国家4A级景区	休闲观光、生态养生、休闲度假、素质教育、民俗文化体验、会务接待	1. 改建扩大森林公园，增设运动探险体验区 2. 配置特色民居，打造青林寺谜语民俗节事活动 3. 增建传统文化体验园（杨守敬书院） 4. 建设堤岸亲水栈道及水上运动游览区 5. 建设渔港风情垂钓园 6. 加大力度保护野生白鹭群居区 7. 建设木屋别墅、自驾营地、房车营地	高坝洲镇及红花套镇	2亿元	政府主导招商引资
11	当阳胡家湾樱花园	改扩建	近期	湖北省著名樱花主题生态观光农业园	花卉观赏、主题摄影、休闲游憩、民俗体验	1. 扩大、提升樱花的规模和质量 2. 建设浪漫樱花摄影基地 3. 建设自驾营地、帐篷营地、房车营地 4. 种植红枫、荷花、桂花等其他观赏性植株 5. 打造各类鲜花主题创意农家乐、特色餐饮点 6. 搭建花主题花架、花瓶、雕塑 7. 打造楼花主题民俗节事活动	宜昌当阳半月镇	0.5亿元	招商引资
12	夷陵官庄村	新建、改扩建	近期	宜昌城郊生态第一村	生态观光、乡村休闲	1. 完善观有景点建设 2. 建设步道系统 3. 建设高星级农家乐及配套 4. 增加村庄绿化率	小溪塔街道	0.8亿元	政府主导招商引资
13	长阳盆景带	新建、改扩建	近期	中国著名的盆景根艺文化村，湖北旅游名村	乡村休闲体验、生态观光	1. 建设盆景观光示范园 2. 建设根艺盆景购物中心 3. 完善乡村基础设施 4. 加强乡村环境整治 5. 配置特色餐饮点和民宿	高家堰镇	2亿元	政府主导招商引资

续表

序号	名称	建设性质	时序	发展目标	功能定位	建设内容	地点（范围）	投资额度	投资主体
14	五峰栗子坪	新建、改扩建	近期	少数民族风情浓郁的生态疗养胜地	生态观光、科普教育、历史怀旧	1. 建设珍稀花卉园 2. 建设帐篷木屋和栈道 3. 建设森林木屋、自驾营地、房车营地 4. 建设农家乐和休闲山庄 5. 修复古民居	采花乡	1.5亿元	政府主导
15	秭归银杏坨	新建	近期	以港口旅游为特色的省级旅游名村	水上观光、美食品尝、乡村休闲	1. 建设水上运动游览区 2. 建设观景台 3. 建设堤岸亲水栈道	茅坪镇	0.5亿元	招商引资
16	枝江老家人民公社	改扩建	近期	国家级红色民俗旅游示范点，国家4A级景区	红色体验、生态养生、休闲度假、特色民俗体验	1. 建设红色主题民俗农家乐 2. 打造特色民俗体验园 3. 打造桃源溪谷生态采摘园 4. 建设山地人家、云澜山庄特色民居 5. 修复古建筑	枝江市董市镇装圣村	0.2亿元	招商引资
17	恩施枫香坡	改扩建	近期	以侗族风情为特色的乡村旅游目的地	侗族民族风情体验、乡村休闲、生态观光	1. 建设观景设施、步道系统 2. 建设民俗文化展示厅 3. 修缮、改造民居 4. 建设侗族风情体验园 5. 提升茶园规模质量、打造恩施富硒茶品牌 6. 建设自驾营地、房车营地	芭蕉侗族乡	2亿元	招商引资
18	恩施二官寨村	新建、改扩建	近期	中国著名的少数民族风情旅游目的地、中国传统古村落	民族风情体验、观光、生态观光、农耕文化体验	1. 建设观景设施、步道系统 2. 建设农耕文化演绎馆 3. 修缮、改造民居 4. 建设民族风情体验园 5. 建设特色民宿、特色餐饮点	盛家坝乡	5亿元	政府主导

第九章 湖北省乡村旅游发展重点项目

续表

序号	名称	建设性质	时序	发展目标	功能定位	建设内容	地点（范围）	投资额度	投资主体
19	来凤杨梅古寨	新建、改扩建	近期	国家级生态旅游名村，国家4A级景区，城市休闲度假后花园	土家民俗体验，观光休闲，农耕体验，休闲度假	1. 修复古建筑 2. 改造新型特色村落建筑 3. 整治村落环境 4. 建设乡村大观园 5. 建设游客中心 6. 建设自驾营地、房车营地	三胡乡石桥村和黄柏村	1.5亿元	政府主导
20	宣恩伍家台贡茶文化旅游区	新建、改扩建	近期	中部地区最美的茶田生态旅游度假村，中国贡茶第一村，湖北旅游名村	生态观光，休闲度假，农土文化体验，健身疗养	1. 建设风景主干道 2. 建设步行绿道 3. 建设观景平台及配套 4. 建设品茶大厅、用餐大厅 5. 建设茶叶生产体验区 6. 建设度假别墅、帐篷营地、自驾营地、房车营地 7. 建设贡茶观光体验园 8. 建设贡茶观光购物中心	万寨乡	3亿元	招商引资
21	巴东牛洞坪村	新建、改扩建	近期	三峡最美乡村风景道	乡村观光，休闲度假，农土体验，康体养生	1. 建设观景平台、观景步道 2. 修葺牛洞坪村民居建筑 3. 建设稻子主题文化馆 4. 建设农业景观带 5. 建设农业观光园 6. 建设自驾营地、户外露营地 7. 建设特色民宿 8. 建设车行绿道系统和乡村景观小道	东瀼口镇	1.2亿元	政府主导
22	建始关口葡萄	新建、改扩建	近期	湖北著名的葡萄主题旅游项目的基地，湖北旅游名村	生态观光，乡村休闲，品尝购物	1. 扩大、完善葡萄生态园 2. 建设葡萄酒酿制作坊 3. 建设葡萄酒陈列馆和酒吧 4. 建设农家蔬菜生态园 5. 建设葡萄木屋、自驾营地、房车营地 6. 建设多种水果种植园区	花坪镇关口乡村坊村	1.5亿元	政府主导招商引资

·113·

续表

序号	名称	建设性质	时序	发展目标	功能定位	建设内容	地点（范围）	投资额度	投资主体
23	咸丰麻柳溪一小村	新建、改扩建	近期	省级旅游名村、生态文化名村	民俗文化体验、生态观光	1. 修复、改造民居建筑 2. 建设土家族风情体验园 3. 建设沿溪景观带 4. 建设景观茶田 5. 建设自驾营地、房车营地	黄金洞乡	2亿元	政府主导
24	鹤峰董家河	新建、改扩建	近期	全国生态农业旅游示范点、国家4A级旅游景区	生态观光、激情运动、休闲度假、科学考察	1. 建设水上运动游览区 2. 建设漂流河道、漂流码头、漂流用房 3. 建设河岸亲水步道及观景系统 4. 建设坡立谷科学考察基地 5. 建设帐篷营地、自驾营地、房车营地	燕子乡	2亿元	政府主导、招商引资
25	利川营上乡村民宿度假村	新建、改扩建	近期	国家4A级景区、湖北农业示范区、硒汤巴国神活温泉疗养胜地	生态观光、农事休闲体验、养生度假、会议接待	1. 建设生态旅游集散接待中心 2. 建设现代农业观光"花田画廊" 3. 建设巴国神话温泉城 4. 建设珍稀植物观赏区 5. 建设自驾营地、房车营地、帐篷营地	南坪乡	2.5亿元	招商引资
26	利川野猫水阳光农业生态园	改扩建	近期	湖北旅游名村、湖北著名的乡村旅游示范区	生态观光、乡村风情体验、休闲度假、养生养老	1. 建设摄影古镇 2. 建设现代休闲生态农业旅游观光园 3. 建设特色民宿、自驾营地、房车营地	团堡镇	20亿元	招商引资
27	保康尧治河	新建、改扩建	近期	国家5A级景区、中国著名的乡村旅游示范村	生态观光、乡村休闲体验、学习教育	1. 建设尧祖文化馆 2. 建设休闲农业体验区 3. 建设观景台及配套 4. 发展特色餐饮 5. 建设度假别墅、自驾营地、房车营地	马桥镇	2亿元	招商引资

第九章 湖北省乡村旅游发展重点项目

续表

序号	名称	建设性质	时序	发展目标	功能定位	建设内容	地点（范围）	投资额度	投资主体
28	保康蜡梅风情小镇	新建、改扩建	近期	湖北省著名的花卉主题文化风情小镇	休闲观光、度假养生、花卉种植	1. 建设野生蜡梅种植园 2. 建设休闲农庄片区 3. 建设品种时令蔬菜观赏采摘区 4. 建设高标准游客接待中心 5. 建设水上垂钓区和水上娱乐中心及配套基础设施 6. 建设自驾营地、帐篷营地、房车营地	过渡垭镇	2亿元	招商引资
29	谷城堰河村	新建、改扩建	近期	国家4A级景区	生态观光、乡村休闲体验、品尝购物	1. 整理茶田景观 2. 建设游步道和车行道 3. 建设观景平台及配套 4. 建设品茶大厅、用餐大厅 5. 建设茶叶生产体验区 6. 建设度假别墅、帐篷营地、房车营地、自驾营地 7. 整理村头溪流景观 8. 建设亲水步道系统、休息亭廊	五山镇	3亿元	政府主导
30	谷城八仙洞生态旅游区	改扩建	近期	3A级生态旅游景区	生态观光、乡村休闲、美食体验	1. 建设车行道、游步道、停车场 2. 建设高星级农家乐 3. 建设垂钓园 4. 建设丛林运动场 5. 完善中华鲟养殖基地 6. 建设水上运动休闲区	庙滩镇	1亿元	招商引资
31	枣阳桃花源	新建	近期	湖北旅游名村、湖北乡村生态旅游示范区	生态观光、乡村休闲体验、节事参与	1. 修建步道系统 2. 修建观景系统及配套 3. 建设桃饮食品、食品作坊 4. 建设桃花主题展示馆 5. 建设桃棚木屋、自驾营地、房车营地 6. 建设果园农家乐 7. 建设多种水果种植园区 8. 建设旅游景观大道	新市镇	0.5亿元	招商引资

· 115 ·

续表

序号	名称	建设性质	时序	发展目标	功能定位	建设内容	地点（范围）	投资额度	投资主体
32	南漳县漫云古村落	改扩建	近期	湖北旅游名村、中国景观村落	生态观光、乡村休闲、民俗体验	1. 建设观景平台、观景步道 2. 修缮民居建筑 3. 建设古寨风情体验区 4. 建设农事体验园 5. 建设自驾营地、户外露营地 6. 建设特色民宿、特色餐饮点 7. 建设车行绿道系统和乡村景观小道	巡检镇	3亿元	政府主导招商引资
33	老河口春雨开心果农业示范园区	改扩建	近期	湖北省现代农业示范园区	果品生产、生态观光、休闲娱乐、运动健身、农业科普	1. 建设新品种果树试验示范基地 2. 建设休闲农庄 3. 建设水果文化展示厅 4. 建设车行道和景观步道 5. 建设农业科技展示馆 6. 建设自驾车营地、房车营地 7. 建设生态果园	李楼镇	0.7亿元	招商引资
34	宜城市胡坪生态休闲农业示范园区	新建、改扩建	近期	湖北省著名的休闲农业示范园区	休闲游憩、农事体验	1. 完善葛根产业化园区 2. 建设葛根景观步道、车行道系统 3. 建设观光农庄 4. 建设生态农庄 5. 建设自驾车营地、房车营地	宜城市胡坪村	0.5亿元	招商引资
35	樊城区长寿岛湿地公园	新建、改扩建	近期	国家4A级景区、国家湿地公园	湿地生态旅游、休闲观光旅游、生态养生旅游、特种种养游	1. 完善湿地公园建设与保护 2. 建设帐篷营地、房车营地 3. 建设观景步行系统 4. 建设观鸟区、摄影平台、狩猎区 5. 建设水上运动场 6. 建设天然浴场 7. 建设生态疗养区 8. 建设生态疗养区	牛首镇	10亿元	招商引资

续表

序号	名称	建设性质	时序	发展目标	功能定位	建设内容	地点（范围）	投资额度	投资主体
36	丹江口吕家河	改扩建	近期	中国著名民歌之乡、国家4A级景区	乡村风情体验、农俗休闲	1. 建设民歌表演大舞台 2. 建设民歌文化展示馆和民歌学习班 3. 完善基础设施建设、道路交通建设 4. 建设特色民宿、特色餐饮点、帐篷营地	丹江口吕家河村及其周边景区	0.8亿元	政府主导
37	竹溪散家坝	改扩建	近期	十堰著名的"桥乡"	休闲游憩、农事体验、赏花观光	1. 建设特色桥梁 2. 建设水体景观和水上休闲娱乐园区 3. 建设中草药材知识讲堂 4. 营造乡村生态景观 5. 建造乡村特色民宿、特色餐饮、自驾营地、房车营地	竹溪县蒋家堰镇散家坝村	1亿元	政府主导
38	茅箭百丈沟	新建、改扩建	近期	湖北著名的城郊型农家乐集聚带、城市假日休闲后花园	品尝购物、乡村休闲	1. 建设生态型停车位 2. 设计专业的旅游标识系统 3. 设计蝴蝶、垂钓等休闲活动	大川镇	0.5亿元	政府主导、招商引资
39	郧阳区樱桃沟	新建、改扩建	近期	省内著名的乡村艺术创作基地、城郊乡村生态游精品、樱桃主题游精品村落	生态观光、乡村休闲度假、美食品尝	1. 新建、改造民居 2. 建设艺术文化酒吧、酒吧 3. 新建特色民宿、民宿、自驾营地、房车营地 4. 景观营造 5. 新建、改造农家乐	茶店镇	2亿元	政府主导、招商引资
40	竹山总兵安—罗家坡	改扩建	近期	湖北旅游名村	农事体验、乡村休闲游憩、生态观光	1. 建设游客接待中心 2. 建设中华亲亲园 3. 营造农产品展示交易区 4. 营造农村环境 5. 建设休闲农庄、民宿、特色餐饮点、自驾营地、房车营地 6. 建设农事体验园区 7. 建设农业生态园区 8. 建设邻家猴桃基地	竹山县麻家渡镇总兵安村	1亿元	政府主导

续表

序号	名称	建设性质	时序	发展目标	功能定位	建设内容	地点（范围）	投资额度	投资主体
41	房县蓝天度假村	改扩建	近期	湖北著名的城郊型乡村休闲游憩地	休闲游憩、美食品尝	1. 建设农耕花圃游览栈道系统 2. 开发蓝天美味系列食品和房县黄酒、土制米酒系列酒品，开发当地特色美食 3. 编排展现具有当地特色的民间艺术文化剧 4. 将农家乐提档升级，建设生态农庄 5. 建设农事文化体验区	房县城关镇三海村	0.5亿元	招商引资
42	郧西土门关帝庙美丽乡村	新建、改扩建	近期	湖北旅游名村	美食品尝、休闲游憩、农事体验、红色旅游、忠义文化体验	1. 修缮维护解放战争时期的陕南军区四分区司令部旧址 2. 建设司令部旧址展陈，青少年爱国主义教育基地 3. 建设关羽忠义文化园 4. 建设特色民宿、特色乡村风味餐饮点 5. 建设农事体验基地	郧西县土门镇关帝庙村	1.2亿元	政府主导
43	曾都银杏谷	新建、改扩建	近期	银杏主题观光游赏基地、省级科普教育基地、国家5A级景区	生态观光、教育学习、健康疗养	1. 建设银杏艺术宿 2. 建设立体观光系统 3. 建设森林木屋、自驾营地、房车营地 4. 建设农家乐、林家乐和休闲山庄 5. 建设森林影视创意产业基地 6. 发展森林浴、瑜伽、健身等活动	洛阳镇	2亿元	政府主导
44	广水桃源村	新建、改扩建	近期	湖北旅游名村	生态观光、艺术创作、乡村休闲体验	1. 修建步道系及观景设施 2. 建设神食品作坊 3. 修复、改造古建筑 4. 建设度假木屋、自营地、房车营地 5. 建设艺术创作中心 6. 建设果园农家乐 7. 建设多种水果种植园区	武胜关镇	2亿元	政府主导、招商引资

第九章 湖北省乡村旅游发展重点项目

续表

序号	名称	建设性质	时序	发展目标	功能定位	建设内容	地点（范围）	投资额度	投资主体
45	神农架大九湖一板桥河	新建、改扩建	近期	国内著名的乡村湿地自然生态型旅游目的地，湖北省乡村旅游示范基地	生态观光、教育学习、健康疗养运动休闲、乡村度假	1. 建设湿地公园 2. 建设疗养木屋、自驾营地、房车营地 3. 建设健身步道和瑜伽练习平台 4. 新建生态牧场 5. 建设溯溪、休闲、特色小镇等项目	神农架林区西北部	2亿元	政府主导
46	新华镇石屋头村	新建、改扩建	近期	湖北旅游名村，湖北乡村生态旅游示范区	乡村民俗体验、农事体验、生态观光、品尝采摘、运动休闲	1. 扩大、完善杜果生态采摘园 2. 建设农家蔬菜生态园 3. 建设多种水果种植园区 4. 新建、改造并建设特色民居 5. 特色景观营造 6. 修缮并扩大车场建设 7. 建设特色民宿、特色餐饮点、自驾营地、房车营地	神农架林区新华乡东南边陲	1亿元	政府主导招商引资
47	松柏镇八角庙村	新建、改扩建	近期	湖北著名林养生基地，湖北省著名乡村运动休闲旅游区	运动休闲、生态养生、地质科普教育、休闲度假	1. 修缮并扩建珍藏动植物自然博物馆 2. 建设疗养木屋、健身步道 3. 建设垂钓养生基地、亲水平台 4. 建设溯源探秘、运动探险步道 5. 配套基础设施和服务设施 6. 建设特色林间小舍	神农架林区东北部松柏镇	1亿元	政府主导招商引资
48	麻城杜鹃一牡丹	新建、改扩建	近期	中国赏花游著名品牌	生态观光、花并游赏、教育学习、乡村休闲	1. 创建杏花村、龟峰山村等旅游名村 2. 建设四季花开观光园 3. 建设慢游步道系统及配套 4. 建设民俗一条街 5. 建设自驾营地、房车营地、帐篷营地	龟峰山	3亿元	政府主导招商引资

续表

序号	名称	建设性质	时序	发展目标	功能定位	建设内容	地点（范围）	投资额度	投资主体
49	浠水白莲一大岭沟	新建、改扩建	近期	国家水利风景区、湖北省著名的红枫观光旅游区	生态观光、品尝购物、运动娱乐	1. 建设亲水平台和健身栈道 2. 开辟现代化养殖渔场 3. 建设渔家乐、林家乐 4. 建设木屋别墅、自驾营地、房车营地 5. 建设水上漂浮平台 6. 建设道路基础设施和旅游配套设施	白莲镇	3亿元	政府主导
50	罗田大雾山山野公园	新建、改扩建	近期	湖北旅游名村、中国赏花游特色品牌	生态观光、花卉游赏、乡村休闲	1. 整治村游环境 2. 举办以油桐花为主题的旅游文化节 3. 建设丛林运动游乐区 4. 建设赏花观景特色游步道 5. 建设特色名宿、特色餐饮点、自驾营地、房车营地 6. 建设油桐加工、购物中心	大雾山村	1.5亿元	政府主导、招商引资
51	英山石头咀镇库区村	新建、改扩建	近期	湖北旅游名村	生态观光、民俗文化体验、探险拓展、休闲度假	1. 修建、完善旅游接待设施 2. 整治村落环境 3. 建设、改造水电、道路等基础设施 4. 建设游客中心 5. 改造民居为特色民宿、特色餐饮点 6. 建设丛林探险拓展区 7. 建设药材种植基地 8. 建设观景游步道 9. 建设民俗博物馆	石头咀镇	10亿元	政府主导、招商引资
52	红安陡山古村落	改扩建	近期	国家4A级景区	乡村观光、保健养生、民俗文化体验、古建研学	1. 修缮吴氏宗祠 2. 修复古村落环境 3. 改造民居为特色民宿、特色餐饮点 4. 建设乡村古建博物馆 5. 建设影视文化区 6. 改造水电、道路等基础设施 7. 建设药材种植基地 8. 建设药材保健养生基地	八里湾镇	3亿元	政府主导、招商引资

第九章 湖北省乡村旅游发展重点项目

续表

序号	名称	建设性质	时序	发展目标	功能定位	建设内容	地点（范围）	投资额度	投资主体
53	武穴鄂东油菜公园	新建、改扩建	近期	湖北赏花游名品牌	乡村休闲观光、购物、娱乐	1. 打造万亩油菜花园 2. 修建观景道 3. 按吴楚民居的风格整治民居 4. 修建游客接待中心 5. 打造5处观赏平台 6. 打造稻草人主题乐园、快乐农庄等配套游乐区	武穴市	3亿元	政府主导招商引资
54	团风县独尊山文化小镇	改扩建	近期	湖北旅游名镇	名人文化体验、生态农业观光、乡村度假、养生野休闲、亲子健身运动	1. 建设生态农业园区 2. 建设名人文化小镇 3. 建设休闲运动区 4. 配套基础设施和服务设施	回龙山镇	2.2亿元	招商引资
55	大冶九古奇村	新建、改扩建	近期	中国历史文化名村、湖北文化休闲度假地、国家4A级旅游景区	乡村观光、文化体验、休闲度假	1. 建设古建文化馆 2. 修缮古民居 3. 建设古树科普馆 4. 建设高星级农家乐、休闲农庄 5. 建设农俗体验园 6. 建设特色餐饮点	上冯村	2亿元	政府主导招商引资
56	铁山熊家境—鄂州上熊村	新建、改扩建	近期	国家4A级景区	生态观光、休闲度假、乡村风情体验、健身疗养	1. 建设休闲度假主干道 2. 建设景观游步道风景林 3. 改造土房子、老房子 4. 建设健身步道和自行车道 5. 建设森林木屋、自驾营地、房车营地 6. 建设疗养服务中心	铁山区—鄂城区	3亿元	政府主导

121

续表

序号	名称	建设性质	时序	发展目标	功能定位	建设内容	地点（范围）	投资额度	投资主体
57	阳新华中康谷	新建、改扩建	近期	华中地区著名的以康养生为特色的乡村旅游示范区	康体养生、乡村观光、体育健身、探险体验	1.建设大型生态园 2.改造农业基地 3.建设旅游景观道、慢游道、健身步道系统及配套 4.建设帐篷营地、自驾营地、房车营地、素质拓展营地、丛林野战训练场 5.改造环湖路 6.建设环湖亲水平台 7.建设餐饮点	大冶湖	5亿元	政府主导招商引资
58	大冶—阳新古（特）传统民居（徐太庄、阚家塘）	新建、改扩建	近期	华中地区著名的以传统文化观光、生态度假为特色的乡村旅游示范区	乡村体验、休闲度假、传统文化观光	1.建设大型生态园 2.修复李氏宗祠 3.改造、维护仿古建筑 4.完善基础服务设施 5.建设功能性民居 6.建设木雕技艺展示综合园区	大冶—阳新	6亿元	政府主导招商引资
59	徐家垴山水乡愁旅游区	改扩建	近期	湖北省著名的乡村度假旅游目的地	滨水休闲、生态度假、养生养老、运动拓展	1.建设花海别墅 2.建设湖岸水疗会所 3.建设水上运动中心 4.建设养老公寓、养生山庄 5.建设民宿旅馆、自驾营地、房车营地 6.建设千年古镇 7.建设龙王头休闲水都	梁子湖区徐家垴镇	3亿元	政府主导
60	长港休闲农业产业带	新建、改扩建	近期	湖北省著名的农业旅游示范区	乡村休闲、农业观光、农业科普	1.建设峒山新型社区 2.建设峒山乡村艺术中心 3.建设特色民宿旅馆、自驾营地、房车营地 4.建设乡村体验园 5.完善苗圃赏摘、农业观光园 6.建设荷塘月色、垂钓、水上游乐项目	杜山镇、峒山社区	3亿元	政府主导

续表

序号	名称	建设性质	时序	发展目标	功能定位	建设内容	地点（范围）	投资额度	投资主体
61	梧桐湖亲水度假区	新建	近期	华中地区亲水度假胜地	亲水游憩、生态度假、户外拓展	1. 建设房车母港、自驾车营地、户外露营地 2. 建设梁子湖亲水生态展示区 3. 建设浮岛商业街区 4. 建设月山湾旅游度假中心 5. 建设月山湾湖水生态公园 6. 建设东湖高新科技创意城 7. 建设东湖湿地生态展示馆 8. 建设国际湖泊生态展示区 9. 建设水上体育运动休闲公园 10. 建设善桂园假日半岛	东沟镇	5亿元	政府主导
62	赤壁茶马古道乡村旅游区	新建、改扩建	近期	国家4A级旅游景区、湖北乡村旅游示范区、湖北旅游名村、中国历史文化名村	古镇观光、历史文化体验、乡村休闲	1. 修缮古镇建筑、建设古镇历史游览区 2. 建设山坡茶园、茶叶加工体验区、茶文化体验区 3. 建设茶马古道文化展示馆 4. 建设接待设施 5. 开发赤壁特色茶产品、饮品	羊楼洞镇、新店镇	5亿元	政府主导、招商引资
63	通城油茶产业示范园	改扩建	近期	湖北农业旅游示范区	乡村休闲观光、农事体验、油茶产业科普	1. 建设赏花路径、观景平台 2. 建设赏花摄影基地 3. 建设特色餐饮店、民宿、自驾营地、房车营地 4. 拓展油茶产品产业链 5. 建设油茶科普教育馆 6. 建设油茶种植、榨油体验园	通城县	1亿元	政府主导、招商引资
64	嘉鱼西凉湖农业旅游区	新建、改扩建	近期	国家级现代农业示范园区	生态农业观光、农事体验、美食品尝、水上运动休闲	1. 完善旅游区内道路硬化、林网绿化 2. 建设休闲农庄、特色民宿、房车营地 3. 建设智慧旅游系统 4. 建设临水亲水栈道系统 5. 建设水上休闲运动区 6. 建设莲藕观光劳作区	嘉鱼县	2亿元	政府主导、招商引资

续表

序号	名称	建设性质	时序	发展目标	功能定位	建设内容	地点（范围）	投资额度	投资主体
65	咸安黄荆塘美丽乡村	改扩建	近期	湖北旅游名村	乡愁体验、乡村风貌观光、乡村休闲	1. 完善村落道路网络、卫生系统 2. 建设道路两侧建筑小品、景观体系 3. 建设文化广场 4. 建设农家书屋 5. 建设特色民宿、特色餐饮点 6. 改造村落环境	咸安县黄荆塘村	0.5亿元	政府主导
66	崇阳洪下乡村旅游十里画廊	新建、改扩建	近期	湖北著名的乡村生态旅游示范区、国家4A级景区	生态观光、乡村休闲、养生度假	1. 建设水质勘测与治理体系 2. 建设河流两岸休闲步道 3. 完善餐饮点建设，开发打造"竹"主题餐厅 4. 建设林间竹屋度假酒店及客栈 5. 建设自驾营地、房车营地 6. 建设林荫自行车道、养生步道 7. 建设自驾两自行车服务体系	崇阳县洪下村	3亿元	政府主导招商引资
67	通山富水湖乡村旅游区	新建、改扩建	近期	国家5A级景区、国家水利风景区	湖泊观光度假、休闲娱乐、水利知识教育、民俗风情体验	1. 建设氢气球空中游览娱乐项目 2. 建设水上游乐区 3. 建设水质拓展区 4. 建设水利工程教育示范区 5. 建设滨水区度假服务设施、特色民宿、房车营地 6. 建设休闲农庄、休闲娱乐区、自驾营地、特色餐饮点	通山县	20亿元	政府主导招商引资
68	孝南金井庄园	新建、改扩建	近期	湖北农业观光示范区	现代农业观光、花卉苗木观赏、蔬果采摘、特色养殖、植物科普展示、户外拓展	1. 建设生态度假休闲区 2. 建设企业文化创意区 3. 建设户外运动拓展区 4. 建设绿色田园采摘区 5. 建设花卉科普教育示范区 6. 建设花卉观赏区 7. 建设花艺观赏区 8. 建设植物展示区	朋兴乡	3亿元	招商引资

第九章 湖北省乡村旅游发展重点项目

续表

序号	名称	建设性质	时序	发展目标	功能定位	建设内容	地点（范围）	投资额度	投资主体
69	汉川田水湾度假村	新建、改扩建	近期	湖北农业旅游示范园区、3A级景区	乡村休闲度假、农事体验	1. 建设生态停车场等基础设施 2. 建设特色民宿、帐篷营地、自驾营地 3. 建设完善有机蔬菜瓜果种植基地 4. 建设会议中心 5. 建设生态农业观光园 6. 建设农事体验园区	仙桃、天门、汉川三市交界处	3亿元	招商引资
70	应城龙池山庄	改扩建	近期	湖北省5星级农家乐	垂钓休闲、畜禽养殖、瓜果蔬菜种植采摘、农业生态观光旅游	1. 建设农产品配送加工链 2. 建设乡村大舞台 3. 建设纪念植物种植园 4. 建设主题植物园 5. 建设水上运动区、垂钓区 6. 建设林地生态观光园	应城城市	2亿元	招商引资
71	云梦耕梦年华庄园	新建	近期	湖北农耕文化主题示范园区、湖北现代生态农业示范园区	运动拓展、生态农业观光、农耕文化体验、垂钓休闲	1. 建设主题植物园 2. 建设生态牧场 3. 建设果蔬采摘园 4. 建设垂钓区 5. 建设素质拓展营地 6. 建设农耕文化馆	倒店乡	12亿元	招商引资
72	安陆钱冲银杏谷	改扩建	近期	华中地区最大银杏群观光区、华中地区著名生态旅游区、国家4A级景区	古银杏生态观光、历史遗迹寻踪、红色革命寻踪、康体娱乐、养生度假	1. 建设摄影基地 2. 建设银杏科研、加工、展示馆 3. 建设红色旅游纪念馆 4. 开辟游客互动区、动手制作银杏叶画、烘焙银杏茶 5. 建设自驾营地、帐篷营地、房车营地 6. 建设木屋别墅区 7. 建设森林养生运动区 8. 开发古遗址探寻项目	王义贞镇	5亿元	招商引资

续表

序号	名称	建设性质	时序	发展目标	功能定位	建设内容	地点（范围）	投资额度	投资主体
73	大悟四姑红叶观光园	改扩建	近期	华中地区著名生态旅游区、国家4A级景区	摄影采风、度假休闲、红色旅游、艺术体验、运动养生	1. 修缮红色革命旧址 2. 建设乌桕林科普园 3. 建设景观步道、车行道 4. 建设婚纱摄影基地、影视基地 5. 建设自驾营地、帐篷营地、房车营地 6. 建设木屋别墅区 7. 建设森林养生运动区	四姑镇	3亿元	招商引资
74	孝昌井边湾生态农庄	新建、改扩建	近期	农产品系列生产基地、旅游科普教育基地	生态农业开发、乡村休闲、餐饮会务接待、教育学习、有机农产品生产	1. 建设景观大道 2. 改造原有民居 3. 建设农家乐和休闲农庄、自驾营地、房车营地 4. 建设农业科技示范园 5. 建设游客服务站点	双峰山	1亿元	招商引资
75	石首李花山村	新建、改扩建	近期	湖北著名的乡村生态旅游目的地、民俗文化村	生态观光、休闲度假、民俗风情体验	1. 建设民俗文化园 2. 建设农耕生活体验园 3. 建设亲水平台及配套 4. 建设休闲农庄、自驾营地、房车营地 5. 建设"仙人洞度假村"三星级酒店	桃花山镇	2亿元	政府主导 招商引资
76	监利高潮村	新建、改扩建	近期	湖北旅游名村、湖北著名的湖泊型生态旅游村	生态观光、乡村风情体验、教育学习、休闲游憩	1. 建设休闲农庄、渔庄 2. 建设垂钓地码头及临水木屋 3. 建设湿地观景区 4. 建设湿地科普画廊 5. 建设农业科技园区	棋盘乡	0.5亿元	招商引资

第九章 湖北省乡村旅游发展重点项目

续表

序号	名称	建设性质	时序	发展目标	功能定位	建设内容	地点（范围）	投资额度	投资主体
77	松滋木天河	新建、改扩建	近期	湖北旅游名村，湖北农业旅游示范区	美食品尝、生态观光、乡村休闲、农耕文化体验、民俗风情体验	1. 建设休闲农庄、自驾营地、房车营地、度假四合小院 2. 建设生态养殖基地 3. 建设传统餐饮教授制作平台 4. 建设立体农业基地 5. 改造玄龙观 6. 建造薪柴林地 7. 建设规划农耕文化科普基地	新江口镇	0.5亿元	招商引资
78	松滋北闸村	新建、改扩建	近期	湖北省文明村，湖北旅游名村	生态观光、休闲娱乐、乡村风情体验、健身疗养、美食品尝	1. 建设自行车道、步道系统及配套 2. 建设环水库亲水平台和健身栈道 3. 建设渔家乐、垂钓区 4. 建设无公害蔬菜基地 5. 建设健身疗养场地和设施 6. 建设度假木屋和帐篷区、自驾营地、房车营地	沧水镇	1亿元	政府主导
79	洪湖乘风村	改扩建	近期	湖北旅游名村，独具洪湖水乡特色生态渔村	生态观光、湖滨休闲娱乐、乡村民俗风情体验、美食品尝、渔文化体验	1. 建设水上渔寨 2. 完善渔产品餐饮配套设施 3. 改造规划渔家乐、垂钓区、采莲区和游船区以及环水库亲水平台 4. 开发以莲子为原料的系列产品 5. 新建水上餐饮点 6. 建设渔文化科普中心 7. 建设"风舟文化"科技馆中心 8. 建设临水木屋别墅 9. 开发自驾营地、房车营地 10. 开发临水亲子娱乐项目 11. 开发建设"渔歌文化"大型水上歌舞秀和话剧秀	洪湖市滨湖办事处	3亿元	政府主导、招商引资

127

续表

序号	名称	建设性质	时序	发展目标	功能定位	建设内容	地点（范围）	投资额度	投资主体
80	公安埠河葡萄产业示范区	新建、改扩建	近期	中国葡萄产业示范基地，湖北农业旅游示范区	现代农业观光、农事体验、休闲度假、农业科普	1.建设葡萄深加工产业基地 2.建设游客中心 3.建设现代"江南吐鲁番"葡萄种植基地 4.建设葡萄采摘休闲娱乐配套设施 5.建设葡萄产品购物中心 6.建设游客休息凉亭或长廊 7.建设葡萄种植科普馆 8.建设自驾营地、房车营地、特色民宿、特色餐饮点	埠河镇	3亿元	招商引资
81	中国农谷	新建	近期	国家现代农业示范区	花卉观赏、农耕文化体验、运动休闲、康体养生	建设蔷薇花海景观带	屈家岭	47亿元	政府主导招商引资
82	丁家冲科普旅游生态园	新建、改扩建	近中远期	国家青少年科普教育基地，国家4A级景区	乡村休闲、科普教育、生态观光	1.建设农业产品博览园 2.建设休闲农业示范园 3.建设果艺馆 4.建设太子山森林文化旅游度假示范区	罗店镇丁家冲村	1.5亿元	政府主导招商引资
83	沙洋油菜花海乡村旅游区	新建、改扩建	近期	中国著名目的地，花卉观赏乡村休闲旅游胜地	花卉观赏、生态观光、乡村休闲娱乐	1.建设农业观光步道系统及配套 2.建设度假民居木屋、帐篷营地、房车营地 3.改造民居为特色民宿和特色餐饮点 4.建设四季花卉观光园 5.建设民俗文化一条街	曾集镇张池村	1.5亿元	政府主导招商引资
84	东宝国家乡村公园	新建	近期	湖北旅游名村，乡村旅游示范区	乡村休闲体验、民俗文化体验、生态观光、郊野运动休闲	1.建设游客接待中心 2.建设民俗风情展示中心 3.建设非物质文化展览中心 4.建设文化艺术创作基地 5.建设一村一品花卉走廊 6.建设民宿度假村 7.建设基础设施配套服务设施	马河、栗溪、仙居和石桥驿	3.5亿元	政府主导招商引资

第九章 湖北省乡村旅游发展重点项目

续表

序号	名称	建设性质	时序	发展目标	功能定位	建设内容	地点（范围）	投资额度	投资主体
85	京山鸟语茶香花园	新建、改扩建	近中远期	湖北省著名的主题生态茶园，华中地区一流的茶花观赏目的地	生态观光、花卉观赏、休闲度假、康体保健	1.建设、完善观光茶园及配套 2.建设户外康体健身区 3.建设森林木屋、帐篷营地 4.建设健身步道系统及运动区 5.建设茶文化会馆	新市镇水峡口村	2亿元	招商引资
86	掇刀万亩蓝莓产业园乡村旅游区	新建	近期	湖北省乡村旅游示范区，华中地区一流的蓝莓种植、产业加工基地	农事体验、乡村度假、乡村观光	1.建设蓝莓采摘体验园 2.建设蓝莓之恋乡村度假会所 3.建设蓝莓田园绿道 4.建设花卉观赏带 5.建设蓝莓加工体验中心 6.建设蓝莓周培公祠 7.建设旅游接待中心 8.建设特色民宿和特色餐饮点	麻城镇、团林铺镇	8亿元	政府主导招商引资
87	潜江中华龙虾生态城	新建、改扩建	近期	国家4A级景区	乡村生态旅游、美食品尝、娱乐购物	1.建设游客中心 2.建设亲水平台和健身栈道 3.建设垂钓码头和临水木屋 4.建设龙虾繁育基地 5.建设水产品加工园区 6.建设水产主题购物中心 7.建设水产商务中心 8.建设木屋别墅、改造民宿 9.建设自驾营地、房车营地	潜江市城郊	5亿元	政府主导招商引资
88	天门天湖野荷生态园	新建、改扩建	近期	国家4A级景区，湖北著名的水乡生态旅游目的地	生态观光、花卉观赏、乡村休闲体验、度假娱乐	1.建设赏荷桥梁、栈道系统 2.建设环荷花池自行车道 3.建设游船码头 4.完善餐饮点建设 5.建设临湖度假木屋别墅、自驾营地、房车营地 6.建设荷文化展示馆	马湾镇陈马村	2亿元	政府主导招商引资

三、建设方向

（一）武汉

1. 黄陂杜堂村

（1）现状概况

目前已建设花卉苗圃基地，正在建设"美丽乡村"项目，已完成对乡村房屋立面等的改造工作。

（2）开发思路

以花卉苗圃基地产业为支撑，开发建设多种主题的花卉基地，确保各月都有鲜花盛开，同时依照主题开发建设苗圃内建设，提供更多基础设施、游乐观赏设施，增加乡村生态旅游项目，丰富旅游产品内容。

（3）建设内容

完善乡村基础设施，加强乡村环境整治，改造民居。配置特色餐饮点和特色民宿、自驾营地、房车营地，建设开发花卉苗圃基地，建设赏花桥梁、栈道系统、观景平台，丰富苗圃内部游览道路。

2. 黄陂玫瑰园

（1）现状概况

该园是目前武汉地区规模最大的玫瑰园，已于2014年9月底开园。玫瑰园园区面积3000多亩，种植有1000多亩观赏玫瑰，花色分为红、粉、黄、白、复色五大色系，大约有140个品种，花期错开，让游客一年四季都能见到盛开的玫瑰花。

（2）开发思路

按照玫瑰品种、花色、花期进行分区，修建餐饮、住宿、娱乐等旅游设施，强化旅游功能，通过景点营造和步道建设，将游客引入花海。

（3）建设内容

建设赏花步道、塑形玫瑰园区、固定和流动的餐饮点。建设度假木屋、帐篷营地、自驾营地、房车营地。建设玫瑰科普园区，展示玫瑰饮品、食品的制作工艺。建设玫瑰精油生产游览基地。

3. 东西湖郁金香园

（1）现状概况

园区占地600亩，内部栽植各种各样的彩叶植物，如火焰南天竹、红檵木、水果兰、金森女贞、小叶花叶栀子等53个品种，是华中地区规模最大、品种最全、技术含量最高的全国休闲农业中心，彩叶苗木旗舰中心和生态科普培训中心。公园会定期举办主题花展，如郁金香赏花游、向日葵赏花游。园区内部还辟有垂钓、生态餐厅、户部巷美食、品牌糕点店、儿童游乐区、花卉超市等多个美食、娱乐项目。

（2）开发思路

依据各地区资源的特色，开发建设郁金香种植区、向日葵与野花种植区，加大力度开发体验式旅游项目，建设摄影基地，达到丰富游客旅游体验的目的。

（3）建设内容

建设郁金香种植区，分为京剧脸谱园、荷兰风情园、江南水乡园三大核心主展区。建设向日葵与野花种植区，分为三个主展区荣誉广场、欧洲风情园、江南水乡园。开发建设多种休闲娱乐项目，如摄影基地。丰富特色餐饮点建设，开发鲜花系列食品、饮品、纪念品。建设特色民宿、帐篷营地、自驾营地、房车营地。

4. 东西湖石榴红村

（1）现状概况

度假村占地面积50余亩，其主体工程占地8余亩，主楼高20余米，外形设计匠心独具，内部装修气派豪华，富于徽派气息。度假村设有中餐厅、茶吧、客房、康乐中心、大中小会议室、多功能厅等。以本土特色风味为主的中餐厅有包房13个，500多个餐位。拥有装饰富贵典雅、设备完善的标准客房和豪华套房90间。大堂茶吧主要经营特色小食、咖啡香茶、时尚饮品，是商务洽谈、休闲聊天的理想去所；康乐中心是目前周边一带拥有最豪华、最气派、娱乐项目最多的场所，有卡拉OK歌舞厅、完整的数码电子音响设备、专业的音控DJ、足疗中心特设中医足底保健按摩，还有棋牌室，健身中心等休闲娱乐项目。

（2）开发思路

度假村的基础设施十分完善，能满足会议、企业运动、聚餐等多元化的需求，但是活动形式较为单一，所以应针对细分人群进行定制化的开发，丰富活动形式；度假村应加强对村庄人文资源的开发和利用，善于利用周边的乡村旅游资源；度假村设置特色餐饮和特色住宿，丰富游客体验。

（3）建设内容

建设会议中心，针对目标市场，开发建设相关旅游娱乐设施，建设农业休闲娱乐区、特色乡村活动体验区，建设篝火广场、野营地，配置特色餐饮点，创作地方特色菜品，开发特产销售。完善民居建设，统一风格，整治村庄环境。建设石榴园（售卖观赏）。

5. 蔡甸金龙水寨

（1）现状概况

金龙水寨是目前武汉地区最大的集生态餐厅、住宿、会议、餐厅、休闲、娱乐、旅游景点（金莲湾）、无公害蔬果采摘为一体的度假村，并举办一年一度的莲花节，可开展泛舟、赏荷、采莲、垂钓、捕鱼、网鱼、烧烤、篝火晚会等一系列活动。

（2）开发思路

依托丰富的水资源，深入挖掘亲水游憩项目，满足游客的亲水需求。对现有旅游功能提档升级，拓展商务、个性化住宿等旅游供给。

（3）建设内容

建设亲水观景平台、游步道、水上运动娱乐区、木屋别墅、自驾营地、房车营地、水上漂浮休闲、农事体验平台。

6. 蔡甸沉湖湿地

（1）现状概况

沉湖湿地主要由沉湖、张家大湖和王家涉湖组成，总面积17.4万亩。核心区内有广阔的沼泽、湖滩、草甸和丰富的生物资源，生态系统完整。沉湖湿地是全球同纬度地区生态保护最好的一处湿地，栖息着至少五种国家一级保护鸟类，也是中国五大鸟类分布区之一，鸟类资源有153种，其中候鸟117种。

（2）开发思路

沉湖湿地面积广阔，各地区具有一定特色，依据各地区资源的特色，开发建设三个景区：王家涉芦花渡景区、沉湖鱼鸟趣景区、罗汉农家乐景区。王家涉芦花渡景区主要是植物观赏区，在这里应建设摄影基地，利用这里的自然优势，通过摄影活动增加游客体验度。沉湖鱼鸟趣景区主要是观鸟、娱乐区。罗汉农家乐景区是科普基地。整个景区应保证各个区域都具有赏、娱、学的功能，并不断丰富区域内旅游产品内容。

（3）建设内容

建设水上观景台、堤岸亲水栈道、步行道等内部游览道路，完善餐饮点建设，依据地方特产创作特色餐饮、纪念品，此地野生水生菜品众多，可以以此来进行创作。建设特色民宿，如临湖度假木屋别墅，让游客能更深层次地感受自然风光的美好。建设湿地内部栈道、桥梁系统、休憩系统。建设自驾营地、房车营地、帐篷营地。

7. 江夏梁湖农庄

（1）现状概况

梁湖农庄是一家集生态旅游、高档宴会、客房会议、采摘垂钓、农俗体验、户外拓展、婚礼承办、篝火晚会等为一体的大型生态农庄。2010年以来，梁湖农庄相继获得"湖北省五星级农家乐""湖北省休闲农业示范点""武汉市旅游名村""武汉市十佳休闲山庄"等殊荣。

梁湖农庄占地面积5800余亩，投资近6000万元，配套建设有豪华四星级酒店，三星级商务会所，奢华露天游泳池，大型乡村别墅，童话森林小木屋，大型农家乐餐厅等。其中标准间、豪华套房共180余间，别墅8栋。大、中、小会议室可以接待500人，专业承接各型商务、政务会议，是省、市、区三级行政事业单位、特大型企业会议定点接待单位。

农庄现有占地各百亩的李花、桃花、紫薇花、油菜花、牡丹花以及风靡武汉的"薰衣草风情园"。

（2）开发思路

以花为主题，开展赏花休闲游，完善农庄农事体验产品，挖掘水域观光、休闲潜力，整合山、林、水、牧等资源，共同打造乡村休闲旅游产品。

（3）建设内容

改造梁湖大道两侧街景、墙画，以花为主题进行生态化装饰，营造氛围。增加种植行道树，与花丛、草丛构成立体种植，美化旅游干道景观。开辟菜地供游客种植。建设帐篷区、自驾营地、房车营地。设置素质拓展、野战、穿越、寻宝等素质锻炼和休闲娱乐活动。

8. 江夏七彩花海

（1）现状概况

江夏七彩花海占地面积近700亩，内有20多种观赏性花木，公园内部还统一规划生产和出售农产品,如白菊生产景观区和精品菊花展示区,集菊花育苗、种植、加工为一体,形成一条完整的菊花生产加工产业链,由此衍生出菊花相关产品,包括菊花茶、赏菊会、菊花茶艺室等,从而带动村民发展特色花卉产业。

(2) 开发思路

将江夏七彩花海开发建设成集"观赏、摄影、娱乐"为一体的旅游地,公园需加大力度开发建设不同种类的花卉区,已达到各季度均有花朵盛开,并保证花朵颜色的多样性以符合花海主题。加强娱乐设施的建设,在丰富旅游产品的同时,丰富游客的旅游体验。

(3) 建设内容

建设多个花卉种植区,种植不同季度、不同颜色的花朵,丰富观赏内容。设置乡村特色娱乐项目,如建设垂钓、儿童游乐区、花卉超市等多个娱乐项目,丰富游客旅游体验。开发建设摄影基地,建设特色民宿、餐饮点、自驾营地、房车营地,完善观景步道系统,建设花卉种植、加工科普园区。生产花卉衍生品,比如干花、花卉挂画、花茶、保健品,带动当地特色产业发展。提供热气球高空观赏花海项目。

9.洪山菜薹园区

(1) 现状概况

洪山菜薹是中国国家地理标志保护产品,茎肥叶嫩,色香味美,在唐代已经是著名的蔬菜,历来是湖北地方向皇帝进贡的土特产,曾被封为"金殿玉菜",与武昌鱼齐名。

(2) 开发思路

通过划定固定区域种植洪山菜薹,对其生长进行保护,并加强对菜薹生长地块的管理。通过工艺创新改良和旅游包装,使其成为中国最著名的旅游特产。

(3) 建设内容

加强现有菜薹种植园管理,扩大菜薹种植规模,在菜薹种植园设置小品、凉棚、休息桌椅、曲径小道,通过景观营造和功能提升,将旅游功能融入菜薹种植园。组织科研力量,对菜薹生产加工工艺流程进行改良、优化,丰富菜薹的产品体系和展示形态。组建专业的营销队伍,设计菜薹的包装形式和销售方式,研究游客购物心理,满足游客购物需求,通过多渠道的宣传,营销菜薹的品牌。加强菜薹园区的旅游功能,实现与旅游业的融合发展,提升菜薹价值。

(二)宜昌

10. 宜都天龙湾

(1)现状概况

天龙湾国家湿地公园,国家 3A 级旅游风景区,占地 100 平方公里,其中水面 46500 余亩。该处湖面水体宽阔悠远,水质清澈纯净,可达到国家 1 级水质标准。植被葱郁,植被保护完好,乔木、灌木、草甸自然群落发育。湿地公园所在地生物多样性丰富稳定,拥有植物 124 科 308 属 462 种,野生动物 34 科 58 种,代表性的千只以上白鹭群居区就有 3 处。现有宋山森林公园、青林寺谜语村、天龙湾水城、杨守敬书院、高尔夫球场等景点,还有水上运动中心、石林博物馆、农野垂钓等功能区,具备会议接待、餐饮、休闲度假功能。

(2)开发思路

通过增设森林运动探险体验区、配置特色民居、打造青林寺谜语民俗节事活动等增加游客的参与体验性,提升游客的旅游质量;通过会议中心的改造及完善高尔夫球场等体育休闲设施来大力吸引商务游客。通过游览项目的增加,丰富产品体系,吸引多层次游客。

(3)建设内容

改建扩大森林公园、增设运动探险体验区,配置特色民居、打造青林寺谜语民俗节事活动。增设传统文化体验园(杨守敬书院),建设堤岸亲水栈道及水上运动游览区、渔港风情垂钓园,加大力度保护野生白鹭群居区,建设木屋别墅、自驾营地、房车营地。

11. 当阳胡家湾樱花园

(1)现状概况

樱花园占地面积上千亩,园区内樱花品种主要有早樱与晚樱,可同时容纳万人游览。现已经扩展苗木基地 2000 多亩,主要包括 780 亩桂花、1000 多亩樱花、80 亩紫薇、320 亩红枫,同时林下间作了红叶石楠、双面红檵木、红豆杉等,胡家湾村已成为当阳板块造林新"洼地"。

(2)开发思路

以花海乐园为生态底蕴,营造浪漫氛围,通过参与性体验项目的设置,集观光游览、休闲体验、文化品鉴于一体。通过景观营造、功能的完善与提升,深入开发、提升游客的综合体验、营造一种休闲和惬意的游览氛围。将樱花园提档升级、丰富产品内容体系，打造人最向往的充满浪漫意境的游览胜地，形成"春赏樱、夏观荷、秋赏枫、冬看梅"的局面。

（3）建设内容

扩大、提升樱花的规模和质量，建设浪漫樱花摄影基地，建设自驾营地、帐篷营地、房车营地，种植红枫、荷花、桂花等其他观赏性植株，打造各类鲜花花主题创意农家乐、特色餐饮点，搭造花主题花架、花墙、雕塑，打造樱花主题民俗节事活动。

12. 夷陵官庄村

（1）现状概况

官庄村境内有宜昌市百万人饮用水保护区——官庄水库，市政府将其划定为"官庄水库饮用水水源保护区"。官庄村因官庄水库而被禁止工业发展和矿产开发，生态环境得到最大的保护。大力进行生态建设，官庄因生态环境保护完好而受游人青睐，成为名副其实的环境优美、生态和谐、可持续发展的唯美村庄。

（2）开发思路

立足生态和农业优势，按照"柑橘强村、生态兴村、旅游富村"的发展方向，打造"柑橘强村"。发展城郊生态旅游业，丰富旅游产品供给，完善旅游功能。

（3）建设内容

完善现有景点建设，形成蜘蛛洞、风洞河自然旅游景区和官庄河生态景观带。沿官庄水库周边修建步行道，形成亲水观景廊道。引进外部资金建设高星级农家乐、渔家乐、林家乐，提供特色餐饮，配备生态停车场和游乐项目。实施森林村庄建设，增加绿色植被覆盖率，形成天然生态氧吧。

13. 长阳盆景带

（1）现状概况

高家堰村盆景依托区位优势和资源优势，广泛吸收各派盆景的特点，形成自己独特风格，是中国园林艺术奇葩。高家堰村有三个组主要从事盆景根艺生产和销售，在省道沿线形成了长1000米、宽200米的专业市场，现有各类盆景100万盆（件），植物品种达30多个，根艺雕刻作品1.5万件。全村专门从事盆景根艺生产的农户有55家,其中百万元户2家,50万元户5家,10万元户11家。产品主要销售武汉、荆州、宜昌,部分远销到广州、上海、北京等地及海外,年销售额达250万元,被誉为"湖北盆景根艺第一镇"。

（2）开发思路

利用丰富的花木植物资源优势、独特的交通地缘优势,发展壮大根艺盆景产业,植入旅游功能,如艺术展示、艺术体验、根艺盆景观赏、购物等。

（3）建设内容

推进盆景与旅游的融合发展,建设盆景观光展示园,打造全国门类最齐全的盆景基地。建设根艺观赏体验区,向游客展示各种根艺作品,并展示根艺作品的制作过程,设置根艺坊,让游客亲自动手制作根艺产品。建设根艺盆景购物中心,打造全国最大的盆景根艺交易中心。完善乡村基础设施,建设标准化厕所,加强乡村环境整治,配置特色餐饮点和民宿。

14. 五峰栗子坪

（1）现状概况

因盛产栗树而得名,为五峰现存少有的保存完整的土家村落。珍稀树种遍布村寨,旅游资源丰富,地下溶洞景点三十多处,明清时代修建、古色古香成片的民居保存完好。村中红花玉兰原生树种达千余株,经考证为国内最大的木兰科植物野生群落,被评为"宜昌市特色产品名乡村"。

（2）开发思路

完善旅游产品供给体系,建设、提升基础设施和旅游配套服务设施体系,重点发展农家乐、休闲山庄、森林度假木屋等休疗项目,融入土家族风情元素。挖掘旅游资源生态、科普、疗养价值,打造生态疗养胜地。

（3）建设内容

建设以红花玉兰为主的珍稀花卉园,以珍稀树种为基础建设古树名木园,建设森林木屋、自驾营地、房车营地,按照土家族风俗建设农家乐和休闲山庄,提供特色餐饮。按照修旧如旧的原则对古民居进行修复,内部配置酒吧、茶座等旅游休闲功能。

15. 秭归银杏坨

（1）现状概况

银杏坨村被誉为三峡水库"坝上第一村",现已发展移民新村农家乐、农业观光游等特色旅游项目。由于三峡大坝蓄水形成港口，其港口经济占有较大比重，有8家港口企业在该村落户，主要从事船舶修造、物流配送、码头营运、滚装车辆运输、水上旅游等业务。

（2）开发思路

依托港口，发展港口旅游，将乡村旅游活动与港口功能相联系，打造新的体验型项目。

（3）建设内容

为港口植入旅游功能，促进港口与旅游的融合发展。在水边选择合适地点，开辟出一片封闭型水上运动游览区域，游览区内部设置划船、垂钓、水上餐饮、水上栈道等。在港口旁边建设观景台，让游客俯瞰港口进出的忙碌景象，了解港口的运行过程。建设堤岸亲水栈道，可漫步观赏港口和江水景色。

16. 枝江老家人民公社

（1）现状概况

枝江老家人民公社占地面积10000平方米，建筑面积3800余平方米。建设有特色主题餐厅，橘、蜜桃、李子、杏子等优质水果采摘园、原生态的粮食、蔬菜农事体验园、观光垂钓区等，古色古香的传统建筑风格，与浪漫的现代建筑相结合，现具备食、住、健身、娱乐、旅游、商务会议一等功能。枝江老家人民公社已申报国家3A级景区，也是湖北省五星级农家乐。

（2）开发思路

通过水景改造，设置多种交通方式，将游客引入水面之中。通过功能完善与提升、景观营造，将生态园提档升级，营造生态休闲度假氛围。增加乡村生态旅游项目，丰富旅游产品内容。

（3）建设内容

建设红色主题农家乐，打造特色民俗体验园、桃源溪谷生态采摘园，建设山地人家、云涧山庄特色民居，修复古建筑，配套建设基础设施，推广民俗节事活动。

（三）恩施

17. 恩施枫香坡

（1）现状概况

枫香坡侗族风情寨立足于侗族文化以及当地的茶文化，集休闲、娱乐、乡村体验于一体，属 2A 级景区，"全国乡村旅游示范点"，是湖北省生态文化旅游和休闲旅游的样本之一。

（2）开发思路

枫香坡侗族风情寨要在原有观光游览、文化观光和民俗体验等旅游产品功能的基础上，挖掘少数民族文化特色，使农村生活习俗产品化，民居风格特色化，增加乡村旅游产品的文化内涵，增强乡村旅游活动的参与体验性，积极拓展度假、会议、养生等旅游功能。

（3）建设内容

修建山野乡间的观景设施、民俗文化展示厅，按照少数民族风格修缮民居，开发成外土内洋的民宿和酒吧、咖啡吧等餐饮点。改造乡土民居，内部配置商务、会议设施，完善区域商务功能。选择林木茂盛地点建设度假木屋，建筑遵循少数民族样式，采用生态材料建造，木屋配置读书、观景露台和公共交流空间。扩建生态茶园，增加游客采茶体验项目，与景区交通便利，让游客全方位，多层次，立体化地感受侗族风情，同时配有饮茶室和购茶处。建设房车营地、自驾营地。

18. 恩施二官寨

（1）现状概况

二官寨村既有巴蜀盐道的文化遗存，又有原始古朴的农耕文化再现。土家族建筑依山就势而建，土家人聚族而居。在小溪、旧铺，近百栋土家吊脚楼建筑保存完好，成为土家族干栏式建筑的典型代表。

（2）开发思路

在保护传统村落的基础上，将旅游和古村落融合发展，赋予其民族风情体验、乡村生态观光、农耕文化体验等功能，打造中国著名的少数民族风情旅游目的地、中国传统古村落。

（3）建设内容

建设观景设施、步道系统、农耕文化演艺馆，修缮、改造民居，建设民族风情体验园、特色民宿、特色餐饮点。

19. 来凤杨梅古寨

（1）现状概况

杨梅古寨是以黄柏村、石桥村两村的古桥、古道、古墓、古石林、古院落、古戏楼、古庙宇、古杨梅为主的生态文化旅游区。景区内自然风光神奇秀丽，民族文化古朴浓郁，历史底蕴深厚，是游客享受慢节奏生活、体验农耕文化、观赏田园风光、体验民族文化的最佳选择。目前，景区内已有11户农家乐建成，景区农家乐初具规模。

（2）开发思路

按照国家级生态旅游名村和4A级景区的标准，对黄柏、石桥两村进行景区整体提升。完善道路和餐饮休闲住宿娱乐设施；保护、恢复区域内独具少数民族特色的农业生产生活方式，以保护生态环境和延续少数民族文化为前提开发乡村旅游。

（3）建设内容

按照"修旧如旧"的原则修复古村落、古街、古巷、古民居、特色民居、特色村庄建筑，在建筑中赋予餐饮、住宿、参观、购物等旅游功能。按照本土传统风格，改造新型特色村落建筑，与古建景观相协调，构成独特的村落景观。整治村落环境，设置公厕、垃圾桶等卫生设施。建设乡村大观园，园中建筑风格按照所要展示的年代进行相应的改造。建设游客中心，保护村中古树名木，并从外部移植部分古树，营造村落古朴氛围。建设自驾营地、房车营地。

20.宣恩伍家台贡茶文化旅游区

（1）现状概况

伍家台村兼具土家风情与贡茶文化，其贡茶是地理标志产品。在长期发展过程中，伍家台凝练出特有的民族贡茶文化风情。

（2）开发思路

提升茶田景观，融入茶叶生产、园林绿化、旅游观光、度假疗养等功能，通过基础设施、旅游配套设施、小品建设及环境营造等手法，丰富茶田游览内容，提升茶田旅游品质和档次。将茶产业、旅游业、少数民族文化融合发展，以产业生产过程丰富旅游内容，以旅游功能嵌入促进茶产业的效益提升。通过文化园区建设、景观提升、历史环境营造、项目设置，支撑少数民族贡茶文化主题旅游。

（3）建设内容

建设风景主干道、步行绿道、观景平台及配套，建设品茶大厅、用餐大厅、茶叶生产体验区、度假别墅、帐篷营地、自驾营地、房车营地、贡茶观光体验园、贡茶购物中心。

21. 巴东牛洞坪村

（1）现状概况

牛洞坪村最大的资源特色在于绝美的田园风光、古朴的民居村落，同时拥有红色旅游资源、峡谷自然风光等自然资源，资源种类较为丰富，生态环境优越，具备发展乡村旅游的潜力。

（2）开发思路

按照"做大农业、发展旅游、旅游扶贫"的思路，以农业为依托，以文化为推动，以旅游为载体，深度挖掘牛洞坪村特有的生态、文化旅游资源，做大做强旅游产业、做特做优有机生态农业、做精做美乡村环境，打造三峡最美乡村风景道。

（3）建设内容

从溪丘湾乡甘家坪村至东瀼口镇雷家坪村整合打造三峡最美乡村风景道，提升道路等级，完善自驾旅游配套、观景平台等旅游服务设施。修缮牛洞坪村民居建筑，建设稻子主题文化馆、农业景观带、农业观光园、自驾营地、户外露营地、特色民宿、车行绿道系统和乡村景观小道。

22. 建始关口葡萄产业园

（1）现状概况

关口地区具有适宜葡萄生长的独特的水、热、光、气及土壤等综合条件，孕育了独特的"关口葡萄"。截至2010年，关口葡萄种植面积达3000余亩，总产值近4000万元，受益农户达1000余户。户均增收近4万元。远销全国10多个省市，葡萄已成为建始花坪乡农村经济发展的主要经济增长点、美丽乡村建设的着力点。

（2）开发思路

依托得天独厚的农业经济作物葡萄，塑造独具特色的生态景观和旅游景观，设计以葡萄为主的水果主题休闲活动，构筑水果主题旅游区。

（3）建设内容

推进葡萄种植与旅游业的融合发展，扩大葡萄生态园规模，营造葡萄园景观效果。延伸葡萄产业链，建设葡萄酒酿制作坊、葡萄酒陈列馆，建设农家蔬菜生态园，蔬菜生态园引进现代农业技术，向游客展示现代农业栽培技术。建设葡萄园木屋、自驾营地、房车营地。建设果园农家乐和多种水果种植园区。

23. 咸丰麻柳溪—小村乡村旅游带

(1) 现状概况

麻柳溪是一个原始羌族、土家族吊脚楼群保存最完整的小村，享有"中国中部最后一个香格里拉"的美誉。气候和生态的优势让麻柳溪成为黄金洞乡茶叶主产区，也是国家有机茶的示范基地。麻柳村具有浓郁的羌族民俗风情，被评为民族特色村和示范村。

(2) 开发思路

通过基础设施和旅游配套服务设施建设，带动民俗旅游的发展。通过临水景观的梳理、打造，将生态观光融入美丽乡村建设中。

(3) 建设内容

按照修旧如旧的原则修复民居建筑，在建筑中赋予餐饮、住宿、参观、购物等旅游功能。按照本土传统风格，改造新型特色村落建筑，与传统民居景观相协调，构成独特的村落景观。建设羌族、土家族风情体验园，建设沿溪景观带，在溪上建设各种类型跨溪石桥，对溪岸驳岸进行生态化处理。建设景观茶田，茶田中建设游步道、茶文化小品、品茶点等。建设自驾营地、房车营地。

24. 鹤峰董家河

(1) 现状概况

董家河位于鹤峰县东北部，总面积 19539 亩，四面环山，形成小盆地，境内有董家河穿村而过，山清水秀，有峡谷、溶洞等喀斯特景观。独特的自然环境形成了"树在水中生、水在树中流"的奇观。同时，拥有由古海演变而成的喀斯特地貌，造就了九起九落的暗河和明流，形成了目前世界上最大的坡立谷地质地貌品牌。目前具有观光游览的功能，以其独特田园风光，优美的自然环境，吸引了大批游客，是恩施州旅游发展重点项目之一。

(2) 开发思路

通过完善各种旅游基础设施，改进董家河的旅游环境，将董家河旅游区建设成为省内、最终建成国内一流的以农耕文化、坡立谷地质文化为内涵，以旅游观光、激情运动、休闲度假、会务接待等为主要旅游功能，以优美自然风光和人文风情完美结合为特点，以未来湖北省及其周边地区的生态观光、休闲度假需求为客源依托，拥有国内一流景点、一流设施、一流服务，具有独特文化魅力和个性的 4A 级旅游景区。

（3）建设内容

建设水上运动游览区，建设漂流河道、漂流码头、漂流用房，建设河岸亲水步道及观景系统，建设坡立谷科学考察基地、帐篷营地、自驾游营地、房车营地。

25. 利川营上乡村民宿度假村

（1）现状概况

项目位于利川市南坪乡营上村，此处风景优美、气候宜人，有富硒温泉资源。已建成旅游接待中心大楼、餐饮中心、办公楼、乡村大舞台、停车场、儿童游乐中心、休闲垂钓区、生态展示区。

（2）开发思路

拟打造一个集生态硒汤温泉、生态观光、农事休闲体验、养生度假、会议接待于一体的 4A 级旅游景区，湖北农业旅游示范区，硒汤温泉疗养胜地。

（3）建设内容

建设生态旅游集散接待中心。建设现代农业观光"花田画廊"，包括现代农业观光区、云上花廊区、自助开心农场、儿童戏水区、DIY 花品自助工坊等。建设巴国神话温泉城、建设珍稀植物观赏区、自驾营地、房车营地、帐篷营地。

26. 利川野猫水阳光农业生态园

（1）现状概况

团堡镇野猫水村以"山水野趣、乡居休闲"为主题，发展绿色有机生态农业，积极打造民俗民宿旅游经济，成功创建民族特色村寨、宜居名村、生态名村、旅游名村、中国楹联文化村，正逐步成为腾龙洞—恩施大峡谷旅游大区域的集散地、接待点以及武汉、重庆和周边县市休闲度假旅游胜地。已实施村庄环境整治、民居改造，建成了阳光葡萄园、无土蔬菜栽培基地、大棚西瓜种植基地。

（2）开发思路

通过发展新型农业，定位旅游服务，实现农业和旅游产业的高度融合和互动，使该村成为融"吃、住、游、体"为一体的现代生态农业旅游观光园。

（3）建设内容

建设宜影古镇，整个项目由土家风情古镇商业街、康体养老休闲区、环湖酒店公寓区、森林山水别墅区、巴蔓子文化产业园、四季花海等板块组成。建设现代生态农业旅游观光园，建设特色民宿、自驾营地、房车营地。

（四）襄阳

27. 保康尧治河

（1）现状概况

依托优质的自然旅游资源，以休闲农业为基础、工业为主体、旅游业为支撑、酒业为辅助，发展成为集磷矿、水电、旅游、酒业、餐饮、休闲观光农业为一体的全国文明村，先后被评审为湖北省旅游名村、湖北省地质公园、国家4A级景区、全国文明村。

（2）开发思路

通过原有项目的改造提升和新项目开发，打造"尧祖圣地，野人故乡"旅游品牌。通过乡村元素地再植入，打造乡村生态休闲旅游胜地。通过高档次旅游设施的建设，完善其旅游功能。

（3）建设内容

按照本土建筑风格，建设尧祖文化馆。规范村落建筑景观，统一风格。整治村落环境，建设休闲农业体验区，建设大地景观、观景台，发展特色餐饮，将部分民居改造成民宿、咖啡馆、酒吧等。建设度假别墅、自驾营地、房车营地。

28. 保康蜡梅风情小镇

（1）现状概况

区内有良好的生态环境，并已种植一定数量的、以蜡梅为主的多种花卉。

（2）开发思路

以"四季花卉"为特色，以休闲观光、度假养生、花卉种植为主要功能，打造"一江两山"旅游区域中以"花"为特色的楚地花乡文化风情小镇。

（3）建设内容

建设野生蜡梅种植园，建设休闲农庄片区、多品种时令蔬菜观赏采摘区、高标准游客接待中心，建设水上垂钓区和水上娱乐中心及配套基础设施，建设自驾营地、帐篷营地、房车营地。

29. 谷城堰河村

（1）现状概况

堰河村山清水秀，环境优美，是全国文明村、全国生态文化村、全国农业旅游示范村、湖北旅游名村。全村有25家农家乐，1200亩有机茶园，注册"堰河香"商标，生产香菇、腊蹄子、风干鸡等土特产。

（2）开发思路

深入挖掘地方农民生产劳作特征，发挥有机茶田、特色美食、村头溪流的资源优势，增加旅游产品的体验功能，从产品、服务、旅游环境等多方面提升已有乡村旅游产品功能层次。

（3）建设内容

推进茶文化与旅游的融合发展，整理茶田景观，在茶田中建设游步道和车行道、观景平台、品茶大厅。在茶田外围建设茶叶生产体验区、度假别墅、帐篷营地、自驾营地、房车营地、用餐大厅。整理村头溪流景观，建设生态驳岸、亲水步道系统和休息亭廊。

30. 谷城八仙洞生态旅游区

（1）现状概况

八仙洞周围群山环抱，平滩处水塘密布，鱼游龟戏，鸟语花香，《玉皇寨》《摇鼓台》《演兵场》传说悠久。八仙洞水库坝高150余米，378级台阶附坝而上，坝内千余亩水面烟波浩渺，78平方公里承雨区域山奇树密，生态环境优美。已建成中华鲟生态养殖基地。

（2）开发思路

紧扣水库和森林生态资源，通过丰富旅游休闲活动，完善基础和配套服务设施，打造集生态观光、乡村休闲、美食体验于一体的3A级生态旅游景区。

（3）建设内容

建设车行道、景观游步道、生态停车场，建设高星级农家乐、垂钓园、丛林运动场、水上运动休闲区，完善中华鲟养殖基地。

31. 枣阳桃花源

（1）现状概况

桃花源桃树种植面积达到65000亩，总产量7.1万吨，总产值突破1.4亿元，成为当地特色支柱产业。2013年，被湖北省环境保护厅授予"省级生态村"称号，枣阳市仅此一家。目前举办有采桃节和桃王大赛。

（2）开发思路

将桃产业和旅游产业融合发展，整合桃林、节庆、赛事、农家乐等乡村旅游资源，完善旅游产品体系，丰富、提升旅游功能，加强道路、游线的建设与组织，使游客来得了、玩得好、住得下。

（3）建设内容

对桃林进行景观化改造，修建林中步道系统，建设标识系统。延伸桃产业链，建设桃饮品、食品作坊。建设桃主题展示馆，将全国各地的桃及其制品的知识进行展示。建设桃源木屋、自驾营地、房车营地。建设果园农家乐、多种水果种植园区，建设从周边市镇通向桃花源的旅游景观大道。

32. 南漳漫云古村落

（1）现状概况

该村已有400余年历史。虽历经沧桑岁月，漫云村村民仍保留着原始古朴的生活习惯和居住环境。在漫云村方圆2.5公里内，仍完整保留着200年以上的古墓葬12座，300多年的古街道1条，400余年的古民居5栋，400余年的古树1棵，400余年的古造纸作坊4个，唐朝时期的古山寨3个。这个小小的村落集自然风光和人文历史为一体，且不为外人所知。

（2）开发思路

以资源基础，主动适应市场需求，通过在保护中修复古建筑，营造景观环境，植入旅游功能，实现古村活化。

（3）建设内容

建设观景平台、观景步道，修缮民居建筑，建设古寨风情体验区、农事体验园、自驾营地、户外露营地、特色民宿、特色餐饮点、车行绿道系统和乡村景观小道。

33. 老河口春雨开心果园

（1）现状概况

初步建成了集生产、观光休闲为一体的现代农业生态产业园，其中各类新品种果树试验示范基地面积650亩，办公培训、餐饮、休闲、体育设施建设占地100余亩。建有果品贮藏保鲜库、多功能综合大楼两栋，拥有集餐饮、住宿、娱乐、垂钓于一体的农家乐饭庄两个，占地面积20000平方米。

（2）开发思路

近期完成道路、水电等基础设施建设，中期完成旅游功能的配套，形成集果品生产、生态观光、休闲娱乐、运动健身、农业科普于一体的现代农业示范园区。

（3）建设内容

建设新品种果树试验示范基地、休闲农庄、水果文化展示厅、车行道和景观步道、农业科技展示馆、生态果园、自驾车营地、房车营地。

34. 宜城胡坪生态休闲农业示范园

（1）现状概况

现已建成葛根种植基地、林果基地、苗圃基地，投入约4500万元用于循环路网建设、堰塘沟渠整治、土地平整、植树打井等农田水利基础设施建设，一个现代化绿色农业产业园雏形已显现。

（2）开发思路

充分利用当地作为"全国四大葛根种植基地"的优势，继续发展葛根种植，同时开发葛根种植体验活动、葛根产业化园区。

（3）建设内容

垦山建路，修渠整地，完善葛根种植基地，建设葛根产业化园区，建设观景步道、车行道系统，建设休闲农庄、生态农业体验园区。

35. 樊城长寿岛湿地公园

（1）现状概况

长寿岛是罕见的天然水上森林岛屿，岛上居民1640人，80岁以上老人就有90多人，故更名为长寿岛村，2011年获批国家级湿地保护公园。全岛无工业污染，气温一般低于城市3℃，是一个天然的"氧吧"，且野生物种丰富。

（2）开发思路

以生态保护为基础，适度开发湿地生态旅游、休闲观光旅游、生态养生旅游、特种旅游等业务。以"吃、住、玩、养"一条龙的休闲模式，建设国家4A级景区、国家湿地公园。

（3）建设内容

完善湿地公园建设与保护，建设帐篷营地、房车营地、自驾车营地、生态农庄、观景步行系统、观鸟区、摄影平台、狩猎区、水上运动区、天然浴场、生态疗养区。

（五）十堰

36. 丹江口吕家河

（1）现状概况

现已建成黑精沟 1.6 公里高标准仿木游步道、栈道和峡谷口河道两侧平缓地带台地式停车场、接待大堂、美食馆和会议中心。

（2）开发思路

充分发挥该地作为"中国汉族民歌第一村"的优势，通过特色鲜明的汉族民歌吸引游客。充分利用当地区位优势，完善交通建设，与其周边的武当山、红三军司令部旧址和新四军遗址等地联动发展。

（3）建设内容

建设民歌表演大舞台、对歌台，定时定点进行民歌表演。建设民歌文化展示馆和民歌学习班。完善基础设施建设、道路交通建设。建设特色民宿、特色餐饮点、帐篷营地。

37. 竹溪敖家坝

（1）现状概况

建设有游客接待中心、广场公园、停车场、仿古亭、公厕、人工湿地污水处理池等。目前累计发展中药材基地 15000 亩、核桃基地 13000 亩，荒山造林 4000 亩、新建苗圃基地 300 亩。

（2）开发思路

增加特色桥梁的建设，将桥梁打造为敖家坝最大的特色。将桥与水有机联合，使游客既能临桥休闲，又可泛舟水面。联结中药材基地、核桃基地、苗圃基地，增强农事活动的体验性，开发养生度假旅游。同时还可发展生态养殖。

（3）建设内容

建设特色桥梁，打造水体景观和水上休闲娱乐园区，建设中草药材知识讲堂，营造乡村生态景观，建设特色民宿、特色餐饮点、自驾营地、房车营地。

38. 茅箭百丈沟

（1）现状概况

主要发展农家乐产品，目前共发展农家乐 25 家，分布在十堰往房县公路沿线，每年接待游客最低 80 万人次。

（2）开发思路

进行环境营造和外观整饰，建设完善道路、停车场等基础设施，丰富游乐项目供给，完善标识系统建设，加强制度规范建设和服务意识、服务技能教育。

（3）建设内容

按照生态型停车场标准，在农家乐门前道路开阔带新建停车位。成立农家乐发展管理联合会，由联合会负责农家乐的统一宣传、管理、招徕客源。建设专业的旅游标识系统，依山就势，因地制宜，设计溯溪、垂钓、采果、赏花、摸鱼、登山、丛林野战、定向越野、烧烤等一系列休闲活动。

39. 郧阳区樱桃沟

（1）现状概况

樱桃沟村现发展有农家乐30多户，赏樱花、品樱桃、摘橘子、吃农家饭，独具特色的乡村生态游已经成为其支柱产业。授予"湖北旅游名村"称号，是名副其实的"生态旅游村"。

（2）开发思路

依托樱桃主题，扩大植物种植种类与规模，开发多种乡村旅游活动。新建、改造乡村民居，仿现有创作基地手法，打造艺术交流、土奢体验的宜居空间；以农村观光、农业科普教育为辅助功能，利用现代农业科技结合乡村自然风光开展乡村观光旅游。

（3）建设内容

选择合适地点新建或利用现有民居改造成酒坊，建成艺术化酒窖。选择合适地点新建特色民居，仿现有五〇山居风格建设新的更多的单体艺术创作空间，具备艺术创作、交流、小型会议等功能，按照艺术空间风格建设民宿，建设自驾营地、房车营地，补充种植其他四季观赏、采果苗木，开展乡村旅游活动。发展更多特色农家乐，以农家乐形式发展乡村旅游业，提升农特产品价值，促进乡村旅游购物。

40. 竹山总兵安—罗家坡乡村旅游带

（1）现状概况

目前建有高标准新型社区，发展高档苗木产业，完成了河道治理及龙头包、凤凰亭、仙姑洞、福山、鲤鱼跳龙门、水上景观等几处景观点建设。建成了以十星级文明为重点的星源空间、以孝廉文化为重点的静心文化长廊、以道德模范为重点的十星好人长廊和以青山绿水为主的原生态乡村公园。

（2）开发思路

加强文化建设，体现当地文明、孝廉文化。加快建设猕猴桃基地，与无性系茶叶、核桃、魔芋联合发展农家种植、采摘体验活动。完善原生态乡村公园的基础设施建设和乡村配套设施的建设。

（3）建设内容

建设游客接待中心、中华孝亲园、农产品展示交易区，营造乡村环境，建设休闲农庄、民宿、特色餐饮点、自驾营地、房车营地，建设农事体验园区、农业生态园区、猕猴桃基地。

41. 房县蓝天度假村

（1）现状概况

度假村有功能设施完善的度假酒店，度假村外保持原有的古朴风格和农家原味，以自制土菜、干菜等为特色佳肴，以土制米酒、野蜂蜜、野葛粉为特色佳酿，还有天然猕猴桃、樱桃、核桃、木耳、香菇等特产。

（2）开发思路

完善农家乐的配套服务设施，吸引游客入住，并可以在农家乐中尝风味独特的蓝天美味、品醇正的房县黄酒，鉴赏丰富的民间艺术文化和农耕文化。增加乡村生态旅游项目，丰富旅游产品内容，营造全新田园生态旅游格局。

（3）建设内容

建设农耕花圃游览栈道系统，开发蓝天美味系列食品和房县黄酒、土制米酒系列酒品，开发当地特色美食。编排展现具有当地特色的民间艺术文化剧，建设农耕文化体验区。将农家乐提档升级，建设生态农庄。

42. 郧西土门关帝庙美丽乡村

（1）现状概况

目前初步形成了以养生、休闲旅游等为主的乡村旅游模式，促进了旅游业等相关产业快速发展。

（2）开发思路

依托解放战争时期的陕南军区四分区司令部旧址开发红色旅游，建设青少年爱国主义教育基地，打造花园型乡村旅游目的地。大力发展体验式农家乐、家庭式旅馆、观光休闲农业、乡村旅游等农业特色产业。

（3）建设内容

修缮维护解放战争时期的陕南军区四分区司令部旧址，建设司令部旧址展馆、青少年爱国主义教育基地，建设关羽忠义文化园，建设特色民宿、特色乡村风味餐饮点，建设农事体验基地。

（六）随州

43. 曾都银杏谷

（1）现状概况

银杏谷景区范围120平方公里，有银杏树510多万株，其中百年以上的17000多株，千年以上的308株。区内古银杏树连成片、构成群落、汇聚成谷，绵延12公里，号称"全国银杏第一镇"，是国家4A级景区，国家森林公园。

（2）开发思路

将景区与当地历史文化记忆相融合，与影视创意产业相结合，嵌入生态休闲、度假疗养等旅游功能，将银杏谷打造成兼具历史与现代，动态与静态的精品旅游景区。

（3）建设内容

建设银杏艺术馆、银杏谷立体观光系统，在谷中开辟凌空游览区。建设森林木屋、自驾营地、房车营地。建设农家乐、林家乐和休闲山庄，配置酒吧、茶座等旅游功能，提供特色餐饮。建设森林影视创意产业基地，通过环境营造，将银杏谷打造成银杏主题影视首选外景地。发展森林浴、瑜伽、健身、丛林穿越等活动。

44. 广水桃源村

（1）现状概况

桃源村民风古朴、小桥流水、林木茂盛、古树参天、鸟语花香，田园风光秀丽，最为独特的是2万多棵柿子树遍布村落与田园之间，其中百年树龄的柿子树就有600多棵，被称为"柿子谷"，可塑性极强。

（2）开发思路

发挥柿子树资源优势，建设生态观光产品体系。通过景观营造与旅游功能提升，打造艺术创作基地，提升村落文化氛围。修复古建，植入旅游功能要素，满足游客各方面需求。

（3）建设内容

对柿子树林进行景观化改造，修建树下步道系统，建设标识系统。延伸柿产业链，建设柿食品作坊。按照修旧如旧的原则，修复村屋、城墙等古建筑，将之打造成民宿、咖啡店、茶吧、酒吧、美食店等。建设度假木屋、自驾营地、房车营地。将桃源村整个作为艺术创作基地进行打造，通过景观提升、环境营造、历史建筑修复，提升文化氛围。建设艺术创作中心、果园农家乐、多种水果种植园区。

（七）神农架

45. 神农架大九湖—板桥河乡村旅游带

（1）现状概况

大九湖是一片沼泽地——山涧盆地，是亚高山的一片湿地，面积2000多万平方米，海拔1700米，有大量的珍稀植物，大九湖既是木材基地，又是天然牧场。板桥河位于神农架下谷坪乡，是双神线上重要过境地，有神农溪漂流项目。

（2）开发思路

依托民俗村寨开展各种具有展示性、参与性的民间活动，利用生态优势和湿地资源，开发复合型生态旅游产品，包括大众化旅游产品和专项旅游产品。板桥河沿双神线沿线布局休闲观光项目，丰富过境地内容。

（3）建设内容

建设湿地公园，建设环湿地健身步道，在山林中选择合适地点建设疗养木屋。在山林中建设健身步道和瑜伽练习平台，建设生态牧场，牧场中开辟骑马场等体验项目。牧场中开辟露营区、自驾营地、房车营地，可开展露营、烧烤、篝火晚会等活动。将当地民俗活动植入生态牧场，丰富牧场活动内容。板桥河沿双神线沿线布局溯溪、观景、休闲农庄、农家乐、特色小镇等项目。

46. 新华石屋头村

（1）现状概况

石屋头村地处湖北省神农架林区新华乡东南边陲，面积21.4平方公里，自然资源丰富，生态环境良好，现有林地203亩，其中经济林果地102亩，主要种植柁果等经济林果，味美质优；草地102亩，平坦开阔连接成片。

（2）开发思路

依托现有的连成片的柁果种植及其他水果经济林，扩大优良品种柁果的种植面积，发掘民俗文化，开发以杕果为主题的旅游产品，形成别开生面的"春赏花、夏观景、秋尝果、冬叙情"的休闲旅游区。

（3）建设内容

扩大、完善杕果生态采摘园，建设农家蔬菜生态园、多种水果种植园区，新建、改造并建设特色民居，进行特色景观营造，修缮并扩大草场建设，建设特色民宿、特色餐饮点、自驾营地、房车营地。

47. 松柏八角庙村

（1）现状概况

松柏镇八角庙村处在一块美丽而富饶的山谷盆地中。北倚送郎山，南临青杨河，周围青山环绕，碧水长流，百花争艳，环境优雅。松柏镇的房屋，就地取材，多用石块砌成，坚实而别致，牢固而美观，掩映在无尽的森林之中，别有一番韵味。地处偏远，交通不便，可进入性较差，不具备大规模接待游客的功能。

（2）开发思路

立足优质生态环境和山水森林景观，深化和拓展运动度假类乡村旅游产品，在保持生态环境的基础上，增强亲和性、知识性、参与性、运动探险性等体验内容，打造康体、运动、考察于一体的乡村旅游产品。依托丰富的林木资源，开展地质科普、山野休闲等旅游项目，探索大自然神奇的遗迹，享受乡村的悠闲与舒适，达到"求乐""求知""求趣"的效果。

（3）建设内容

修缮并扩建动植物自然博物馆，建设疗养木屋、健身步道，建设垂钓养生基地、亲水平台，建设溯源探秘、运动探险步道，建设特色林间小舍，作为服务用房，配套基础设施和服务设施。

（八）黄冈

48. 麻城杜鹃—牡丹赏花旅游区

（1）现状概况

麻城杜鹃总面积达100多万亩，其中龟峰山风景区连片面积达10万多亩，生长周期百万年以上，现存树龄均在两百年以上。"人间四月天，麻城看杜鹃"，麻城杜鹃花海蔚为壮观，已成为麻城旅游名片。

（2）开发思路

建设特色旅游小镇，作为赏花游的载体。依托麻城杜鹃文化旅游节，拓展观赏花卉品种，形成四季观花旅游产品。通过投资推介、地方文艺展示、杜鹃花、牡丹花国际学术研讨会等项目活动进一步推进麻城乡村旅游事业。依托杜鹃花海建成民俗一条街，促进当地旅游商品的推广和销售。

（3）建设内容

创建杏花村、龟峰山村等旅游名村，在村庄建设过程中，建筑外观风格统一，营造传统文化意境。村中建筑提供旅游服务，包括特色民宿、酒吧、咖啡吧、茶吧、特色小吃店、土特产销售点、民间手工艺品销售点等。建设牡丹、菊花、梅花等其他四季花卉观光园，形成四季花开，季季有景的效果。建设民俗一条街、自驾营地、房车营地、帐篷营地。

49. 浠水白莲河—大岭沟生态休闲区

（1）现状概况

白莲河中段建有白莲河水库，是鄂东第一水库，提供农业灌溉、养殖、发电等诸多功能，风光旖旎。斗方山大岭沟则以秋染红叶的美丽景观著称。

（2）开发思路

在充分保障水库生态环境的基础上，借助白莲河水库奇特的风光，重点建设周边旅游景点，开发水库观光、渔业养殖、水库鱼类品尝、山地运动、森林游憩、红枫观光等产品。

（3）建设内容

建设亲水平台和亲水健身栈道，开辟渔场，采用现代技术手段进行渔业养殖，将对水域环境影响降到最低，并向游客科普现代渔业养殖技术。建设渔家乐、林家乐。建设独栋和组合式木屋别墅、自驾营地、房车营地。采用漂浮技术，将花卉、蔬菜等植物种于水上漂浮平台，以丰富水面景观。在山林中建设景观车行道、游步道、健身步道、瑜伽练习平台、观景台等基础设施和旅游配套设施，建设素质拓展和丛林野战基地，增加区内旅游、健身、运动、疗养等功能。

50. 罗田大雾山山野公园

（1）现状概况

大雾山位于罗田县中部，地处该县凤山、河铺、平湖两镇一乡的接合部，目前山中野生油桐树面积将近2000亩，每年的四月到五月，处于高山低温状态下的油桐花会陆续开放，目前已吸引一批游客前来观赏。

（2）开发思路

以观赏油桐花为主，举办油桐花旅游文化节，完善旅游基础设施，通过功能完善与提升、景观营造，将大雾山山野公园打造为当地品牌旅游地，提档升级，建设休闲娱乐观光设施，建设精品民宿，增加乡村生态旅游项目，营造生态休闲度假氛围。

（3）建设内容

整治村落环境，举办以油桐花为主题的旅游文化节，建设丛林运动游乐区、赏花观景游步道，建设特色名宿、特色餐饮点、自驾营地、房车营地，建设油桐加工、购物中心。

51. 英山石头咀镇库区村

（1）现状概况

库区村紧邻吴家山国家森林公园，位于石头咀镇张家咀国家湿地公园上游，村内有龙潭河漂流，金家沟和黑河沟是村内两大河谷，长年水流不息，水质清澈。村内植被茂密，山林众多，生态优越。山中有部分老屋无人居住。

（2）开发思路

通过建设、完善基础设施和配套服务设施，恢复民俗文化载体，打造生态观光、民俗文化体验、探险拓展、休闲度假旅游产品。

（3）建设内容

修建、完善旅游接待设施，整治村落环境，建设、改造水电、道路等基础设施，建设游客中心，改造民居为特色民宿、特色餐饮点，建设丛林探险拓展区，建设药材种植基地，建设观景游步道，建设民俗博物馆。

52. 红安陡山古村落

（1）现状概况

八里湾镇陡山古村落，以吴氏祠附近的三个自然村为主，建筑风格以明清民居风格为主，是研究民间艺术、明清建筑的活古董。现为县级文物保护单位，曾拍摄过多部电视连续剧。核心景区陡山吴氏祠是全国重点文物保护单位。

（2）开发思路

以资源基础，主动适应市场需求，通过在保护中修复古建筑，营造景观环境，植入旅游功能和研学功能，实现古村活化。

（3）建设内容

修缮吴氏宗祠，修复古村落环境，改造民居为特色民宿、特色餐饮点，建设乡村古建博物馆、建设影视文化区、药材种植基地、保健养生基地，改造水电、道路、建筑立面等基础设施。

53. 武穴鄂东油菜公园

（1）现状概况

武穴市现已形成四大油菜花最佳观赏地：①大法寺镇干沙畈，种植面积达10000亩；②四望镇陆政畈，种植面积4000亩；③大金周干畈，种植面积5000亩；④余川镇余川畈，种植面积2000余亩。

（2）开发思路

重点建设观景设施、道路等基础设施、农家乐、游客中心等配套服务设施，打造主题游乐区。

（3）建设内容

依托现有农村田园，打造一块万亩的油菜花园，形成油菜花海景观；修建一条宽为9米、长为5公里油菜花观赏旅游路；修建一条宽为1.5米、长为3公里油菜观赏区游步道；按吴楚民居的风格对油菜观赏区3个村庄进行整治，确保风格统一；修建一处可接纳2000人的游客接待中心（含停车场、土特产购物点；打造5处观赏平台以及农村田园风光中相关元素；打造稻草人主题乐园、快乐农庄等配套游乐区。

54. 团风独尊山文化小镇

（1）现状概况

回龙山镇独尊山美丽乡村项目区面积2000余亩，打造集名人文化、生态观光、休闲养生、旅游度假于一体的特色文化小镇，目前已纳入全市特色文化小镇示范点。2013年3月启动以来，已完成投资2000余万元，新开进山及环山通道2.8公里，种植各类名贵花木5万余株。

（2）开发思路

以名人文化为特色，彰显人文特色。做大做强花卉苗木等优势产业，创新经营方式。

（3）建设内容

观景道、自行车道等基础设施；宾馆、民宿、自驾游营地等住宿设施；生态农业园区；名人文化小镇；亲子休闲区；健身运动区；别墅度假区。

（九）黄石

55.大冶九古奇村

（1）现状概况

大冶九古奇村位于大冶市区南郊5公里处，是中三角传统古村落、原生态环境百花园中的一棵奇葩。古村三面环山，古村为龙角山、鹿耳山延脉簇拥。古村目前正在全面维修，有大量的古民居、古树。

（2）开发思路

挖掘九古奇村的文化内涵，以古宅、古树、古井、古墓、古碑、古道、古沟渠、古碾、古庙九大古老特色作为开发思路，保护和维修村内古宅。深度发掘九古奇村的市场强吸引力和垄断性，积极打造湖北旅游名村和中国历史文化名村、湖北文化休闲度假地、国家4A级旅游景区。

（3）建设内容

完善旅游基础服务设施，开发以"森林木屋"为代表的休闲度假产品，发展一批高星级农家乐、休闲农庄、特色民宿等旅游配套项目，增强旅游服务功能，提升旅游发展水平。以古村建筑为主题，修缮古民居，建设具有古村特色的古建文化馆。建设古树科普馆、农俗体验园、特色餐饮点。

56.铁山熊家境—鄂州上熊村乡村旅游带

（1）现状概况

熊家境村民居古朴，古树葱郁，生长着多种名贵树木，其中不乏千年古树，古井神奇，素有人间仙境、世外桃源的美称。地处丘陵地带，平均海拔334.9米，全村四面群山环绕，风景秀丽，森林覆盖率达95%以上，野生资源丰富。2010年熊家境被评为湖北省省级生态村，2012年荣获"中国最美丽特色旅游乡村"称号。上熊村民风淳朴，大部分村民已迁出，现存大量老房子、旧房子，风格朴素，保存完好，所在地四峰山植被茂密，生态环境优越。

（2）开发思路

依托矿冶文化、宗教文化和乡村休闲文化，推广以熊家境为主的乡村生态休闲文化，修建吃、住、休闲等旅游活动设施，体验乡村生态、美景和生活。加强熊家境和上熊村的区域联动作用，加强合作，打造跨行政区域综合性景区。

（3）建设内容

按照 4A 级景区标准修建游客中心，建设景观主干道，建设"中国最美特色旅游乡村"熊家境游步道风景林，并开辟曲折的林间小路以及修建游客活动和休憩中心。改造土房子、老房子，建成酒吧、茶座、特色餐厅、民宿、青年旅舍等。在村旁树林中建设健身步道和自行车道交通系统，打造森林观光环线。建设森林小木屋、自驾营地、房车营地。建设疗养中心。建设、完善连通上熊村和熊家境的景观干道，并维护，修复上熊村古村落，加强基础设施和配套服务设施建设以满足游客需求。

57. 阳新华中康谷

（1）现状概况

现该地区为农业地区，有溶洞、绿道、农业基地、大冶湖、环湖路等旅游资源。

（2）开发思路

依托农业基地，植入旅游功能，整合其他旅游资源，打造康体主题乡村旅游。通过道路、水域等的景观化改造，提升旅游品质和乡村形象。融合旅游产业与其他地方产业，形成系列辅助旅游产品。

（3）建设内容

修建大型生态园，提档升级现有农业基地，植入参观、科普教育、采摘、农事体验等功能，建设溶洞、林区、农业基地旅游线路，通过景观绿道连接，林区设置观光栈道、健身步道、森林浴观景平台、瑜伽练习平台、森林木屋、帐篷营地、素质拓展营地、丛林野战训练场等，增强林区康体建设与运动体验功能，建设自驾营地、房车营地。依托环湖路，对其进行景观化改造，建设环湖亲水平台、观光栈道等，形成慢行观光系统。在区内选择合适地点建设特色乡村风味餐饮点、咖啡吧、酒吧等，在大王镇建设游客集散中心，充分利用区内各镇优势产业条件，发展深加工业。

58. 大冶—阳新传统民居

（1）现状概况

徐太庄和阚家塘都具有宗祠观念，徐太庄以仿古建筑为特色，当地木雕技艺远近驰名，村庄依山傍水，风景秀美，村后有大片苗圃。阚家塘以古民居为特色，有大量的传统民居遗存，村庄依山就势，生态优越。

(2) 开发思路

依托古（特）民居，发展特色民宿，营造村落环境，提供度假产品。发展农业种植基地，植入旅游功能，整合其他旅游资源，打造传统文化乡村旅游。通过道路、水域等的景观化改造，提升旅游品质和乡村形象。融合旅游产业与其他地方产业，形成系列辅助旅游产品。全面整合文化与其他方面的融合，提升旅游资源核心竞争力。

(3) 建设内容

建设、修复、完善传统民居，按照外土内洋的原则修复损坏民居，在传统民居中高标准配置餐饮、住宿等设施设备，满足度假游客的需要。整治村落环境，整理村落周边森林和水域景观，修建果林、花卉、大棚、药材、牛羊牲畜、鱼塘等农作物、经济作物的大型生态园，供游客游玩以及采摘蔬果，生态园中建设体验台，展示和讲解特色农副产品的制作工艺，游客可以参与其中产品加工、制作的过程，并且将自己制作好的农家特色产品带回，打造新型农业旅游产品。提档升级现有农业基地，植入参观、科普教育、采摘、农事体验等功能，加强农产品的生产加工工艺研究，使之符合旅游商品要求，对其进行包装营销，以旅游促进农产品销售。建设木雕技艺综合展示园区，修复、维护宗祠，并增加功能性传统民居建设，不仅满足游客对舒适的要求，更体现地方传统文化。

（十）鄂州

59. 涂家垴山水乡愁旅游区

(1) 现状概况

涂家垴山水乡愁旅游区位于碧波荡漾的梁子湖畔，东邻太和镇，南接大冶市金牛镇，西依江夏区舒安乡，北抵梁子岛。境内青山滴翠，湖水澄碧，果茶飘香，稻菽千重，生态环境优越。

(2) 开发思路

通过植物景观化打造，村落环境整治，增加服务设施，满足游客旅游需求。通过建筑整饰和功能嵌入，完善旅游要素供给。

(3) 建设内容

建设涂家垴山水乡愁小镇，继续完善、提升乡村、社区风貌和环境整治，建设发展花海别墅、民宿旅馆、自驾营地、房车营地、千年古镇、养老公寓等，增加情景餐饮、主题民宿、特色农家乐等乡村旅游内容，延伸产业链条，增强乡村、社区与周边山、水、花、林、渔的联系程度，将"乡愁"融入到每一个细节。

60.长港休闲农业产业带

（1）现状概况

包括峒山社区、杜山草莓园等长港沿线景观，目前已形成美丽的新村风貌和多个种植园区。

（2）开发思路

契合"山水乡愁"的旅游品牌，将峒山生态新村建设与乡村旅游完美结合，引入乡村度假饭店、艺术中心、民宿旅馆、乡村体验园等建设，将乡愁与乡村完美结合。

（3）建设内容

建设峒山新型社区、乡村艺术中心、民宿旅馆、自驾营地、房车营地、乡村体验园，完善苗圃赏摘、农业观光园等项目，建设荷塘月色、垂钓、水上游乐等项目。

61.梧桐湖亲水度假区

（1）现状概况

梧桐湖新区位于湖北省东部地区，地处武、鄂、黄、黄城市发展带的中心位置，西临武汉光谷科技新城，北接红莲湖旅游生态新城，规划面积44.2平方公里，是鄂州市"一主三新十特"发展格局的重要组成部分。其定位为集休闲旅游度假区、商业金融核心区、高新技术产业区、中高档生态居住区、生态农业产业区、新农村建设样板区于一体的生态新区。已引入湖北省联合发展投资公司、碧桂园集团等实力企业投资建设，目前基础设施已开始建设，部分项目主体建筑已经完工。

（2）开发思路

充分凸显梧桐湖亲水度假组团生态水乡的特点，做足梧桐湖水和湿地的文章，通过华中房车母港、碧桂园假日半岛、梁子湖水生态展示馆、高山湖水乡小镇等项目的建设，打造"乡愁地"板块中慢活、亲水的度假天堂。

（3）建设内容

户外营地度假亚区建设华中房车母港、自驾车营地、户外露营地等项目。高端旅游度假亚区建设碧桂园假日半岛、梁子湖水生态展示馆、高山湖水乡小镇、观音印象、浮岛商业街区、月山湾旅游度假中心、月山湖湿地公园、东湖高新科技创意城、国际湖泊生态展示馆等项目。体育运动休闲亚区建设水上游乐、体育运动休闲公园、水上高尔夫等项目。

（十一）咸宁

62. 赤壁茶马古道乡村旅游区

（1）现状概况

赤壁茶马古道乡村旅游区，以赤壁市羊楼洞古镇为主。古镇地势独特，三面环山，提供了种植茶叶的天然地理环境。古镇始建于明万历年间，迄今已有440年历史，是茶马古道的起点，有"砖茶之乡"的美誉。该区中的羊楼洞古镇被授予第五批"中国历史文化名村"荣誉称号，也是我国历史文化名镇古村中唯一以茶文化遗产为主旋律的历史古村落。

（2）开发思路

打造以古镇建筑、茶马古道历史、茶文化为主题的旅游功能分区，对区域内的传统建筑进行原真性地保留与改造，完善基础接待设施。坚持以活态保护的原则，全面继承与开发古镇传统文化和地方艺术等非物质文化遗产。

（3）建设内容

打造古镇建筑游览区、山坡茶叶种植园、茶叶处理体验区、茶文化体验区，明确功能分区；建设茶马古道文化展示馆；以仿建的原则在古镇居民区外建设接待设施；开发赤壁特色茶产品、饮品。

63. 通城油茶产业示范园

（1）现状概况

2014年，通城县黄袍山油茶产业园被中国林业产业联合会授予"国家油菜产业示范园"。通城国家油茶产业示范园占地500亩，带动周边100万亩高产油茶基地发展。该产业园集油茶品种研发、基地种植、精深加工、培训教学、生态文化旅游综合利用及鄂南茶油储备于一体，是带动辐射湘鄂赣三省油茶产业发展的"火车头"。

（2）开发思路

通过基地种植园打造，设置多种观赏小道穿插园中，让游客可以置身油茶花海中。通过赏花景观营造、功能再设计与开发，在巩固与完善科教功能、休闲体验功能的同时，提高产业园的观赏游览价值，营造产业园的乡村休闲氛围。

（3）建设内容

建设赏花路径、观景平台、油菜摄影基地，建设特色餐饮点、民宿、自驾营地、房车营地，拓展油茶产品产业链，建设油茶种植、榨油体验园、油茶科普教育馆。

64.嘉鱼西凉湖农业旅游区

（1）现状概况

西凉湖是湖北省咸宁市内最大的湖泊，面积12万亩。嘉鱼县内西凉湖区湖面宽阔、湖汊众多，野生莲藕生长繁茂，盛产多种淡水鱼类。嘉鱼县现正全面建设露地蔬菜标准园、设施蔬菜、优质水产品、优质稻高产创建、有机水果、苗木花卉、观光旅游农业、农副产品加工"八大现代农业示范区"。

（2）开发思路

完善示范区内沟、渠、路、林网绿化等基础设施配套工程和旅游接待建设设施，延长旅游区内产业化链条，打造集生态农业观光、农事体验、美食品尝、水上运动休闲为一体的国家级现代农业示范园区。

（3）建设内容

完善旅游区内道路硬化、林网绿化，建设休闲农庄、特色民宿、自驾营地、房车营地，建设智慧旅游系统，建设临水亲水栈道系统、水上休闲运动区、莲藕观光劳作区。

65.咸安黄荆塘美丽乡村

（1）现状概况

位于咸安区汀泗桥镇，耕地、山林面积大。村民主要以农产品种植、茶叶种植为生。近年，黄荆塘进行了新建文化广场、农家书屋、拓宽村组道路等一系列工程，将该村打造成了"望得见山、看得见水、记得起乡愁"的美丽村湾。

（2）开发思路

通过建设与改善村落卫生环境，打造道路两侧建筑小品，展示洁净美丽乡村风貌；通过建设文化广场、农家书屋等文化设施，完善旅游基础接待设施，让游客感受民俗风情、体验乡村生活。

（3）建设内容

完善村落道路网络、卫生系统，建设道路两侧建筑小品、景观体系，建设文化广场、农家书屋、特色民宿、特色餐饮点，改造民居，营造村落环境。

66. 崇阳洪下十里画廊

（1）现状概况

洪下村深藏在幕阜山北麓崇山秀林之中，隽水河贯穿全境达 10 余里，两岸山峦叠嶂，植被茂盛，山清水秀，气候宜人，风景优美，被称之为"十里画廊"。竹海面积 12 平方公里，植被覆盖率达到 98%，夏天气温比县城低 5~6℃，凉爽宜人，又被称之为"天然氧吧"。山美水美竹美，洪下也因此有"小漓江"之称。此外，2010 年电影《白蛇传说》在崇阳成功拍摄，并在境内新增加了两处景点，一处为隽水河上游的雷峰塔，另一处为下游的许仙家，这又给美丽的洪下披上了神秘的色彩。

（2）开发思路

通过隽水河流域水质净化，加强河流两岸植被的景观生态设计，打造独特的"竹林山水"间的"十里画廊"。通过打造竹主题的餐饮、酒店，增强村内旅游接待能力及旅游设施吸引力。将洪下村打造成一个集山水风光、生态竹海、历史文化、休闲度假于一体的旅游乡村。

（3）建设内容

建设水质勘测与治理体系，建设河流两岸休闲步道，建设公共服务设施，完善餐饮点建设，开发打造"竹"主题餐厅。建设林间竹屋度假酒店及客栈、自驾营地、房车营地、林荫自行车道、养生步道，建设公共自行车服务体系。

67. 通山富水湖乡村旅游区

（1）现状概况

通山县富水湖是湖北省著名的湖泊、湿地和大型水利工程，地处国家级风景名胜区九宫山脚下。景区面积 260 平方公里，其中水面 80 平方公里，分布有隐水洞地质公园、大畈核电观景区、慈口乡村休闲、渔家生活体验、富水乐园等多个景点，自然资源和人文景观丰富，是国家水利风景区、国家湿地公园、全国 365 个重点保护湖泊之一。

（2）开发思路

以富水湖碧水青山、乡村风光为背景，以湖泊水体、湿地公园为载体，以湖泊观光、水上运动、休闲娱乐、滨湖度假、乡村体验为特色，将富水湖水利风景区打造成国家 5A 级旅游景区。

（3）建设内容

建设氢气球空中游览娱乐项目，建设水上游览娱乐区、素质拓展区、水利工程教育示范区，建设滨水区度假服务设施、停车场、休闲娱乐区，建设休闲农庄、特色民宿、特色餐饮点、自驾营地、房车营地。

（十二）孝感

68. 孝南金卉庄园

（1）现状概况

占地面积 1500 亩，总投资 2.33 亿元，于 2013 年 10 月动工，目前已完成投资 6800 余万元。一条水系贯通庄园，园区建设依水布置。

（2）开发思路

以花木为主题，通过植入现代农业观光、花卉苗木观赏、果蔬采摘、特色养殖、植物科普展示、户外拓展功能，打造湖北农业观光示范园区。

（3）建设内容

建设生态度假休闲区，建设乡村戏剧舞台、民俗文化展示、草坪婚礼等设施，房屋建造采用徽派风格。建设企业文化创意区，建设户外运动拓展区，以水上运动、球类运动为特色，打造华中最大的户外拓展运动休闲中心。建设绿色田园采摘区、科普植物展示区。建设花卉观赏区，细分樱花园、紫薇园、梅花园、桂花园、海棠园、玉兰园、红枫园、紫丁香园、杜鹃园、芙蓉园、水生植物园 11 个小区。建设花艺观赏区，打造郁金香花海、玫瑰花海、向日葵花海等观赏主题。

69. 汉川田水湾度假村

（1）现状概况

田水湾度假村是占地 80000 平方米的大型生态综合体，拥有池塘、农场、养殖基地、蔬菜基地等，目前已开业。

（2）开发思路

通过完善设施，建设主题园区，提供乡村休闲度假，农事体验功能，打造湖北农业旅游示范园区，3A 级景区。

（3）建设内容

建设生态停车场等基础设施，建设特色民宿、帐篷营地、自驾营地，建设完善有机蔬菜瓜果种植基地，建设会议中心，建设生态农业观光园、农事体验园区。

70. 应城龙池山庄

（1）现状概况

龙池山庄占地 1000 余亩，其中水面近 100 亩、林地 600 多亩、农田蔬菜约 100 亩。2013 年 8 月被湖北省旅游局授予"湖北省 4A 级农家乐"。山庄有千亩森林，鱼池六眼，数万土鸡，并配置有住宿、餐饮设施。

（2）开发思路

设施提档升级，丰富休闲活动，完善垂钓休闲、畜禽养殖、瓜果蔬菜种植采摘、农业生态观光旅游等功能，打造湖北省 5 星级农家乐。

（3）建设内容

建设农产品配送加工链。建设乡村大舞台，丰富娱乐活动。建设纪念植物种植园、主题植物园，建设水上运动区、垂钓区，建设林地生态观光区。

71. 云梦耕梦年华庄园

（1）现状概况

耕梦年华庄园风景优美，环境宜人。湖水轻漾，垂柳依依，养殖有牛、鸡等动物，种植有冬枣、紫薇等花卉、果树。现正处于建设期，主打回归田野、享受自然。

（2）开发思路

通过功能分区、增设项目，植入运动拓展、生态农业观光、农耕文化体验、垂钓休闲功能，打造湖北农耕文化主题示范园区、湖北现代生态农业示范园区。

（3）建设内容

建设主题植物园、生态牧场、果蔬采摘园、垂钓区、素质拓展营地、农耕文化馆。

72. 安陆钱冲银杏谷

（1）现状概况

湖北安陆钱冲国家古银杏森林公园环境幽静，风景宜人，是华中地区最大的古银杏群落，被誉为"中华银杏第一村"。钱冲不仅自然风光堪称一绝，人文资源也十分丰富。东晋张昌、元末陈友谅两位农民起义领袖在此安营扎寨，现留有蜜蜂寨、太平寨等多处遗址。1939—1941 年，李先念曾率部在此战斗三个春秋。"新四军五师建军"旧址、"五师司令部""五师政治部""五师医院"旧址、"七七"报社旧址等一大批红色建筑依然青砖灰瓦，古风古貌。

（2）开发思路

通过增设项目，完善设施，打造集古银杏生态观光、历史遗迹寻踪、红色革命寻踪、康体娱乐、养生度假等功能于一体的华中地区最大银杏群观光区，华中地区著名生态旅游区，国家4A级景区。

（3）建设内容

建设摄影基地，建设银杏科研、加工、展示馆，建设红色旅游纪念馆。开辟游客互动区，动手制作银杏叶画，烘焙银杏茶。建设自驾营地、帐篷营地、房车营地，建设木屋别墅区、森林养生运动区，开发古遗址探寻项目。

73. 大悟四姑红叶观光园

（1）现状概况

四姑镇乌桕观光园位于四姑北山村，园区面积1000余亩，有乌桕树21000株。每到深秋时节，景色优美，游人如织，是摄影采风、度假休闲的好去处。

（2）开发思路

通过增设项目，完善设施，打造集摄影采风、度假休闲、红色旅游、艺术体验、运动养生等功能于一体的华中地区著名生态旅游区，国家4A级景区。

（3）建设内容

建设乌桕树科普园，建设景观步道、车行道，建设婚纱摄影基地、影视基地、自驾营地、帐篷营地、房车营地，建设木屋别墅区、森林养生运动区，修缮红色革命旧址。

74. 孝昌井边湾生态农庄

（1）现状概况

井边湾乡村生态休闲庄园涉及井边村、丰三村、丰四村、同裕村，开发范围以丰山镇红林河为主线，自同裕村唐河桥起，至丰四村万家畈止，沿线开发6500米，占地2800亩，核心景区在井边村红石潭。

（2）开发思路

整合分散的项目资源，通过交通环线将之连接，在各项目中植入旅游功能，建设农家乐和休闲农庄，完善旅游要素体系。

（3）建设内容

建设连接各资源点景观大道，改造原有民居，分别提供住宿、餐饮、会议等功能。建设农家乐和休闲农庄、自驾车营地、房车营地。建设农业科技示范园，采用现代先进科技手段，进行有机农产品生产与加工。设置游客服务站点。

（十三）荆州

75. 石首李花山村

（1）现状概况

李花山村旅游资源丰富，东部为连绵的李花山，现已开发成仙人洞度假村，前来游览观光的人络绎不绝；西面是风光旖旎的三菱湖，依山傍水，环境幽静。李花山村风土人情浓郁，文化内涵丰富，是湖北省旅游名村、省级生态村。

（2）开发思路

修建生态园、民俗村，建立民俗文化展览区；以李花山庄、仙人洞度假村为中心建立农耕生活体验区；以三菱湖为中心建立水上冲浪、垂钓、划船等激情浪漫休闲区。

（3）建设内容

深入挖掘当地民俗文化，建设民俗文化园、农耕生活体验园。在三菱湖周边建设亲水平台，增加水上娱乐项目，将素质拓展项目设置于水面之上。建设李花山农庄等休闲农庄、自驾营地、房车营地。种植农家蔬果和特色花卉，修建仙人洞度假村三星级酒店，配置康体设施和疗养中心，供游客进行健身活动和休闲娱乐。

76. 监利高潮村

（1）现状概况

高潮村是唯一延伸到洪湖腹地的小渔村，村民世代以渔为生。高潮村依托本地特有的湿地资源优势，将旅游业作为主业，组建了监利县东港子湿地旅游服务有限公司，近两年来，接待海内外游客近10万人。

（2）开发思路

充分利用湿地资源和湖泊资源，以休闲农舍、休闲山庄、渔庄、农业科技园区为基础，建立点、线、面结合的乡村旅游体系，形成具有水乡特色的乡村旅游框架。

（3）建设内容

结合乡村风情和农家特色在村内修建休闲农庄、渔庄、自驾营地、房车营地。建设垂钓码头、湿地观景区、湿地科普画廊、农业科技园区。

77. 松滋木天河

（1）现状概况

松滋木天河村开发项目面积为 1885000 平方米。近年来，松滋木天河村兴起建设以传统农家风味为主要特色，以自产无公害绿色食品为主体，以环保的柴火及柴炭做能源为烹饪方式，以经济实惠及朴实的服务为经营特点的"农家风味餐馆"。同时，根据丘陵的地形特点，大力发展立体生态农业。现具备生态观光、餐饮、休闲度假的功能，松滋木天河是松滋市市级的重点休闲农庄。

（2）开发思路

通过建设立体农业基地、完善餐饮服务设施、改造传统民居、建设自驾营地和房车营地、改造和完善游玩线路、新建农耕文化科普园等手段来提升生态农庄的服务功能，营造更为良好的生态休闲氛围。引导传统餐饮美食加工商品化。

（3）建设内容

建设休闲农庄、自驾营地、房车营地；改造建设度假四合小院；建设生态养殖基地；开发建设传统餐饮教授制作平台；建设立体农业基地中的林间观景小道；改造玄龙观；规划建设薪柴林地；新建农耕文化科普基地。引导建设传统美食加工企业。

78. 松滋北闸村

（1）现状概况

北闸村紧靠洈水水库，属洈水国家森林公园，环湖旅游公路有6公里穿村而过，是一个库区村、老区村，该村民风淳朴、地方风情浓郁。

（2）开发思路

充分挖掘森林公园和水库两大资源潜力，通过完善旅游要素体系，增加旅游服务功能，建设乡村旅游配套服务设施，设置丰富多彩的乡村旅游活动和休闲、度假、健身、疗养等主题活动，打造特色乡村旅游目的地。

（3）建设内容

发展特色农家乐餐饮业，建设村内和环水库自行车道、步道系统，设置观光自行车租赁点，建设环水库亲水平台和亲水健身栈道。开辟渔场，采用现代技术手段进行渔业养殖，将对水域环境影响降到最低，并向游客科普现代渔业养殖技术。在水库周边建设渔家乐，建设无公害蔬菜基地。在村边林区设置观光栈道、健身步道、森林浴观景平台、瑜伽练习平台、森林木屋、帐篷营地、素质拓展营地、丛林野战训练场等，增强林区康体建设与运动体验功能。在林区建设度假木屋，开辟帐篷住宿区、自驾营地、房车营地，修建垂钓区。

79.洪湖乘风村

（1）现状概况

乘风村地处美丽的洪湖之滨，坐拥洪湖大湖得天独厚的旅游资源。现今建设有40余家渔家乐；修建了大口生态旅游码头；硬化了两岸护坡护栏；规划了万亩采莲区；开发了游船、划船、采莲等娱乐项目，具有餐饮、休闲度假、民俗风情体验等功能。洪湖乘风村是湖北省在2014年评定的"旅游名村"之一，同时，也在2015年被评为"凤舟文化之村"。

（2）开发思路

通过重新规划开发建设洪湖滨水项目，设置多种游行方式，将游客引入洪湖渔家风景区。通过功能完善与升级，村庄生态渔文化氛围营造以及创新亲水娱乐项目，积极引导游客参与到水体休闲娱乐项目之中。

（3）建设内容

建设水上渔寨；完善渔产品餐饮配套设施；改造规划渔家乐、垂钓区、采莲区和游船区以及环水库亲水平台；开发以莲子为原料的系列产品；新建水上餐饮点；建设渔文化科普中心以及凤舟文化科技展馆中心；建设滨水木屋别墅；建设自驾营地和房车营地；开发滨水亲子娱乐项目；开发建设渔歌文化大型水上歌舞秀和话剧秀。

80.公安埠河葡萄产业示范区

（1）现状概况

公安埠河葡萄产业示范区是公安县万亩葡萄生产示范基地，也是全省唯一的葡萄科研中心。该示范区葡萄种植面积6.5万亩，建设有葡萄采摘园、葡萄销售互联网平台、埠河特色农家乐，开通了葡萄采摘专线。

（2）开发思路

通过延长葡萄产品深加工产业链以及开设葡萄采摘园，完善葡萄产业示范区的旅游配套设施，辅之建设当地特色民宿和餐饮点，营造和提升葡萄采摘休闲娱乐氛围，增加旅游休闲娱乐、体验民俗风情项目。

（3）建设内容

建设葡萄深加工产业基地、建设游客中心，建设现代江南吐鲁番葡萄种植基地、葡萄采摘休闲娱乐配套设施、葡萄种植科普馆、葡萄产品购物中心，建设游客休息凉亭或长廊，建设自驾营地、房车营地、特色民宿、特色餐饮点。

（十四）荆门

81. 中国农谷

（1）现状概况

屈家岭有着近50年梅花鹿养殖历史，积累了丰富的驯鹿养殖经验，目前白鹿春正按国家3A级景区进行建设。农谷大道两侧有良好的紫薇种植基础，利于打造紫薇花卉景观带。太子山已完成湖北文化创作交流基地一期项目建设，太子小镇、王莽洞景区、龙台风景区项目建设正在进行。

（2）开发思路

致力于打造全国有重要地位的农产品生产加工集聚区、农业科技示范区、农业生态旅游区、农耕文化展示区。

（3）建设内容

建设紫薇花海景观带，建设自驾车、房车营地，建设景观车行道、自行车道，建设特色餐饮点、特色民宿，建设中华鹿文化养生园，建设太子山森林文化旅游度假示范区。

82. 丁家冲科普旅游生态园

（1）现状概况

丁家冲村观光园区基础设施建设日趋完善，各种功能逐渐增强，园内游客络绎不绝。被湖北省农业厅、旅游局授予"湖北休闲农业示范点"，国家农业部、国家旅游局授予"全国休闲农业与乡村旅游示范点"。

（2）开发思路

以本身旅游资源为基础，结合生态旅游基地，旅游产品以"食住行游购娱体疗学悟"为要素，以"乡村科普游"为灵魂，以市场需求为向导，以各类旅游活动为辅助，以提升景区整体品质。

（3）建设内容

建设农业产品博览园，利用当地农业技术、农业生产过程、农业产品、农业文化等通过表演、多媒体播放等方式进行展示，让游客参观。建设休闲农业示范园，展示基地特色盆景。依托本地丰富的物产资源建设果艺馆，供游客参与体验各类美食。建设青少年教育基地，结合当地农耕文化，让青少年参与休闲农业活动，接受各类农业技术知识的教育。

83. 沙洋油菜花海乡村旅游区

（1）现状概况

张池村油菜花海面积达3万亩，是油菜花旅游节的亮点和核心，在每年花期期间有多达100多万人次的游客量，赢得"世界油菜看中国，中国油菜看湖北，湖北油菜看沙洋"的美誉，油菜花旅游节已连续举办七届，已成为荆门旅游的一张名片。

（2）开发思路

建设、完善油菜花海旅游设施，提升旅游功能，营造浪漫主题。建设特色旅游小镇，作为赏花游的载体。依托油菜花旅游节，拓展观赏花卉品种，形成四季观花旅游产品。通过投资推介、地方文艺展示、油菜花国际学术研讨会等项目活动进一步推进荆门乡村旅游事业。依托油菜花海建成民俗一条街，促进当地旅游商品的推广和销售。

（3）建设内容

建设观景步道系统及配套。建设度假木屋、帐篷区、房车营地。改造民居为特色民宿和特色餐饮点，如酒吧、咖啡吧、茶吧、特色小吃店、土特产销售点、民间手工艺品销售点等。建设四季花卉观光园。建设民俗一条街，通过民俗作品、商品、活动等展示荆门历史、花卉产品和其他特产。举办中国花卉学术研讨会和艺术团体聚会，请作家、书法家、画家、摄影家等开会、采风，并进行创作，请这些大家留下作品，装点在区内各处，提升文化品位。

84. 东宝国家乡村公园

（1）现状概况

主要建设地点涵盖马河、栗溪、仙居和石桥驿4个乡镇，包括2个森林景区—青林寨关公园风景区、仙人岩风景区；2个湿地景区—琵琶洲风景区、沙滩河风景区；2个乡村游景区——仙居风景区、东宝花卉走廊；1个民俗风情小镇（游客接待中心）——马河风情小镇。规划用地面积6万亩，其中建设用地3200亩，土建工程建筑面积71600平方米。

（2）开发思路

以城市居民休闲为主要目标，利用其优越的自然环境、乡村农业资源及便利的交通条件，以荆门市市中心为焦点向外辐射，开发乡野生态观光、农家体验、郊野运动休闲等旅游产品。一是开发农家休闲体验产品，在圣境山到仙居乡沿线打造休闲农业园、农家乐旅游项；二是开发民俗文化体验产品，依托仙居乡至栗溪镇至马河镇的民俗风情、古村落、三国文化发展乡村文化游；三是开发生态观光类旅游产品，马河镇、漳河水库至圣境山沿线，依托自然风光开发山水观光类旅游项目。

（3）建设内容

建设游客接待中心、民俗风情展示中心、非物质文化展览中心、文化艺术创作基地、一村一品花卉走廊、民宿度假中心、风景道、水电、绿化、消防、环保等基础设施及配套服务设施。

85. 京山鸟语花香

（1）现状概况

借助京山县的土壤呈微酸性，四季气候分明的生态特点，大面积种植茶花，形成了国内单体面积最大的茶花观赏基地，也是目前国内开花时间最长的茶花基地。占地面积1000多亩，数量约五万株。

（2）开发思路

提升农村观光游览、休闲娱乐等基本功能，拓展和提升乡村康体保健和商务会议功能。以茶花文化为主体，开发茶花旅游、茶花文化交流、茶花养生三大内容。

（3）建设内容

建设、完善观光茶园，完善步道、观景台、桌椅等配套设施，在观景台内开辟赏茶艺和品茶区。建设户外康体健身区，并修建游客服务中心和休闲区域，设置观光栈道、健身步道、森林浴观景平台、瑜伽练习平台、素质拓展营地、丛林野战训练场等，增强林区康体建设与运动体验功能。建设度假木屋，设置观景露台。开辟帐篷区。建设茶文化会馆，提供文化交流和商务会议服务。

86. 掇刀万亩蓝莓产业园

（1）现状概况

中国农谷·万亩蓝莓产业园规划投资 8 亿元，规划面积 3 万亩，项目所在地是湖北省"精彩三国文化寻踪"线的重要节点，有周培公遗址。目前部分项目正在建设之中。

（2）开发思路

致力于打造成湖北乡村旅游示范区、华中地区一流的蓝莓种植、产业加工基地。

（3）建设内容

建设蓝莓采摘体验园、蓝莓之恋乡村度假会所、蓝莓田园绿道、花卉观赏带、蓝莓加工体验中心、周培公祠、旅游接待中心、特色民宿和特色餐饮点。

（十五）天门、仙桃、潜江

87. 潜江中华龙虾生态城

（1）现状概况

2014 年 9 月开工建设，已于 2015 年正式开业，将打造国内首个以龙虾文化为主题，集观光旅游、休闲度假、美食文化、科普教育、户外运动等主题于一体的大型综合性生态龙虾旅游示范基地。

（2）开发思路

以乡村生态旅游为主题，以龙虾餐饮为特色，打造游、食、购、娱综合体，拓展科普、商务、会议等功能，打造内容丰富的旅游产品体系。

（3）建设内容

按照国家 4A 级景区标准，建设游客中心。建设小型湖泊，供自然养殖龙虾。建设亲水平台和亲水健身栈道，建设若干龙虾垂钓码头和临水小木屋。建设龙虾美食城、龙虾繁育基地，建设可供游客观赏的龙虾养殖园区和功能齐全的水产品加工园区，建设虾主题购物中心，出售特色风味的农副产品和纪念品。建设水产商务中心，建设独栋和组合式木屋别墅，满足中高端游客市场需求。建设民宿点，满足低端游客市场需求。建设自驾营地、房车营地，满足时尚旅游需求。

88. 天门天湖野荷生态园

（1）现状概况

生态园占地面积 3500 亩，建设有多功能会议厅、鸵鸟园、孔雀园、桃园、橘园等特种养殖区、鱼莲生态养殖区、垂钓区等，现具备会议接待、餐饮、休闲度假功能，天湖野荷生态园是省级休闲农业示范点。

（2）开发思路

通过荷花池改造，设置多种交通方式，将游客引入荷花之中。通过功能完善与提升、景观营造，将生态园提档升级，营造生态休闲度假氛围。增加乡村生态旅游项目，丰富旅游产品内容。

（3）建设内容

建设赏荷桥梁、栈道系统、观景平台，建设环荷花池自行车道、游船码头，完善餐饮点建设，开发荷花系列食品、饮品。建设临湖度假木屋别墅、自驾营地、房车营地，建设荷文化展示馆。

第十章

湖北省乡村旅游要素发展

一、交通网络化

(一)乡村旅游交通特性分析

1. 季节性强

乡村农业生产活动有春、夏、秋、冬四季之分,夏、秋季节农业旅游火爆,冬、春季节旅游清淡。部分景点公共交通客运需求不集中,很难达到规模经营,因此对于按固定班次、固定线路运营的常规地面公交运营方式而言,从票价和收入角度考虑,旅游客运经营者的负担较重,是妨碍乡村旅游交通发展的重要因素。

2. 差异大

乡村旅游景区景点类型各异,接待能力参差不齐,现有交通设施服务水平更是不尽相同,对乡村旅游交通规划提出了更高要求。

3. 要求高

在充分利用现状交通资源的同时,还应强调旅游资源特色,将旅游交通的安全性、舒适性、游览化、多样化等本质内涵在交通设施的具体形态中充分体现。

4. 实施难

由于乡村旅游景点地处郊区,尚处发展阶段,没有足够的客流支持。因此,短期内新增大规模交通设施,行业经营和管理部门将面临社会效益与经济效益的两难选择。

(二)湖北乡村旅游交通现状

1. 公路

湖北省已建成的高速公路通车里程达4334公里，初步形成了"四纵三横一环"的高速公路网。"四纵"分别是：京港澳高速湖北段（京珠高速）、大广高速湖北省北段、菏泽至广州高速湖北省中段（随岳高速）、二广高速湖北省（樊魏、襄荆、荆东高速）。"三横"分别是：福银高速湖北段（汉十、十漫高速）、沪渝高速仙桃至宜昌段（汉宜高速）、沪渝高速湖北段（黄黄、武黄、汉宜高速），"一环"是武汉绕城高速公路。同时，还有一级公路2515公里，二级公路17233公里，构成了完善便捷的公路交通网。

2. 铁路

湖北已形成"四纵三横"的铁路骨干网，总营运里程达到3463.33公里。纵向：京广线、京广高铁、京九线、焦柳线；横向：沪汉蓉大能力通道（武康线、武九线组成）、沪汉蓉快速客运通道（武合、汉宜、宜万、渝利铁路）以及长荆、麻武线组成客货运通道。时速200公里及以上铁路线路1796公里，占全国的13.7%；货运率实现干线铁路全面电气化和5000吨及以上重载化。

3. 航空

湖北省拥有武汉天河国际机场、宜昌三峡国际机场、襄阳刘集机场、恩施许家坪机场、神农架机场、十堰（武当山机场）等民用机场以及规划的武汉第二机场和鄂东机场等。

4. 水运

湖北有着"九省通衢""千湖之省"的独厚的优势，长江干流横贯全省1061公里，汉江、清江等重要河流流经省境：通航河流229条，通航里程8385公里，居全国第6位。"十二五"以来，在建93个港航项目，投资达252亿元，武汉阳逻港、宜昌云池、荆州盐卡、黄石棋盘州四大港口综合运输体系基本形成，新增港口吞吐能力3451万吨，武汉新港成为长江中游首个亿吨大港。

5. 私家车

2013年底，全省机动车保有量为1069万辆，机动车驾驶员1173万人，其中私家车保有量逾300万辆，自驾游潜力巨大。

（三）湖北乡村旅游交通发展策略

1. 根据乡村旅游景区景点的季节性特征，依托既有公共交通资源，根据各片区乡村旅游的发展模式进行有针对性的交通规划，使规划落到实处。

2. 根据现状交通枢纽布局，结合乡村旅游集散站点建设，整合现有乡村旅游交通专线，提高景点直达率；充分利用轨道交通和城郊公交快线资源，实现快速通达，并配置乡村旅游专线，串联相邻乡村旅游景点。以自驾车出行为重点，以其他交通方式出行为辅助，完善交通标志指引和交通信息引导。以地面公交为辅助，合理调整现有镇域公交线路，在充分考虑绕行距离的条件下，使其覆盖更多的乡村旅游区。

二、住宿特色化

（一）发展思路

按照因地制宜、分类分档的原则，鼓励建设农家客栈、乡村民宿、休闲农庄、乡村度假村、乡村商务会所以及乡村旅游营地等住宿设施，满足乡村游客的多样化住宿需求。

（二）发展要点

1. 建筑风格突出传统民居

（1）汉派民居

平面布局：亦采用三合院形式，中轴线对称。合院一般由三间正房、两厢房和天井组成，亦可按照规模大小由简单的一进院、二进院发展为三进院。

建筑外观：汉派传统民居一般采用砖木结构，正立面以三开间和五开间居多，外墙使用大面积的清水砖墙，也有用条石的。屋顶多为双坡硬山顶。

装饰构造：主要是在墙面屋檐下、山墙端面和门楣处设置少量民间故事。

（2）峡江民居

峡江民居建筑是宜昌区域内乡土民居建筑中最有特色的建筑群落，有很多细节特点，一是特别重视花窗，花窗是三峡乡土民居建筑中装饰样式较丰富的建筑构件。外墙上花窗窗框为石质，木质窗扇设于内。二是砖雕燕子门楼、门窗是峡江民居一大亮点。三是三峡区域乡土民居建筑屋面、屋脊装饰特点不是很突出，绝大多数瓦头用泥灰泥制成扇形，无滴水瓦。

(3) 恩施民居

吊脚楼,考古学称之为"干栏建筑",依山傍水,屋后靠山,楼前有河,前低后高,楼外有阳台,分两层,下层关畜生,如猪、牛、羊一类。上几步阶梯,厢房、堂屋多在二楼。这种建筑,具有通风、防潮等优点。土家人多以寨子群居,吊脚楼层层叠起,错落有致。

(4) 鄂西北民居

主要特点为尽可能坐北朝南布局,多为灰瓦或小青瓦顶,多见硬山形式山墙,也有马头墙、云形墙,正门是建筑重点,前堂多用石砌。

(5) 江汉民居

江汉民居最典型的构造是天斗,是天井的一种进化,是荆楚地区民居特有的建筑元素。天井本是人们在家中接天连日的地方,但有时雨雪过多,或是烈日当头的情况下,需要一定的避雨和遮阳,在湖北东部地区发现天井有种比较巧妙的做法:即在天井上再搭建一个小屋顶,这样既保证了通风换气和采光,同时也可挡雨遮阳,叫"天斗"。天斗能起到很好的遮阳的作用,同时也能一定程度上避免雨水溅落到两厢或柱子上,延长其使用寿命。

2. 装饰风格体现传统格调

在槅扇门窗、梁枋、雀替、撑拱、栏杆等处设置传统木雕装饰,雕刻手法可以有浅浮雕、圆雕、镂空雕。

三、餐饮本土化

(一)开发地方特色菜品,发掘地方饮食文化

表10-1 湖北省地方特色餐饮统计

区域	特色菜品与小吃
武汉	武昌鱼、精武鸭脖、排骨藕汤、汪集鸡汤
孝感	蒸鳝鱼、豆油藕卷、翰林鸡
鄂州	东坡饼、太和千张、梁子湖蟹
黄冈	麻城肉糕、团风狗蹄、灌肠豆腐
黄石	袖珍麻花、五香茄子面、太子豆腐、金牛千张、爽口小萝卜

续表

区域	特色菜品与小吃
襄阳	豆腐面、宜城大虾、盘鳝、金刚酥
随州	蜜枣、气泡膜、猪油饼、平林鸡汤、广水滑肉
咸宁	咸宁宝塔肉、贺胜桥鸡汤、桂花糕、嘉鱼藕夹
十堰	房县盘鸭、锅出溜、柳林腊肉、五香豆干
宜昌	豆花、三游神仙鸡、夷陵春卷、长江肥鱼
荆州	八宝饭、冰糖嘉鱼、鸡蓉鱼肚、五花扣肉
荆门	蟠龙菜、万寿羹、雪枣、十里风干鸡
天门	三蒸、酱鸭、捆蹄、麻洋锅盔、溏心皮蛋
仙桃	红庙酥饼、毛嘴卤鸡沙湖盐蛋、珍珠圆子
潜江	二回头、油焖大虾

（二）转变经营方式，加强宣传和促销推广

转变旅游餐饮经营理念，开发多层次、多种类型的餐饮产品，开办多品种小餐厅；采取灵活的经营方式，如举办美食节、推出自助餐、开展大型活动、招徕喜庆宴会等。同时，强调地域特色习俗的融入，提高餐饮项目的文化内涵。

（三）严格卫生标准，加强行业监管

严格制定执行餐饮行业卫生标准，并防止欺瞒性餐饮价格和菜品说明。认真做好旅游定点餐饮点的审批管理工作，对小吃街、餐饮店进行不定期突击检查，监督好餐饮质量，及时撤销不合格的餐馆企业，保护游客的利益。

四、文化体验化

着重完善旅游住宿和餐饮服务设施的基础文娱设施，丰富住宿餐饮设施的娱乐项目和活动内容，营造浓厚的乡村氛围，除按规范设置娱乐设施、健身设备和康乐中心外，应积极创造条件常年开展娱乐演出活动。积极举办大型的旅游文娱活动，修复一些具有传统风格和地方特色的老建筑，定期举行具有地域特色的文娱表演。

表 10-2　湖北省主要乡村娱乐项目

序号	功能区	特色娱乐活动
1	武汉都市农业乡村旅游发展片区	楚剧、汉剧等
2	宜昌橘都茶乡乡村旅游发展片区	堂调、少数民族风情展示、丝竹
3	恩施民族风情乡村旅游片区	土家族民歌、少数民族歌舞表演
4	鄂东四季花木乡村旅游片区	黄梅戏
5	鄂西北山地生态乡村旅游片区	武当道乐、打太极
6	江汉平原水乡田园乡村旅游片区	荆州鼓盆歌、赛龙舟、灯歌、小调、风俗歌

五、购物精品化

（一）发展思路

实施"理想购物工程"，以文化挖掘和技术创新为中心，实现乡村旅游商品开发的系列化、规模化、精品化，形成商品种类齐全、销售网点布局合理、市场管理科学的乡村旅游购物网络。

（二）发展要点

1. 构建乡村旅游商品开发销售体系。

2. 积极开发和设计具有地方旅游特色的品牌旅游商品。

3、积极参加旅游商品交易博览会，推广和促销乡村旅游商品，利用网络、企业活动等多种渠道宣传促销，积极开展连锁经营、委托代理等新的销售方式，扩大乡村旅游商品销售网点的数量和规模。

（三）发展规划

1. 农副土特产品系列

表 10-3　湖北省主要农副土特产品

序号	功能区	特色农副土特产品
1	武汉都市农业乡村旅游发展片区	荷月、麻糖、米酒、鱼面
2	宜昌橘都茶乡乡村旅游发展片区	蜜柑、脐橙、苕酥、采花毛尖
3	恩施民族风情乡村旅游片区	腊肉、豆干、玉露茶
4	鄂东四季花木乡村旅游片区	花卉加工品、板栗、武穴竹器
5	鄂西北山地生态乡村旅游片区	木耳、葛根、黄连、绿松石、蟠龙菜等
6	江汉平原水乡田园乡村旅游片区	天门绢、蓝印花布、鱼糕、荆州八宝饭

2. 旅游纪念品系列

（1）附有形象或品牌标识的小物品，如：钥匙扣、开瓶器、磁性小挂件、纪念挂盘、挂件、小雕塑、邮品、纪念钟表、绒毛制品、丝绸制品、书签、仿金书签、纸扇、绸扇、扑克牌、明信片、屏风等。

（2）名胜风景类小丛书和导游图片，如景点介绍图、导游图、湖北乡村旅游风光图片、旅游指南等。

（3）声像制品，反映湖北乡村旅游风光、风俗人情、舞蹈及曲艺的光盘等声像制品。

3. 旅游生活用品系列

包括游客在一般旅游过程、观光地和度假地的日常消费、饮食、衣着、美容、运动等所需的一切商品，如水果、旅行日用品（如旅游鞋帽、化妆品、洗漱用品、太阳伞、旅行用急救药品等），此类商品要注重质量、价格、品牌，对其市场进行严格监管。

第十一章

湖北省乡村旅游扶贫与社区参与

一、旅游扶贫战略

(一) 乡村旅游扶贫战略

1. PPT 战略

旅游扶贫战略,简称 PPT 战略(Pro-Poor Tourism),即有利于贫困人口的旅游。其内涵是旅游开发对贫困人口的净效益,强调穷人旅游收益必须远远大于他们付出的成本。

2. 必要性

湖北省地处中部,社会经济发展水平较高,但也不乏国家扶贫开发工作重点县。2012 年公布的国家级贫困县中,湖北有 25 个,包括阳新县、郧县、郧西县、竹山县、竹溪县、房县、丹江口市、秭归县、长阳县、孝昌县、大悟县、红安县、罗田县、英山县、蕲春县、麻城市、恩施市、利川市、建始县、巴东县、宣恩县、咸丰县、来凤县、鹤峰县、神农架林区;这些县(市、区)主要集中在恩施州、黄冈市及十堰市。在国家实施的集中连片特困地区扶贫战略中,十堰市(6 县)和襄阳市(保康县)属于秦巴山区;黄冈市(6 县)和孝感市(2 县)属于大别山地;恩施市(8 县、市)和宜昌市(3 县)则属于武陵山区。因此,全省扶贫任务十分艰巨。

3. 可行性

湖北省贫困地区集中在武陵山地、大别山区及秦巴地区。这些地方乡村旅游资源丰富,乡村环境优美,乡村商品及民俗文化富有特色,是全省发展乡村旅游的重点区域,因此从资源分布的角度,贫困县分布与乡村旅游资源分布具有较好的空间耦合性，是实施乡村旅游扶贫战略的先决条件。

(二) 乡村旅游扶贫原则

1. 社区参与原则

当地居民参与旅游，他们的生活优先权必须在旅游发展中得到反映。乡村旅游为当地居民提供了非常多的参与方式，如开展农家乐接待、乡村旅游商品加工与出售、种植园采摘等，可以让居民直接从中受益，从而摆脱贫困。同时，由于居民直接参与可以减少漏损，最终保障居民受益最大化。

2. 提高整体生活水平原则

乡村旅游扶贫可以提高村民的经济收入，改善其生活水平。同时，旅游扶贫还注重农民技能、素质的提高，观念的转变，所谓扶贫先扶智；旅游扶贫同时需要改善农村生态环境，改善农民居住环境，注重乡村旅游可持续性。因此，旅游扶贫最终使贫困人口的生活水平（包括经济、社会、环境等），需要在长期及短期内得到改善，单纯的经济收入或工作机会是不够的。

3. 均衡发展与广泛应用原则

旅游扶贫注重宏观经济及微观经济等多样化活动协同发展，乡村旅游与农业、乡村工业、服务业密切相关，地区整个产业系统必须支持旅游扶贫方案，如交通、市场部门，这样才能保证PPT战略的实施。

4. 分配原则

乡村旅游扶贫中，当地居民、旅游开发者、管理者及当地政府构成了乡村旅游PPT战略的利益共同体，他们的利益需要在旅游扶贫开发中得以体现，尤其是当地居民的利益要优先保障。

5. 弹性原则与商业目标现实原则

旅游扶贫项目的实施需要有弹性，包括乡村旅游项目的开发速度和规模都要有所控制，循序渐进。同样，项目和策略需要商业有效性，即符合市场需求发展的特征。

二、旅游扶贫路径

(一) 景区带动模式

景区带动是指乡村旅游景区景点利用其经济优势，采用各种有利方式，帮助周边村庄脱贫致富。一是提供劳务创收机会，优先将工程建设承包给当地村庄，由村民来完成，从而使村民获得收入；二是提供就业机会，优先雇用符合条件的村民或当地农村大中专生就业，安排乡村剩余劳动力就业；三是提供经营条件，将商店、电话亭、交通工具、游乐设施、停车场等免费或优惠出让给村民经营，从而获得经济收入，改善生活条件；四是资助基础设施建设。部分乡村旅游区地处贫困村庄之间，在进行旅游开发时修筑道路，接通水电、通信等基础设施，方便当地村民的生活。

（二）农家乐接待模式

随着乡村旅游的发展，省内涌现出不同特色的农家乐集聚带，如十堰百丈沟农家乐群、竹溪农家乐、仙桃农家乐、武神公路沿线农家乐等。农家乐为当地村民创收、解决当地农民就业提供了很好的途径，是一种普遍的扶贫方式。

（三）旅游合作社模式

发掘当地居民的内生力量，成立具有当地特色的旅游合作社，将资源优势转化为经济优势，明确合作社的职责，制定合理的规划，充分体现"资源共有、利益共享、人人参与、户户受益"的和合理念。

（四）全域景区化模式

部分知名景区提出发展全域旅游，力图打破景区之外的二元对立结构，为游客营造处处是风景的旅游体验，如黄陂区、远安县。全域景区化具有整体美化区域、推进基础设施建设和促进服务水平提升、丰富旅游产品、延伸产业链条、提升区域竞争力和知名度等优势。

（五）旅游名村（镇）创建

2009年，湖北省旅游局启动名村名镇创建活动，旅游名村突出地方乡村旅游特色，成为全省乡村旅游的重要目的地，同时，也推动了乡村经济发展和乡村产业结构的提升。

（六）特色产业带动

一是乡村旅游与农业、手工业等相关产业的融合，形成新的混合经营模式，甚至形成新的产业形态；二是旅游产业联动，是指旅游产业链与其他相关产业的产业链在相关环节共同聚合、形成新的联合体，对旅游资源和客源市场等进行共同开发和经营，以谋求效益的最大化的一种经营模式，实现最大限度扶持贫困。

（七）农业旅游扶贫模式

农业与旅游扶贫关系密切，首先农民种植的绿色食品、蔬菜、瓜果可以直接出售给游客或开展采摘体验活动；其次农民可以将农产品进行加工出售，包括卖给农家乐、餐饮企业及游客，直接获得经济利益；第三，农业本身就是观光资源，金黄的油菜花，粉粉的桃花都让游客流连忘返。

三、社区参与方式

分为基础参与和高级参与。基础参与包括居民参与乡村旅游项目，如经营农家乐，旅游租车服务，旅游景区工作人员及旅游商品加工、出售等。高级参与包括社区群众通过参与当地旅游决策与规划、旅游经济活动、旅游地环境保护、旅游地社会文化维护等活动，使当地社区群众获得更多的自我发展机会。

四、社区参与体制

（一）模式

乡村旅游发展中的五个基本角色，因其不同的利益和目标，相互之间要协调好各种关系，建立互助、合作的机制。而参与乡村旅游发展的主体主要有当地政府、旅游企业、村委会及当地农户等，根据他们参与乡村旅游发展的程度和作用，可以归纳总结为不同的开发模式。

一是乡村组织型模式：这是以具有丰富旅游资源，交通条件较好，又有一定经济发展基础的乡村为依托，通过乡政府、办事处有组织地引导农民经营户，按照统一规划和建设的要求，发展旅游接待设施和配套服务，促进乡村旅游发展的模式。

二是公司+农户型模式：是对具有旅游特色的村镇，通过引进有经济实力和市场经营能力的企业，进行公共基础设施建设和改善环境，指导乡村居民开发住宿、餐饮接待设施，组织村民开展民族风情、文化旅游活动，形成具有浓郁特色和吸引力的乡村旅游产品，吸引和招徕国内外旅游者。

（二）规划

1. 制度保障

乡村旅游的制度建设主要依赖湖北省现有的各级政府旅游管理部门和机构。在湖北省旅游局增设乡村旅游发展处，各地市县级旅游局增设乡村旅游发展办公室，鼓励民间成立乡村旅游企业联盟、乡村旅游协会等民间非政府组织。

(1) 改造基础设施

积极整治农村生态环境，推广垃圾无害化处理技术，实现垃圾分类收集、定期集中处理；推广农村安全饮水工程；推广太阳能、生物质能、风能、地热能在农村的使用；每个开展乡村旅游的村建设游客服务咨询中心、急救中心，扩建新建停车场，改造村内公路、旅游公厕、村容村貌美化、绿化、亮化，配备路灯、户外招牌，通路、通水、通邮、通电、通广播电视。把民俗村建设为无障碍旅游区，保证乡村旅游可持续发展。

(2) 提供资金、信息与政策支持

乡村旅游应执行有关涉农优惠政策，选择性实行税费减免。推进乡村旅游信息化建设，利用节庆和事件开展对民俗旅游的宣传促销，加强乡村旅游的培训工作。推行扶贫性质的小额贷款，鼓励民间资金投入乡村旅游产品开发和经营领域。支持产业链本地化建设，鼓励经营者共生化发展。

(3) 规范市场秩序

制定关于市场进入和退出的政策，实行年审和淘汰制度。制定乡村旅游分级分类管理标准，对乡村旅游要重分类管理（对乡村旅馆、特色餐馆、观光农园、观光果园、休闲池塘等实行分类指导），轻分级管理（如"农家乐"与"民俗村"的星级管理）。结合全国工农业旅游示范工作，建设国家、省与地市三级乡村旅游示范点。指导和推进乡村旅游协会等非政府组织的建设，尤其重视建立乡村旅游公平的客源分配制度，防止干部利用职权垄断客源。强化行业自律，支持互荐客源，避免恶性价格竞争。

(4) 维护产业安全

对于关系到游客生命与财产安全的公共安全以及卫生环保问题，政府一定要加强监管，工商、卫生、旅游、环保四部门要联合进行专项整治，重点检查营业执照、卫生许可证、排污许可证、从业人员健康证，检查卫生设施、客房、娱乐场所等安全是否达标。要求接待户必须修建化粪池、隔油池等污水处理设施，禁止随意排放污物，同时经验收后才能取得排污许可证。加强对危及产业安全的传染性疾病，诸如口蹄疫、SARS、禽流感的监控与管理。

（5）扶持原则和政策

扶持原则：扶持到村、直补到户、落实到项目。扶持到村：市、区（县）政府宜实行整村推进，在资金、规划土地、税收、道路、通信、水电供应、门票收费等方面对乡村旅游发展实行较为优惠的扶持政策。直补到户：市、区（县）政府给乡村旅游户发放乡村旅游补贴，包括现金补贴、实物补贴、培训补贴。落实到项目：市、区（县）政府对所扶持的村寨安排建设项目，对农村已有项目优先进行安排；对现有项目尚不能解决问题的，安排专项计划加以解决。资金筹措：发挥各级政府能动作用，按照一定比例由市、区（县）、乡镇政府安排相应启动资金和建设资金，在某些项目上招商引资，吸引社会资本的进入。

2. 利益保障

通过乡村旅游来实现村民的脱贫致富，关键在于管理体制的创新。乡村旅游的管理体制和运行机制，包括四个要素：村民、政府、旅游投资商、以专家为主体的技术援助中心。四者共同构成有机的管理经营模式和运行机制，保障村民的主体地位和权益。

（1）村民

村民是乡村旅游的主体，乡村旅游最大的受益者；村民最大的问题是组织，鼓励村民选举成立能代表全村村民意志，能代表多种文化背景，如妇女、寨老、巫师等的"村民旅游协会"。

（2）政府

在乡村旅游中发挥主导作用；制定相关的政策、法规、标准以及准则，编制旅游规划；提供有关乡村旅游的公共设施建设的服务。

（3）旅游投资商

通过旅游投资和开发，获得应用的利益；同时，通过与村民组建经济合作组织，最大限度地让利于民，村民与旅游投资商双方利益共享，风险共担。

（4）旅游智力提供者

主要为乡村旅游提供管理、规划和开发的机构、组织和人员。他们自身的利益有可能会对乡村旅游的设计与规划产生逆向选择或其他不良影响。

（5）游客

游客是乡村旅游的消费者，其利益的获取主要是自身的消费权益。

3. 人才技能保障

（1）促进乡村旅游人才培养

制订人才培训规划，与教育、农业、劳动、民政、民族事务委员会等部门的人才培养规划共同推进和实施。要依托现有的旅游人才培训中心，争取必要的财力支持，分级分类开展培训。加强乡村旅游项目策划和开发、景区管理、家庭旅馆的经营管理、活动组织、传统技艺、乡土文化讲解等各类实用人才的培训。

（2）加快培养应用型乡村旅游本土人才

采取有效措施大力培养乡村旅游本土人才。大力培养导游人员，把教师、学生、村寨内有文化的年轻人培养成能说会演的导游人员，鼓励他们取得合格的导游证书，并投入到旅游活动中去。

（3）强化教育和培训乡村旅游从业人员

首先从安全、卫生方面要进行强化培训。加强卫生防疫知识的培训，引导和形成良好的生活习惯，并配置卫生消毒设施，抓好各项卫生防范措施；并随时进行安全检查，消除隐患，培训相关的安全知识；其次对旅游接待服务的技术技能、职业道德、当地民俗风情、旅游法规及环境保护等行业知识进行培训，以提高从业者的综合素质。

（4）培养民俗表演人才

以公司协助、艺人自办等形式，培养湖北乡村民间民俗风情的表演人才，使本地特有的民族民俗风情、民间表演艺人后继有人，提高民俗风情的表演水平，扩大民族文化的影响力。

（5）做好旅游人才储备工作

坚持培养与引进并举，扩大人才总量。加强院校与旅游企业的合作，强化职业技能教育，培养一支庞大的技术人才队伍。有计划、有步骤地选送优秀人才到国内外旅游高等院校进修学习，培养专业的高素质乡村旅游高级管理人才。

第十二章
湖北省乡村旅游发展典型案例研究

一、咸丰麻柳溪

（一）概况

麻柳溪村位于咸丰县黄金洞乡西北角，是唐崖河国家级4A级景区的核心组成部分。是以羌族、土家族、苗族为主的少数民族集中居住地，少数民族人口约占总人口的98%，是恩施州最大的羌族姜姓村民聚居地。距咸丰县城65公里，乡集镇9公里。

麻柳溪生态环境良好，旅游资源丰富，民族文化底蕴深厚。清澈见底的麻柳溪水将麻柳溪村一分为二，宛若一条舞动的巨龙在麻柳溪蜿蜒盘旋直入唐崖河，两岸山峰耸立，树木苍翠，云雾缭绕，森林覆盖面积达到86%以上，平均海拔800米，人居环境达到国家优级标准。

2011年，麻柳溪村顺利通过"湖北省宜居村庄"验收、2014年，被国家旅游局、农业部联合评定为全国休闲农业乡村旅游示范点。村内拥有亮孔寨、女儿寨、老熊溪瀑布等多处自然景观，有星级农家乐20余家，是唐崖景区重点打造的集旅游观光、休闲度假、民俗风情体验为一体的核心景点，该村现有特色民居318栋，是我国干栏式建筑保存最为完整的村寨。村内长年有展示少数民族原生态民族风情的文艺汇演，绣花鞋、根雕等手工艺品传承已久，茶叶汤、榨广椒等地域特色食品丰富。麻柳溪村还是全国首个有机茶叶示范基地，村民生活来源主要为茶叶种植和乡村旅游服务。

（二）发展路径

1. 依托资源、抢占先机，产业先行

2003年左右，麻柳溪按照"一村一品"的要求，选择茶叶作为产业发展的主线，提出"户平只留五分地，建生态茶叶基地"的口号，积极培育生态茶叶基地，全村650亩水田，全部改种优质无性系茶叶，使全村茶叶总面积达1500多亩。仅茶叶一项，当年实现人均纯收入3000元，麻柳溪村的产业结构调整取得了明显成效。加上在新农村建设的背景下，政府一系列的优惠政策，资金投入、项目集聚，更使麻柳溪发生翻天覆地的变化。但是，麻柳溪村的乡村旅游处于起步阶段，存在景点开发不够、配套设施不完善、产品单一等诸多问题。

2. 准确定位、乘势而上、做大做强

2009年，湖北唐崖河风景区旅游公司成立，大力开发麻柳溪村羌寨景点。麻柳溪村在积极配合企业实施旅游开发的同时，全力保护生态环境，致力于发展麻柳溪村"生态旅游业"，展示了以茶叶产业为支撑、以生态旅游开发为后劲的"一村二品"特色，建设生态旅游新村。2010年，麻柳溪村成为全国首

个有机农业（茶叶）示范基地。2011 年，麻柳溪村实施民居改造及基础设施建设项目，获批湖北省"宜居村庄"，2012 年，又通过了湖北省"十佳特色村寨"验收。

随着这一系列打造，麻柳溪村声名鹊起，游客越来越多，从原先单纯观光型向参与、休闲、度假等多元化发展，开始形成既有生态特色，又有民族文化内涵的精品乡村旅游品牌。如农业观光、水上漂流、徒步观景、风光摄影、公路自行车、登山、攀岩、品尝农家乐、体验浓郁的羌族文化等项目，成功地把当地的羌族文化和民俗文化融入到乡村旅游资源中，逐步向综合性旅游休闲文化度假村发展，并以着力打造全国知名生态文化旅游目的地为目标。

（三）发展模式

麻柳溪村通过产业结构调整，以茶叶产业为支撑带动乡村旅游的发展，逐步形成了"政府引导，产业支撑，企业引领，市场驱动，特色（文化）挖掘，环境保护，群众参与"的发展模式。

1. 政府引导

政府积极整合资源要素，合理规划村庄布局，禁止村民乱搭乱建破坏整体布局的行为，引导乡村旅游科学有序地发展。同时协调各部门在茶叶生产加工、旅游景点开发、特色民居改造、村庄环境治理、民族文化挖掘等方面的开发合作，实现麻柳溪村健康成长。

2. 产业支撑

麻柳溪乡村旅游发展以茶叶产业为支撑，建立了生态茶叶基地，农户与专业合作社构建利益联结机制，走"公司＋基地＋农户"的模式，实行利益共享、风险共担，确保村民稳定增收；并不断延伸茶叶产业链，积极弘扬茶文化，打造出生态茶叶观光园，取得巨大的经济效益和生态效益。

3. 企业引领

麻柳溪乡村旅游发展过程中，运用市场的力量，投资完善旅游基础设施，建成游客中心、漂流码头、停车场、演艺厅、吊脚楼宾馆、民族工艺品工艺演示和展览中心、茶叶加工流程观光和茶艺表演中心、旅游陆路观光无轨火车等部分旅游景点和旅游设施。通过系列旅游策划，加大宣传推广力度，提升旅游服务品质，使麻柳溪的乡村旅游渐成规模、上了档次。

4.市场驱动

麻柳溪村的优美自然风光，独特的羌族文化吸引了大量游客，主要客源来自恩施州和重庆市的城区居民。麻柳溪村根据需求不断完善旅游景区、积极打造亮点以增强竞争力，市场驱动形成倒逼机制促进着麻柳溪村科学发展、加快发展。

5.特色（文化）挖掘

独特的民族文化是乡村旅游资源中最珍贵、最有吸引力的资源。麻柳溪村大打"羌寨"牌，充分做好羌族文化挖掘和传承工作，加大对羌族文化遗产的普查、搜集、整理、研究，并修建了羌寨博物馆，展示传统生产工具、生活用具、民族服饰、手工艺品等。完成特色民居改造300多户，恢复了麻柳溪村寨门、碉楼、羌族图案符号等羌族标志性设施，并大力开发羌族文化旅游产品。

6.环境保护

麻柳溪村注重保护生态环境，引导爱护环境的良好氛围，完善环保设施，生活生产垃圾集中处理，严防急功近利、过度开发的行为。良好的生态环境为实现乡村旅游可持续发展奠定了坚实的基础。

7.群众参与

乡村旅游发展要重视发挥村民参与的积极性和创造性。村民积极配合麻柳溪的产业调整、景点打造、文化挖掘传承、生态环境保护，把自家的水田全部改造为茶园，把自家房屋改造成民族特色的样式，逐步形成了"屋前屋后都是景，家家都有特色菜，人人都是好导游"的局面，村民在积极参与中受益，在受益中反哺旅游，为麻柳溪村的旅游发展提供强劲的内生动力。

二、五峰栗子坪

（一）概况

栗子坪，位于五峰采花乡东南部，地处武陵山系独岑山脉北麓，平均海拔1400米，东临五峰镇，南与湾潭交界，325省道改线公路穿村而过，地理位置优越。全村版图面积10.86平方公里，耕地面积1539亩，山林4976亩，可开发面积1500亩，辖11个村民小组，265个农户，957人。

栗子坪村乡村旅游资源丰富，融自然风光、宗教文化为一体，游客至此，或赏景，或登山，或休闲，或礼佛，或撞钟，或考察吊脚楼民居，或寻访千年古树、辨析珍稀植物，或品味农家乐，亲身感受土家民俗文化。2013年，栗子坪村被评为"宜昌市首届优美乡村"。

（二）资源特色

1. 自然资源汇聚山川奇绝之美

栗子坪村位于神秘的北纬30°地理圈内，属武陵山系余脉，险峻雄奇的喀斯特地貌造就奇特的地质景观，以巧夺天工、奇险古朴著称。栗子坪分为东片和西片两大景区。东片卸甲寨景区以"险"著称，印把子、官藏洞、小白龙瀑布、求雨天坑、绝顶观景台等密集分布。西片蝙蝠洞，以"奇"见长，打子岩、马鞍岭、蝙蝠洞、天生桥、龙头山、风头山、石林迷宫、地下暗河等景点云集。独岭佛光、独岭日出为著名绝景。

2. 珍稀植物资源构建绿色翡翠之美

珙桐、红豆杉、小叶黄杨等奇花异木随处可见。挂牌近六百年的椴树成为一方古树之王；红花玉兰野生群落，"天生丽质，品相端淑"。它是2004年，由北京林业大学博士生导师马履一和湖北省林业局林木种苗总站高级工程师王罗荣在五峰考察木兰科种质资源时发现，后由中国林科院著名树木分类专家洪涛教授鉴定为木兰科木兰属新种，之后正式命名为红花玉兰。

3. 众多宗教遗址凝聚人文底蕴之美

兴隆观遗址、金顶庙遗址、钟鼓楼遗址、李道人坟墓等以佛教、道教为主的宗教文化遗址汇聚，在古寨内呈线状分布。

4. 土家风俗民情积淀文化特色之美

世代栖居在木质吊脚楼里的土家人，会喊山歌，唱川号子、五句子，哼采茶歌，遇有红白喜事，他们尽情地跳花鼓子，跳撒叶儿嗬；这儿的饮食食材取自绿色天然，品质纯正，制作精美，清香扑鼻。

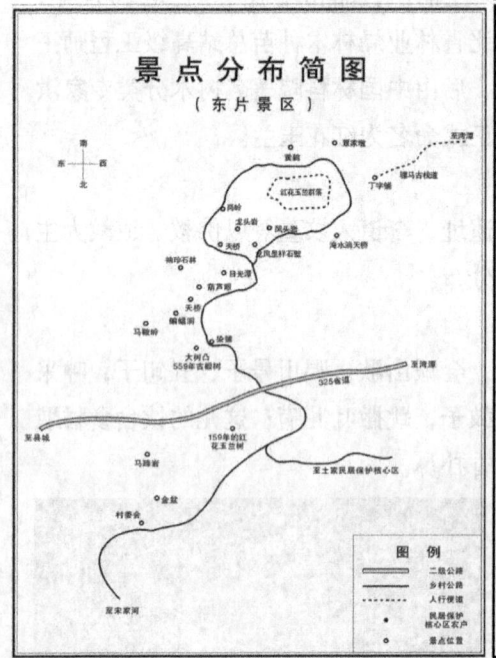
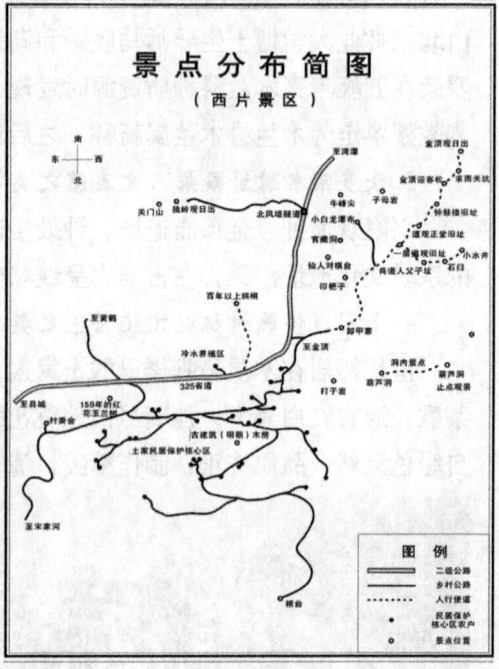

（三）区位优势

1. 紧邻国字号景区

栗子坪村东邻国家 4A 级景区柴埠溪国家森林公园，南接后河国家级自然保护区，神奇美丽的白溢寨土司帅府与它近在咫尺，西靠国家 5A 级景区清江画廊风景区，位于由漂游长阳清江水进入鉴赏五峰山的重要黄金走廊。清江画廊、武陵桃源画廊的捆绑打造与集中推介，将为栗子坪景区的发展带来无限生机与活力。

2. 发达的交通网络

栗子坪村东邻五峰老县城，南与湾潭交界，351 国道穿村而过，地理位置相对优越，交通条件极为便利。域内连组通户的循环公路已经贯通，村域内循环公路达到 26 公里，实现 85% 以上的农户通硬化公路，出行往来便捷；该村距离老县城五峰镇仅十五分钟车程，距离省域副中心宜昌市仅为三个半小时车程，且与宜来高速湾潭互通仅 30 分钟车程，区位优势明显。

3. 广阔的客源市场

从旅游外围环境上看，它位于张家界—大三峡—柴埠溪—清江画廊黄金旅游线路的连接线上；从旅游内部环境上看，它处在柴埠溪、后河、白溢寨三大独具生态旅游魅力景区构筑的包围圈中，自驾游和农家乐等特色旅游的区位优势清晰明朗。

（四）发展势头

1. 完善旅游宣传媒介

一是栗子坪村委会克服资金困难，聘请电视台自主拍摄旅游宣传片《奇险古寨栗子坪》，并制作《采花乡栗子坪旅游指南》；二是在 2011 年，栗子坪进入中国品牌与传播大会宜昌品牌年度总评榜，获得"宜昌特色产业明星村"称号，2013 年，被评为"宜昌市首届优美乡村"。

2. 构筑旅游发展规划

联合相关部门编制了全县第一个《采花乡栗子坪村连片扶贫开发规划》《采花乡栗子坪村绿色生态旅游产业发展规划》，明确提出建设武陵余脉深处最美风情民俗乡村的总目标；先后两次聘请三峡大学旅游规划设计专家阚如良教授一行主持编制旅游规划，今年专家组已完成了资源及实地考察，正在编制规划具体内容，同时栗子坪村山水和宗教旅游景点已经纳入全县旅游中长期发展规划。

3. 加大旅游招商力度

栗子坪村 2013 年共接待客商近二十批次，着眼于柴埠溪、后河、白溢寨等大景区广阔的开发前景，今年村委会将继续将联合采花乡政府积极外出招商引资，拟实施景区步道、栈道工程，完成 34 个核心景点的开发投资项目，整体推进富有栗子坪村域特色的农家乐一条龙服务，完善服务项目，提升服务质量，致力于建设"中国最美山村"。

（五）管理创新

1. 明确旅游发展性质

一是栗子坪景区综合开发实体属于村集体企业性质，办好村级旅游经济实体就是从根本上壮大村集体经济块头。本村将组建村级旅游经营合作社，按照村民自治原则成立栗子坪村旅游经济实体管理委员会。二是旅游经济实体采用以自觉自愿为前提的股份合作制。村域地理范围内的自然资源均作为集体股份，组成旅游经济实体的主体骨干股份；在村级旅游开发中所占用个人的山林和可耕地均作为村民的私人股份予以吸纳，股权属于户主所持有；在村级旅游开发中村民所投放的义务工全部折价计算为私人股份。

2. 拓宽旅游发展资金

一是将村级旅游开发作为全村重大集体经济项目，作为战略性脱贫的重大规划事项，争取国家旅游资金或者武陵山特困乡村连片扶持开发资金，国家层面的项目扶持性投入始终作为集体股份延续下去，由此产生的股金红利将作为村级积累，用之于兴办村级公益事业、公益福利事业，用之于对全村妇女、儿童、高龄老人、困难学生和孤寡残疾等弱势人群的资助与帮扶。二是通过招商引资渠道，吸纳外地资本进入村级旅游的开发拓展性投入，其投入额度均折算为有价股份。三是充分吸纳本地村民的自有资金和闲散资本，其投入额度均折算为有价股份。栗子坪景区开发完成投入运营后将按照旅游经济实体充分运作后所产生的经济效益，以红利的形式回报所有投资人。

（六）发展前景

1. 投资效益估算

建成后的栗子坪景区将是一个人气旺盛、活力充沛的魅力乡村，是三峡云雾深处最为美丽最具风情的特色乡村之一。它在旅游观光和休闲度假中所呈现的亮点有三个：一是奇山秀水的自然风光，光怪陆离的喀斯特溶洞，珍贵稀有的古木花草；二是古朴清新的鄂西土家族吊脚楼、丰富多彩的山里农家生活秀活动、天然绿色的饮食与古朴厚重的土家民俗文化；三是别具特色的登山攀援和宗教祭祀活动。主要客源市场为宜昌、荆州、武汉等地。预计游客最高日接待量可达 500 人，年接待量达 10 万人左右，充足的客源将带动周边农家乐消费，每户可增加旅游收入 1 万元，旅游产业链的发展，将为全村百姓带来 100 个以上的就业岗位。

2. 接待能力分析

建成后的栗子坪景区将集旅游、休闲、观光、度假为一体，游客接待中心将为游客提供旅游全套服务；以农户为对象，按照全村统一规划与设计，拟发展 150 户农家乐，提供田园种植、果园采集、蔬菜采摘、农家饭制作等乡村民俗文化活动。

三、恩施枫香坡

（一）概况

枫香坡侗族风情寨位于恩施市芭蕉侗族乡高拱桥村，核心景区距芭蕉侗族乡政府所在地 9 公里，距州城 10 公里，景区面积 1.5 平方公里，集休闲娱乐、乡村体验于一体。枫香坡侗族风情寨包括枫香坡、范家坝、金家院子三个村民小组和高拱桥集镇，枫香坡村辖 56 户，252 人，范家坝整个风情园内有耕地 310 亩，无性系良种茶园 300 亩，林地 810 亩，森林覆盖率达 68%，平均海拔 500 米，这里雨量充沛且多雾、阳光充足，四季分明，空气湿度大，无霜期较长，有得天独厚的地质、生态、民俗、饮食旅游资源条件。

（二）发展现状

枫香坡以大力发展茶产业为契机，将全部山林、水田改种茶叶，56 户茶农种下了 300 亩茶，著名的恩施雨露就出自枫香坡。村民种植茶叶平均每亩每年有 3000 元的收入，种得好的茶农可达到 4000 元/亩，全村每年依靠茶叶可获得 120 万元的经济收入。

枫香坡以茶为媒，依托紧邻恩施城区的区位和市场优势，大力发展乡村旅游。自 2007 年以来，共接待国内外游客 22 万人次，实现旅游综合收入 1000 多万元。枫香坡农民人均收入由 2006 年不足两千元增加到 2009 年的七八千元。

枫香坡成功引进枫香坡美食城，加强景区管理水平和盈利能力，并先后修建公路隧道入口处牌楼、范家坝风雨桥、寨门、陆羽茶亭、农耕文化博物馆、鼓楼、1000米文化长廊、萨岁庙、叮卡谷花桥、踩歌堂等侗寨标志性建筑，景区设施和环境大大改善，村民生活质量大大提高。除了宜人的自然风景，还有着气派的美食城建筑，宽敞干净的民居，整齐的茶园，干净的道路以及精彩的表演，游客数量呈现稳定增长，平均每天到访游客约300人，周末可达到1000人，而重大节假日则高达5000人左右。

（三）发展优势

1. 异质的文化差异

恩施是湖北唯一的一个少数民族自治州，风景优美，气候宜人。虽身处张家界和三峡的包围之中，但枫香坡依然有自己的特色。它是一个侗族村寨，交通便利，纯正的侗族文化不同于恩施本地和张家界的土家族文化，而秀美的湖光山色又有别于三峡的雄壮大气。枫香坡不仅从建筑上保持侗族风格，而且侗舞、美食加上侗族人的热情有别样风味。侗族人热爱歌舞，善于表演。村民身着侗族服饰，表演传统侗族歌舞。"侗寨美食多，吃在枫香坡"，枫香坡美食城十寨，鸡鸭鱼肉样样齐全，做法融会了蒸炸烹炖煮等多种工艺。

2. 稀有的旅游资源

枫香坡旅游资源分布、客源分布在空间上相互重叠，具有资源和客源双重优势的同时还具备良性的旅游聚集效应，是乡村旅游开发最理想的地区。乡村旅游经历长时间的"城市近郊旅游效应"积累而来，旅游资源能够对市场产生强烈的吸引力。加之政府对枫香坡旅游发展高度重视，资金投入和市场推广都花了大力气，作为"全国农业旅游示范点"，枫香坡的旅游发展对民族地区旅游发展的探索具有重要意义。

3. 科学的理论和实践

枫香坡是恩施发展最好，名气最大的乡村旅游特色村寨和景区，基础设施完好，旅游服务及设施比较完善，在开发中，由政府领导，各部门积极配合，做到了旅游开发规划先行。在发展中，有了正确的规划理念和科学理论作为指导，并且大企业的加盟对景区实施了先进有效的管理，实现了政府、企业与村民多方合作。

（四）模式选择

在开发枫香坡之初，芭蕉侗族乡以及恩施市有很深的考虑：如果按照传统招商引资建宾馆、饭店的老办法，只能是绝大部分利润被开发商赚走，以旅游带动农民增收和就业作用并不明显。如果对现有民居进行改造，全民搞旅游接待，农民成为兴办旅游的主体，获取吃、住、游、娱、购及服务等旅游各环节的利润，无疑是发展乡村旅游，促进农民增收致富的理想选择。

枫香坡是由政府主导的"政府＋公司＋农户"的发展模式，以城市为依托，利用区位好资源丰富的优势发展乡村旅游，这种方式结合了旅游新农村建设和社区生态旅游两种乡村旅游发展模式，不但使旅游发展和新农村建设相互促进，保证枫香坡第一、第三产业快速发展，人民生活改善，而且"政府＋公司＋农户"的发展模式，让社区参与并发挥集体作用，公司投资只是景区投资的一部分，村民与公司共同参与分配，使收入分配更加合理，村民积极性高，关系融洽。随着民族团结进步示范村民族文化建设的深入，农家书屋、文化中心户等配套设施进一步完善，村民文化生活也日趋丰富。

（五）模式创新

1. 乡村旅游建设模式和社区生态旅游结合

枫香坡的发展模式融合了乡村旅游建设模式和社区生态旅游，给民族地区发展乡村旅游提供了很好的启示。民族地区的乡村旅游发展，可以采用旅游新农村和社区生态游这两种发展模式，借助民族地区的稀有的资源和文化，发展地区经济，缩小区域之间的差距。同时，由于多方都是景区的受益者，相关利益者的密切配合，有效控制景区在管理中的经济成本，并能提高景区服务效率，加强品牌效益。

枫香坡在发展旅游的同时，实现自身产业链的本地化，茶叶及餐饮行业很好地落地生根，带动当地经济发展。全村以"吃在枫香坡"为王牌，以风情游、观光游、休闲游为载体，共同打造出了"农业旅游示范村"的侗乡新名片。枫香坡美食城和农家乐统一管理、分户经营、联合促销，由此提升产业竞争力，也带动村民积极性。在枫香坡的旅游开发中，无论是整体开发规划，还是管理和经营，无一不体现了集体的主导作用。

2. 准确定位，发挥优势

注重民族地区旅游资源的差异化，在充分认识自身旅游资源优势的基础上，研究旅游者需求，确定旅游产品定位，并寻找与市场融合的有效途径。

首先，枫香坡具有无可比拟的资源优势，恩施雨露、侗族文化（包括侗族表演以及美食）是其他地方不可替代的，枫香坡景区环境优美宜人，地理区位好，政府优先发展，"打生态牌、唱民族戏、建风情寨"，走的是一条生态环境好、文化保护好、经济效益高的可持续发展之路，这些给枫香坡注入了强大的活力和竞争优势。然而，枫香坡在未来发展中，需要考虑的是，首先，认真做好乡村旅游系列产品的规划、策划工作，确定王牌产品、找好一般产品和辅助产品；其次，在塑造旅游形象和宣传王牌旅游产品的同时，向市场推介配套产品和产品组合，引导市场需求。然后，加强村民培训，提高村民素质，进一步完善景区基础及旅游服务设施。最后，始终坚持走旅游可持续发展道路，积极探索旅游发展模式，促进民族地区乡村旅游发展。

3. 实现持续发展

枫香坡的旅游开发应该重视其文化保护，将侗族文化和茶文化完美结合。当前，少数民族汉化比较严重，少数民族地区民俗文化显得特别珍贵，对于枫香坡侗族文化,应及早建立侗文化保护区,以抢救正在"濒临灭绝的文化"。一是把保持良好的生态环境作为最突出的竞争优势之一;二是多方筹措资金,保证经费投入;三是积极开展文化传播工作,设立民族民间文化传播基金,对民间艺人传播文化补助津贴;四是办好各类节日活动,促进交流;五是大力发展生态旅游业,建立各级保护体系。

四、保康尧治河

(一)概况

尧治河村地处房县、神农架、保康三县交界之处,是襄阳市最边远的一个村庄之一。全村共有 4 个村民小组,只有 627 人,版图面积较大,有 33.4 平方公里,平均海拔 1600 多米,高山环抱,属高寒气候,"四月雪,八月霜",无霜期极短。地形条件十分件恶劣,被人们形象地称为"竖起来的路,挂起来的田","上山碰鼻子,下山闪腿子",甚至到改革开放十年后的 1988 年,这里仍然不通公路、不通电、不通电话,是保康县出名的特困村。"吃的是供应粮,穿的是烂衣裳,点的是煤油灯,住的是茅草房"。村里通往外界的是几条蜿蜒在悬崖峭壁间的羊肠小道。经过十多年的发展,尧治河村从一个特困村发展成为保康县"首富村",全省有名的富裕村,美丽乡村建设的好典型,全国"文明村"。到 2005 年底,全村工农业总产值达到 1.5 亿元,村级企业达到 14 家,村民人均纯收入达到 4600 元,村级固定资产达到 1.2 亿元。此后,尧治河村又由原来单一的磷矿和水电生产扩展到磷化工、酒业和旅游业等多个行业。2011 年,尧治河村充分挖掘休闲农业与乡村旅游资源,加快休闲农业与乡村旅游发展,成功申报湖北省地质公园、湖北省森林公园和 3 个国家级 4A 景区,荣获"全国休闲农业与乡村旅游示范点""中国最美休闲乡村""中国十大幸福村庄""湖北省旅游名村""湖北省生态村""湖北省新农村建设示范村"等荣誉称号。

（二）发展经验

1. 解放思想、转型发展

经过多年的艰苦奋斗，尧治河村以磷化工为主的产业格局已经形成，村属企业发展到20多家，实现了村民家家住别墅、户户有股份、家家户户有轿车的愿望，走上了共同富裕的发展之路。2008年10月，在尧治河举行创业20周年庆典之际，村两委班子在探讨未来经济发展方向时，普遍认为，尧治河靠矿起家，靠矿发展，"开矿，吃的是祖宗饭，吃祖宗的饭就要想到子孙的碗。在开矿的同时，必须在生态保护上下功夫，在生态旅游上做文章，必须给后世子孙留一条可持续发展的生财之道！"认为"只有另辟蹊径，转型发展，方能造福后代。村内今后的一切发展和建设都要给生态旅游让路，做到矿山建设生态化，村民居住小区化，建设国家生态村，大力发展生态旅游，确保村级集体经济持续、稳步、健康发展，确保农民收入持续、稳步增长"。

2. 科学规划、明确定位

尧治河村坚持按照"严格保护、统一规划、合理开发"的原则，在省、市、县旅游部门的指导下，以"中国山区幸福村"为形象定位，以打造国家

4A级精品旅游景区为行动指南，以打响"远古的尧帝文化、现代的红色文化、生态绿色文化、离奇的野人和龙文化"四大特色旅游品牌，以建成"鄂西生态文化旅游圈"中的神秘驿站为目标。聘请甲级资质单位围绕尧帝文化、龙文化、乡土文化、新农村建设等要素，科学编制《尧治河旅游发展总体规划》和《景区建设修建性详细规划》。形成了以"一峡一龙一馆"为主题的旅游产品，走出了一条独具特色的乡村旅游发展之路。一峡，即尧帝神峡，集尧帝史料研究、民间传说于一体，突出三湖、五峡、七园、九滩、十瀑、十二洞、二十四桥等自然景观和自然雕琢的景点，充分体现神奇丰富的"尧文化"；一龙，即以龙头山、老龙宫、龙门寺、小龙阁、黑龙洞等以龙命名的系列景点，充分体现"龙精神"元素；一馆，即以磷矿博物馆为载体，通过原始与现代磷矿开采的技术进步展示和演示，彰显尧治河艰苦奋斗的创业精神和与时俱进的思想观念。

3. 景区建设、快速推进

乡村旅游要发展，景区打造是关键无"景"不成游，"景"好客自多。尧治河村筹资3亿多元，先后打通了尧帝神峡4公里的公路隧道，使之形成村内循环旅游线路；建成与公路分离的15公里的旅游步道；围绕"龙"精神、"尧"文化的打造，建成了老龙宫、磷矿博物馆、尧帝神峡三个核心景观，配套建设了游客接待中心、尧治河宾馆、农家乐、停车场、水上乐园、游客休憩设施、景区公厕等项目。尧治河村先后获得全国休闲农业与乡村旅游示范点、3A级旅游景区、湖北省旅游名村、省级生态村、省级地质公园、省级森林公园、省级生态旅游示范区等金字招牌，并于2014年4月获批为国家4A级旅游景区，进入襄阳旅游的第一方阵。

4. 宣传营销、未雨绸缪

旅游营销是旅游业发展的灵魂。为提高知名度，尧治河村采取多种方式，叫响叫热"楚人故里"旅游品牌。一是以央视为平台，强力提升知名度，创意策划了"楚人故里·楚楚动人"旅游主题形象，在中央电视台综合频道和新闻频道强力推出旅游形象广告，引起了全社会的广泛反响和好评。二是以客源地为重点，强力推介产品线路。紧盯武汉、襄阳、十堰、南阳等主要客源地城市，策划开展了形式多样的旅游推介活动；充分利用机场、车站、报纸等各类媒体平台和旅游博览会投放系列宣传广告，全方位展示、推介旅游产品和除此之外，尧治河村审时度势，不断加大宣传促销力度，开通了尧治河网站，拍摄制作了反映尧治河辉煌发展历程的影片《天地尧治河》；创造了《金山银水尧治河》歌曲；出版了《尧治河辉煌二十年》书籍；承接和举办国家、省、市、县多种论坛、会议和活动；邀请社会各界画家、摄影家、书法家来尧治河写意写生。通过一系列的营销活动，打响了中国山区幸福村——尧治河旅游品牌，使其知名度得到了较大的提升。

5.管理规范、服务至上

尧治河村坚持把方便、安全、规范、有序作为景区管理的重点，建立了市场营销、质量、安全、卫生、环保、统计等各项规章制度。通过对外广泛征集，确定了中国山区幸福村——尧治河村主题口号。按照国家4A级旅游景区要求，对门票精心设计；开展旅游从业人员培训，招聘业务能力强、素质较高的导游（讲解）人员，聘请专业人士审定景区导游词，对员工进行质量、营销、安全、卫生、环保、统计等业务培训。同时，要求景区内所有经营户对餐饮器具、厨具进行分类，做好消毒处理，保证食品卫生符合国家规定。制定安全处置预案，观景台、游步道增设安全防护栏设施、购置消防设施设备，建立监控系统，设置警务室，完成景区广播系统；聘请专职保卫人员24小时值班，保障景区安全，完善应急救援机制，设置方便快捷的通信邮政服务点，增设特色旅游商品购物店，商品价格按照物价部门核定标准执行。目前，尧治河村已形成"吃、住、行、游、购、娱"的行业服务体系，提高了游客的满意度和舒适度，为生态旅游试验区建设打下了坚实的基础。

五、郧阳区樱桃沟

（一）概况

樱桃沟村位于湖北省十堰市郧县茶店镇，地处南水北调中线工程水源地丹江水库库区，介于十堰城区和郧县县城接合部，南距十堰市区20公里，北与郧县城关隔汉江相望，西出柳家河上国道至青龙山恐龙蛋国家地质公园，G70福银高速郧县出口距此2公里，交通便捷，可达性较好。

樱桃沟村，多年有种植樱桃的习惯，面积达3000余亩。特别是独特的地理环境和土壤气候条件，使得这里产出的樱桃粒大肉厚、色泽鲜艳、入口甘甜，故而享有盛名。

近年来，樱桃沟村为打造国内农业观光旅游名村，高起点、高标准启动实施基础设施建设、旧房改造、乡村景观修复、集体经济发展等项目。全村已实现美化、净化、绿化、亮化、香化建设目标。春季有桃花、樱桃花，夏季有荷花，秋冬季节有百亩波斯菊等鲜花，吸引大批游客来此游览。每年五一期间，樱桃沟村举办的樱桃草莓节，吸引大批游客来这里采摘樱桃、草莓。目前樱桃沟村正全力打造集生态观光、休闲度假、旅游娱乐为一体的城郊型生态农业新村，整个村庄将形成山顶郁郁葱葱、山腰果树飘香、山脚流水潺潺的美景。

（二）发展经验

1. 亮点与卖点巧结合

樱桃沟村以樱桃为亮点，樱桃粒大肉厚、色泽鲜艳、入口甘甜，享有盛名，然而围绕樱桃产业，樱桃沟虽临近十堰市区，但由于信息闭塞、交通不便等原因，使樱桃沟"养在深闺人未识"，村民捧着"金饭碗"要饭吃，最大的担忧就是樱桃的销售问题。

为改变现状，樱桃沟村创新发展思路，决定通过举办节庆活动来宣传樱桃沟，让更多的游客走进樱桃沟自己采摘游玩，彻底改变以往老套的销售模式。

从2008年开始，樱桃沟村自发组织举办樱桃节，此后每年规模日益壮大，樱桃节已成功举办六届，每年都会吸引众多游客到此观光游玩。

从过去的"提篮小卖"，到大批游客进园自己采摘，樱桃沟村民将"市场"搬到了田间地头，这不仅为当地农民开通了销售"快速通道"，也破解了水果销售的难题。该村人均纯收入由2007年的2760元增长到2012年的5690元。

2. 环境和服务做保障

每年5月，樱桃沟村的樱桃吸引十堰、郧县城区大量市民到此游玩观光，餐饮、停车、住宿等服务成为留住游客的重要条件。

近年来，茶店镇和樱桃沟村相继投入资金1500多万元，修建了连接樱桃沟的景区道路、旅游交通指示牌、樱桃广场、停车场等基础设施，并指导村民把农舍统一装饰。聘请知名专家为樱桃沟村量身打造了综合旅游规划，力争在3年之内将樱桃沟打造成为一个集休闲、度假、餐饮、娱乐、健身于一体的多功能、全方位、综合性的生态旅游景区。同时，采取"以奖代补"的形式，对达到三星级及以上标准的农家乐进行奖励。

结合新农村建设，樱桃沟村还全面开展"四化"（硬化、净化、绿化、美化）、"四清"（清垃圾、清污泥、清路障、清墙面）、"四改"（改厕、改路、改栏、改厨），共建成村内水泥道路10多公里，旧房涂白改造80余间；推行"猪—沼—果（菜）"生态农业模式，修建沼气池420多口；村庄规划从山形地势出发，依山顺水，不开山、不填沟、不毁树，努力形成自然和谐的良性生态格局。

"政府搭台，农民唱戏"，樱桃沟村不断从细微处提升樱桃节层次，给游客提供卫生、安全的饮食服务和称心舒心的环境，使游客络绎不绝。2012年，樱桃沟村被评为"湖北旅游名村"。

3. 一产与三产相互动

樱桃沟火热的乡村生态游，是一产与三产深度互动的结果。

随着樱桃的俏销，樱桃沟村农业与乡村旅游业的充分融合呈现出前所未有的叠加效应。樱桃沟借助其品牌效应，积极引导村民大力发展餐饮、农家乐（纺车、采摘、垂钓）、住宿"一条龙"服务等观光休闲业，农家乐如雨后春笋般发展起来。目前，樱桃沟村已发展农家乐30多户，安置劳动力150余人，可一次性接待1000余人，户均年收入5万元以上。

为使生态旅游锦上添花，樱桃沟创新推出了贯穿全年的"乡情农韵"体验游活动，唱响了春夏秋冬节庆"四季歌"，即四五月份的樱桃、草莓，六七月份的桃子、杏，八九月份的葡萄、柿子，水果四季不断。

樱桃沟的小小樱桃引发出山乡巨变：由樱桃引出樱桃节，节会派生出全年不休的农家观光游，观光游又衍生出观光产业链，带来了人流，带动了农业与服务业的深度互动，最终带动樱桃沟乡村旅游产品、近郊游品牌的诞生。

樱桃沟村还将投入资金5000万元，用于建设原生态农耕体验园、会议接待中心、苗木繁育基地、休闲娱乐中心等，进一步加大资源整合力度，推出乡村旅游品牌，打造标志性乡村游旅游产品，发挥标杆产品的示范效应，从而带动乡村游产业蓬勃发展。

六、夷陵区官庄

（一）概况

官庄村位于宜昌市夷陵区小溪塔街道办事处东北部，距小溪塔城区15公里，村域地形东北高、西南低。东北部属半高山地区，平均海拔450米；西南部为丘陵地带，海拔130米。官庄村是宜昌柑橘大村，全村柑橘面积1.5万亩，年产柑橘3.05万吨，柑橘打蜡保鲜企业5家，6条生产线，年加工销售柑橘能力5.5万吨。全村人均柑橘产业纯收入8000多元。依托柑橘产业，官庄村推动产业多样化发展，逐步形成了以柑橘为主导产业，苗木、花卉、核桃、茶叶、蔬菜、小水果、生猪等为辅的乡村休闲旅游多元经济。

官庄村为打造宜昌城郊生态第一村，按照生态旅游农业的标准去规划引导农民科学种植，投入了以柑橘为主的农产品种植提档升级和提质增效。如今，官庄村的柑橘、苗木、花卉、茶叶、蔬菜、水果等休闲旅游多元经济基地呈现出"田成片、路成网、林成行"的壮美图景。官庄村按照山上种药材、山腰种柑橘、山脚种苗木、花卉的发展思路，形成了立体发展的格局。

同时，官庄村以官庄水库饮用水水源保护区为依托，新建官庄生态旅游公路，建设自行车专用车道，建设生态广场，推动民居外立面改造，开展村庄绿化、亮化和美化工程，成功打造宜昌城郊生态第一村，承办了宜昌市夷陵区第三届柑橘文化节，并在首届宜昌市最美乡村评比中排名第一。

（二）解读：人文与生态的唯美融合

官庄村定位为宜昌城郊生态第一村，根据"立足柑橘产业、发展多元经济、推动科学发展、打造和谐官庄"的发展思路，通过集镇综合整治和旧城改造等多种形式，形成了明确的集镇功能分区：一是繁茂苍翠的柑橘生态产业园，力求塑造"柑橘之乡"的地域特色；二是设置了轴线关系的主广场，依次规划柑橘园广场、门牌坊、文化广场、艺术戏台、柑橘绿色迷宫、便民停车场；三是由杨树河围合而成的农家乐区域，这将为官庄旅游业的发展提供产业支持。老街区域除了路旁建筑物实现房屋户型、墙体颜色、天面瓦色"三个一致"的改造，还构建了健康阴凉的步行系统。

同时，官庄村逐步完善景点建设，形成如蜘蛛洞、风洞河天然景区和生态景观带，从小鸦路到官庄水库、蜘蛛洞等经典修建休闲旅游景观路，建设高星级农家乐7家，带动了旅游餐饮服务业的发展。

（三）成因：生态保护带来发展新机遇

作为宜昌百万市民安全用水的水资源保护区，官庄村曾经因官庄水库而被禁止工业发展和矿产开发，经济发展一度滞后于邻近村落。然后，经济发展的缓慢却造就了良好的生态环境，"天蓝、山绿、地净"，形成一幅美丽的画卷。

官庄村的生态建设，带动了生态旅游业蓬勃发展，官庄村抓住这一新机遇，准确定位"旅游村庄"，大力实施森林村庄建设，增加绿色植被覆盖率，形成天然生态氧吧。同时，招商引资借助外力开发蜘蛛洞、风洞河等天然观光景区，吸引市民前往避暑探险，促进官庄城郊休闲旅游业的发展。

（四）效应：新产业激活一方热土

官庄村的发展深刻的诠释了一条定律，即以特色产业带动乡村旅游发展。官庄村以柑橘为特色产业，经过多年发展，形成了一条以柑橘为主线的农副产品加工产业链条，深入挖掘柑橘系列产品和文化，依托良好的生态环境，发展乡村休闲旅游，形成农旅结合、和谐发展的新局面。

七、武汉石榴红

（一）概况

石榴红村位于武汉市东西湖区慈惠街道办事处西部，南临汉江，北连107国道和汉渝铁路，西与新沟农场接壤；该村总面积约200亩；居民总户数73户，共210人，是一个以培育和种植绿色蔬菜的为主的农业自然村。2003年，石榴红村开始规划建设武汉城郊乡村旅游地，目前已经成为武汉市乡村休闲旅游示范村，乡村旅游发展较为成熟。

石榴红村从2005年"十一"旅游黄金周开始接待游客，7天接待游客人数达3500多人次，旅游收入达4万元，户均创纯收入1200多元，其中，纯收入最高的一家达3000元。伴随着乡村旅游经济的快速发展，石榴红村的村容村貌、基础设施、社会保障等各个领域都取得了突出的成效。

（二）发展优势

1. 区位优势明显

优越的地理区位、经济区位、文化区位、交通区位和旅游区位是发展旅游业的重要基础。石榴红村距离城市中心区只有45分钟车程，距古色古香的历史文化名镇柏泉很近，便捷的交通条件增强了乡村旅游发展的可达性和迅捷性。

2. 市场潜力巨大

位于武汉城郊的石榴红村具有广阔的客源市场。武汉是中部城市中较具有吸引力的城市，具有较强的出游能力，保证了当地乡村旅游的潜在市场购买力。

3. 旅游资源丰富

石榴红村濒临汉江，气候湿润多雨，生态环境优美，村民利用有利的自然条件发展绿色蔬菜种植等生态观光农业。该村利用新农村建设的契机对民居进行改造，建成了黑瓦白墙房屋，具有浓郁的楚韵徽派特色。优美的自然环境和别具风格的人文风情是乡村旅游发展的重要基础。

依托丰富的乡村旅游资源，石榴红村积极发展以生态农业观光、体验为主的乡村生态旅游，通过开展"认养一分地，当回农庄主"的旅游项目，让游客参与到农事活动中，充分体验乡村旅游的乐趣和真谛。从品尝汉江鱼虾、采摘绿色有机蔬菜、居住鄂楚民居、欣赏田园乡村风光、挖掘汉江楚文化历史等入手，营造都市型观光休闲农业氛围，特色鲜明。

（三）发展经验

1. 政府积极引导

为推动乡村旅游的发展，石榴红村结合成都红砂村、上海前卫村等乡村旅游发展较为成功的村的发展情况以及石榴红村自身的条件积极地向村民宣传乡村旅游，提高积极性。

2. 建设资金筹集模式

石榴红村在建设资金上按照街队出大头、农户出小头、市区投一点、社会帮一点的"四结合"模式进行筹集。

3. 突出优势特色

石榴红村是一个以培育和种植绿色蔬菜为主的农业自然村，本身无先天的可供旅游开发的旅游资源，同时，石榴红村人均地较少且建设资金缺乏，受这些条件的限制，该村发展一直比较落后。但是，该村又有明显的区位优势及绿色蔬菜的优势，而且村民居住集中，石榴红村积极创造条件，辅以适当的政策支持和适中的资金投入，使石榴红村乡村旅游得到了较好较快的发展。

八、大冶上冯村

（一）概况

上冯村位于大冶市金湖街道办事处南部，元朝晚期由冯氏祖宗在此择基立业，距今已有600多年历史。该村三面环山，一面临溪，山下古宅傍山临溪而建，错落有致，以"九古奇村"著称。2007年，上冯村被列为湖北省百镇千村新农村建设示范村，2012年，被大冶市列为创建湖北旅游名村，并上报为国家传统村落名录，2013年，上冯村在首届黄石最美乡村评选中名列前茅。

上冯村被誉为"九古奇村"，所谓"九古"，即古树、古墓、古井、古祠、古碑、古道、古沟渠、古宅、古碾。古树在上冯村随处可见，百年以上的古树有千株以上，其中最古老的香樟树有500多年的树龄，最年轻的也有几十岁。而被称为中华枸骨王的枸骨树，树龄在千年以上。古井该村现存16口，井洞有方有圆，井水冬暖夏凉，甜润绵长。规模最宏大的要数古宅，有百余栋，分为六个片区，建筑风格为皖赣鄂南派，屋内雕梁画栋，匾额对联，天井对称，石柱精巧。

（二）发展优势

1. 区位优势

上冯村位于大冶市城区金湖街道办事处南郊，属于大冶市城郊区，距离大冶市中心城区约 5 千米，车程 15 分钟，区位优势非常突出，交通可达性水平较高。

2. 资源优势

综合来看，上冯村旅游资源优势突出：一是旅游资源类型多样，自然旅游资源和人文旅游资源兼备，呈现相辅相成、相得益彰的格局；二是生态环境优越，生物景观得天独厚，尤以树木景观的类型和数量最为丰富，形成了树木丛生、林木茂密的森林植被，不仅成为野生动物绝佳的栖息之所，也造就了优越的自然生态环境；三是人文底蕴深厚，建筑与设施资源丰富，既包括规模较大、以片区形式呈现的上冯明清古民居建筑群和上冯湾特色新村社区，也包括体量较小、以点状形式分布的古建筑小品和设施，如古碾、古碓和仿古凉亭等，也有以线状形态存在的旅游设施，如上冯湾古沟渠等，体现出规划区深厚的文化底蕴和积淀。尤以上冯湾明清民居建筑群和上冯湾乡村社区特色最为鲜明，市场吸引力和开发潜力最大。

3. 政策优势

大冶市是传统的工业强市，连续多年入列全国百强县市，也是湖北省县域经济发展水平最高的城市。但大冶市的经济主导产业为传统的矿业经济，发展面临着矿产资源枯竭的问题。在此背景下，旅游业以其无污染、高贡献等特点，越来越受到大冶市的重视，2012年，大冶市出台《大冶市旅游业发展奖励办法》，每年从市财政拨款1000万元设立旅游发展奖励基金。

上冯村作为旅游发展的试点，采取市直部门、金湖街办和上冯村三方支持的方式筹措资金，合力开展乡村基础设施建设。同时，相关市直部门分别在资金、危房改造、公路建设、卫生、环境、公共设施等方面给予上冯村最大支持，推进上冯村申报湖北旅游名村。

附 湖北省乡村旅游相关标准解读

一、《湖北旅游名村创建评定标准》解读

（一）制订依据

1. 根据湖北省人民政府办公厅《关于印发湖北省旅游名镇创建评定暂行管理办法的通知》（鄂政办发〔2008〕51号）文件要求。

2. 依据省发改委、省建设厅、省旅游局《关于开展湖北旅游名村创建工作的通知》（鄂发改社会〔2009〕186号）相关精神。

3. 参考国内部分地方特色旅游村（旅游名村）示范评定办法，制定湖北旅游名村评定验收标准及评分细则（见附表）。

（二）内涵界定

1. 基本内涵

湖北旅游名村是指村域内具有或依托较为丰富的生态文化旅游资源，以特色农村风貌、人文遗迹、民俗风情、农业生产体验、特色农产品等为旅游吸引物，旅游基础设施完善，交通区位条件优越，旅游经济效益、社会效益和生态环境效益明显的旅游乡村。

2. 概念解读

（1）乡村一般是指行政村，包括中心村及各自然村。

（2）具有或临近代表性旅游资源，即可以村辖具有一定价值和特色的旅游资源或景区，也可以在地理上邻近重要影响的旅游资源或景区。

（3）旅游资源主要包括地文景观、水体景观、动植物景观、天象与气候景观等自然旅游资源，如田园、山林、峡谷、河流、湿地等；或遗址遗迹、特色街区、建筑与设施、民俗风情、饮食文化、手工艺品、农业及工业景观等人文旅游资源，如特色村庄、人文遗迹、农产品、农事生产体验、农村生活体验

等。最好是人文与自然旅游资源兼备，相得益彰，互为补充。

（4）具有完善的基础设施，道路、给排水、供电、通信、垃圾、防灾减灾等基础设施配置合理，尤其是道路交通组织合理，内外交通顺畅便捷，至景区、景区内部的路网布局合理。

（5）具有良好的区位条件，村庄邻近重要交通干道或站点枢纽，或者靠近（拥有）重要旅游景区，拥有良好的交通区位和旅游区位。根据旅游名村区位条件和资源赋存，可以划分为景区依托型（邻近或位于具有一定影响力的旅游景区或开发潜力的旅游资源点）、交通依托型（邻近高速、国道、省道、地铁站、火车站、航空港等重要城际交通干道或站点）、城市依托型（地处大城市郊区，邻近客源市场，具有良好的可进入性）三种。

（6）具有明显的综合效益，村庄依托旅游业取得明显的经济效益、社会效益和生态环境效益，要求年接待旅游者达到一定规模，旅游经济效益良好，吸纳本地劳动力就业明显。至少年接待游客5万人次以上，年旅游业收入100万元以上，吸纳农村劳动力100人以上。

（三）基本原则

"湖北旅游名村"创建评定验收命名实行"设定标准、自愿创建、达标验收、成熟一批、命名一批"的原则。

1. 设定标准，强调标准先行，按照"湖北旅游名村"创建评定验收标准，进行评定、验收和命名。

2. 自愿创建，一是加强名村创建动员与宣传工作，充分发挥村民主观能动性，尊重村民创建意愿；二是依照村民创建意愿，由创建试点村对照"湖北旅游名村"创建评定验收标准，上报县（市、区）政府进行评定申请。

3. 达标验收，要求县（市、区）政府组织专班对照"湖北旅游名村"创建评定验收标准进行初评，达标合格后整理相关材料方能上报省政府提出书面评定验收申请。

4. 成熟一批，命名一批，一是提出评定验收工作的基本精神，严扣标准、严谨务实、树立标杆、宁缺毋滥，强调旅游名村的示范带动效应；二是不拘数字（达标多少，命名多少），不限时间（四年创建期，随时达标，随时命名，随时配套资金），不搞区域平衡（多出典型，多出代表）。

(四)评定流程

1. 首先由创建试点村或其他行政建制村对照评定标准组织自评,报县(市、区)政府组织初评。

2. 初评得分较高的创建试点村或其他行政建制村由县(市、区)政府向省政府提出书面评定验收申请及相关文件资料(包括请示文件、旅游名村创建情况及工作成效、县(市、区)政府自评报告书及初评评分表等。

3. 省评定验收工作由省旅游局牵头,聘请旅游院所专家,联合省发改委、省建设厅相关职能部门组成验收评定专家组进行综合评定。

4. 省评定验收工作综合评定意见,向社会公示,公示结束后综合各方面情况报省政府审定并命名。

(五)评定标准

评定标准主要由特色景观资源、旅游经济效益、规划与建设、旅游基础设施、旅游服务、旅游安全、资源保护、人居环境、综合管理9个部分组成。

1. 特色景观资源,主要包括景观资源、特色价值与知名度。

要求:景观特色鲜明,造型独特,保存完好;自然人文兼备,相得益彰;完整展现地方民俗特色和典型自然风貌;具有一定科普教育价值或艺术审美价值;在区域形成一定主题特色,具有一定影响力和知名度。

2. 旅游经济效益,主要包括游客规模、旅游收入与旅游就业。

要求:年接待游客规模至少5万人次以上,年旅游业收入至少100万元以上,吸纳农村劳动力至少100人以上,这是旅游名村评定的刚性指标;所有统计数据需要由上级行政管理部门(统计局和旅游局)出具证明。

3. 规划与建设,主要包括用地布局、土地利用、镇村建设、历史街区保护等。

要求:(1)村庄规划编制,近期(距今不超过5年)按照《村镇规划编制办法》《湖北省新农村建设村庄规划编制技术导则》等标准,编制或修编1项村庄建设规划或新农村建设规划等,编制或修编单位具有由国家住房和城乡建设部颁发的城乡规划丙级资质及以上;或者按照国家《旅游规划通则》要求编制或修编1项旅游业发展规划或旅游区总体规划等,编制或修编单位具有由国家旅游局颁发的旅游规划丙级资质及以上;所有规划近期建设的主要地段应编制详细规划。(2)村庄规划内容,全面系统,符合规划编制规范和地方发展实践：一是总体布局和分区合理，如基本农田保护区、生态保护区划定合理，旅游产业布局及村庄空间布局合理；二是环境保护目标和要求具体，提出空间管制原则；三是用地布局紧凑，建筑与设施用地规模控制（地块范围划分清晰，人均用地比例适宜，建设用地密度、容积率、绿地率达标）、功能划分合理（有利生产，方便生活）。（3）村庄建设项目，符合规划，村容整洁有序：一是村庄内无乱搭、乱建现象，村容整洁卫生；二是建筑设施配套完善，建筑风格简洁大方，体现地方及民族特色；三是传统风貌区、历史街区得到有效保护，新建建筑与原有风貌协调统一。

4.旅游基础设施，主要包括区位条件、道路交通、给排水、供电、通信、旅游厕所、防灾减灾等。

要求：（1）基础设施项目合理配置，道路、给排水、供电、通信、垃圾、防灾减灾等基础设施给出具体安排。（2）重点是交通设施建设，道路交通组织合理，内外交通顺畅便捷，路网布局合理；主次干道路面硬化率较高，交通标志、路灯等设施完备，或建有特色旅游风景道；专用停车场，与景观环境相协调，容量满足需求，标志规范、醒目；设计使用低排放和利用清洁能源的交通工具（如电瓶车、自行车等），或使用具有地方特色的传统交通工具（如小火车、马车、牛车、抬轿、滑杆等）。（3）自来水入户普及率达到90%以上，供水设施运行良好，满足生产、生活、旅游服务需求；村庄主次道路、公共场所和集中居住区有排水管渠设施，景区污水进行无害化处理后排放。（4）供电设施完备，满足生产、生活、旅游服务需求；设立邮电服务网点，提供邮政及邮政纪念服务（如设立邮筒，提供纪念邮服务）；提供相应电信服务，通信设施服务半径合理，通信方便（如公共场所或游客集散区设立公用电话亭，于旅游景区设立通信基站）。（5）鼓励使用太阳能、沼气、生物制气等天然能源和再生能源（如使用风能或太阳能路灯，沼气电灯或燃气灶）。（6）垃圾分类收集，分布合理，标识清楚，及时清运、统一处理；公厕布点合理、完好、卫生（如公共服务区、旅游核心景区集中设立大型星级厕所，旅游景区内设立一定小型生态厕所）。（7）防灾设施符合标准，做到旅游安全和生产生活有保障（如森林消防、山谷防洪、洼地排涝等）。

5.旅游服务设施，主要包括住宿、餐饮、游览、购物等。

要求：（1）住宿。拥有或邻近一定规模的农家旅馆和经济型旅店，客房和公共活动空间（如前台或收银台）配备冷暖及换气设备（如空调），干净整洁、卫生舒适，客房配套设施满足需要（如电话、电视机等），被褥、枕巾和卫生用具一客一换。（2）餐饮。拥有或邻近一定规模的餐馆（如农家乐或农家餐馆），外立面与周边环境相协调，餐饮规模与游客数量相适应，能提供地方特色或民族特色风味菜肴。（3）游览。重点考察游客中心、旅游标识和导游解说三个方面：游客中心位置合理（如一般位于游客集散区或景区入口区），规模适度，设施齐备，服务热情；游线布局合理，视野开阔（如尽量不走回头路，同时方便观景赏美）；旅游标识系统（如导游全景图、导览图、标识牌、景物介绍牌等）规范标准（如符合公共信息图形符号规范），具有特色（如采用石材或仿木质设置古拙或原生的标识），设置合理；导游解说准确、生动，导游持证上岗，人数满足旅游需要，普通话达标率100%；公共休息设施布局合理，具有特色（如古典园林式凉亭），数量满足需要。（4）购物。购物场所布局合理，建筑风格与环境协调；集中管理，秩序良好（如无围追兜售、强买强卖现象），具有特色（如体现当地文化及特色的农副土特产品、民间工艺品和旅游纪念品等）。

6. 旅游安全，主要包括安全设施、制度、管理和人员等。

要求：（1）安全设施完善，拟定应急预案（如及时采取防灾、减灾的措施）；设立明显警示标志（如山地、水域等危险地段和道路事故多发地段）；配备旅游常备药品，拟定医疗急救措施。（2）安全制度健全，重视安全工作，确立主要领导为安全第一责任人；建立健全安全规章制度，实行定期和不定期的安全检查、预演、监督和及时报告制度，明确各岗位的安全职责。（3）人员配备充足，在游客较为集中区域配备管理或保安人员；在游客急救中心配备值岗医务人员。

7. 资源保护，主要包括保护内容、机制、制度和资金等。

要求：（1）确立保护内容，一是历史文化遗产（包括古建筑、古树名木等）和地方传统特色文化（包括地方戏剧、传统工艺、特色饮食、民俗等），二是森林、湿地和生态脆弱区等特殊生态系统，三是具有旅游价值的保护区（如水库、峡谷、山林、古民居、古遗址等），四是具有文化传承价值的居民传统生活方式。（2）明确保护机制，在政府财政资金及旅游经济收入中，拿出一定比例用于自然和文化资源的保护。

8. 人居环境，主要包括环境、卫生、文化娱乐、精神文明等。

要求：（1）环境，一是人居环境要求村容整洁，建筑与山水有机结合；二是自然环境要求水体环境整治良好，环境污染有效控制达标，生态环境不断优化（如植树造林，退耕还林种草等）。（2）卫生，一是设备设施完好，尤其是公厕及时清洗，干净、无污垢、无异味；二是公共场所整洁，设有卫生公厕和垃圾箱；三是具有严格的卫生定期检查和抽查制度，以及管理制度和奖惩机制；四是具有严格的卫生消毒设施和消毒制度，设有消除有害的措施。（3）文化娱乐，体现地方历史文化和民俗风情，满足游客健康身心需要（如在餐饮、住宿场所设置丰富的晚间娱乐活动）。（4）精神文明，一是居民移风易俗，破除迷信，革除陋习（如无聚众赌博、打架斗殴、迷信鬼神等）；二是服务讲文明、有礼貌，不欺生、不敲诈，热情诚信。

9. 综合管理，主要包括社会治安管理机构、管理制度、人员等。

要求：（1）社会治安，综合管理队伍完整、措施得当、保障有力；无重大刑事犯罪案件和邪教、聚众赌博等非法活动。（2）旅游管理，具有健全的管理机构和相应的管理职权，配备合理的专业技术人员和管理人员；具有健全的管理制度（如旅游质量、旅游安全、旅游统计、旅游培训等）；具有为特定人群（老年人、儿童、残疾人等）提供特殊服务的基本设施和服务流程；具有健全的监督检查制度（如公布旅游质量投诉监督电话号码，投诉处理及时，投诉处理档案记录完整）和游客意见征询制度（如定期收集分析游客意见和建议，提高接待质量，改进旅游服务）。

（六）评定办法

1. 验收评定按照标准实行赋分制，即所有评定项目均赋以一定分值。其中，特色景观资源50分，旅游经济效益40分，规划与建设34分，旅游基础设施45分，旅游服务45分，旅游安全18分，资源保护24分，人居环境24分，综合管理20分，共计300分（见图15-1）。

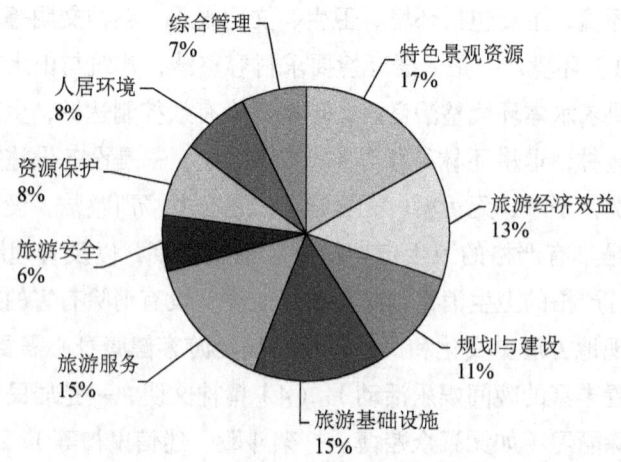

图 15-1　湖北省旅游名村验收评分标准比例分布

2. 验收评定得分满分为 300 分，综合得分 270 分以上由省政府命名为"湖北旅游名村"荣誉称号，综合得分 250~270 分为"湖北旅游名村创建工作先进单位"。

3. 创建周期为四年，从 2009 年开始实施；专项扶持资金总额为 100 万元，每年下拨 25 万元，由湖北省发改委、住建厅、旅游局、财政厅四单位联合出资，其中发改委下拨 10 万元基础设施建设扶持资金，住建厅、旅游局、财政厅各下拨 5 万元。

附表

湖北旅游名村创建评定标准及验收评分细则（试行）

名称：　　市（州、林区）　　县（市）　　镇　　村　　填表时间：　　年　　月　　日

序号	验收评定项目	最高分值	分项计分	创建村自评得分	县级初评得分	省级评审得分
1. 特色景观资源		50				
1.1	景观资源	20				
1.1.1	有特色鲜明的人文景观，诸如遗址遗迹、特色街区、建筑与设施、民俗风情、饮食文化、手工艺品、农业及工业景观等。		5			
1.1.2	有独特的自然景观，诸如地貌景观、水体景观、动植物景观、天象与气候景观等。		5			

续表

序号	验收评定项目	最高分值	分项计分	创建村自评得分	县级初评得分	省级评审得分
1.1.3	人文景观与自然景观相互协调。		5			
1.1.4	景观基本保存完好，观赏或游憩价值较高。		5			
1.2	特色价值	20				
1.2.1	能够较完整地体现地方特色、民族特色、自然风貌。		5			
1.2.2	有文化传承载体，形成有特色的文化形象。		5			
1.2.3	有一定的科普和教育意义。		5			
1.2.4	有一定的科研、学术价值和开发利用价值。		5			
1.3	知名度	10				
1.3.1	在区域内有一定知名度，具有一定的市场辐射能力。		5			
1.3.2	形成一定的有特色的旅游主题。		5			
2. 旅游经济效益		40				
2.1	年接待旅游者达到一定规模	15				
2.1.1	年接待游客 20 万人次以上的村。		15			
2.1.2	年接待游客 10 万至 20 万人次的村。		10			
2.1.3	年接待游客 5 万至 10 万人次的村。		5			
2.2	旅游经济效益良好	15				
2.2.1	年旅游业收入 500 万元以上的村。		15			
2.2.2	年旅游业收入 200 万至 500 万元的村。		10			
2.2.3	年旅游业收入 100 万至 200 万元的村。		5			
2.3	吸纳本地劳动力就业明显	10				
2.3.1	旅游就业人数 200 人以上的村。		10			
2.3.2	旅游就业人数 100 至 200 人的村。		5			
3. 规划与建设		34				
3.1	村庄规划、旅游规划应为近期编制或修编，近期建设的主要地段应编制详细规划，并符合《村镇规划编制办法》《湖北省新农村建设村庄规划编制技术导则》及《旅游规划通则》的要求。		6			

续表

序号	验收评定项目	最高分值	分项计分	创建村自评得分	县级初评得分	省级评审得分
3.2	基本农田保护区及生态保护区划定合理；旅游产业布局及村庄空间布局合理。		4			
3.3	确定生态环境、土地、水资源、能源以及自然和历史文化遗产保护等方面的综合目标和保护要求，提出空间管制原则。		4			
3.4	用地布局紧凑，统筹安排居住、公共、生产建筑、公用工程、道路交通系统、仓储、绿地等各类建筑与设施用地，并明确界定不同性质用地的范围，做到功能合理，有利生产，方便生活。		4			
3.5	人均建设用地指标符合《湖北省新农村建设村庄规划编制技术导则》的规定，各类用地比例适宜；村庄各项建设用地的建设密度、容积率、绿地率达标。		4			
3.6	村域内各类项目符合规划；村容整洁有序，无乱搭、乱建现象。		4			
3.7	村域内公共建筑及居住建筑设施配套完善，建筑风格简洁大方，体现地方及民族特色。		4			
3.8	传统风貌区、历史街区得到有效保护，新建建筑与原有风貌协调统一。		4			
4. 旅游基础设施		45				
4.1	道路、给排水、供电、通信、垃圾、防灾减灾等基础设施项目，均有合理的配置和具体安排。		5			
4.2	道路交通组织合理，内外交通顺畅便捷；路网布局合理。		5			
4.3	主次干道路面硬化率达到较高水平，交通标志、路灯、停车场等交通设施完备，进出便捷，或建有特色景观旅游专线。		5			
4.4	配有场地平整的专用停车场，与景观环境相协调，容量满足需求，标志规范、醒目。		3			
4.5	使用低排放和利用清洁能源的交通工具，或使用具有地方特色的传统交通工具。		3			
4.6	自来水入户普及率达到90%以上，供水设施运行良好，水质、水量符合标准，满足生产、生活、旅游服务需求。		3			

续表

序号	验收评定项目	最高分值	分项计分	创建村自评得分	县级初评得分	省级评审得分
4.7	村庄主次道路、公共场所和集中居住区有排水管渠设施，排水管渠通畅；生活污水进行无害化处理后排放。		3			
4.8	供电设施完备，布局合理，满足生产、生活、旅游服务需求。		3			
4.9	设立邮电服务网点，提供邮政及邮政纪念服务；能提供相应的电信服务，通信设施服务半径合理，通信方便。		3			
4.10	村庄及景点鼓励使用太阳能、沼气、生物制气等天然能源和再生能源。		3			
4.11	对垃圾进行分类收集，垃圾及时清运并统一处理，垃圾站（箱、桶）的数量适当，设施完好、分布合理、标识清楚。		3			
4.12	公厕布点合理、完好、管理规范、卫生状况良好。		3			
4.13	消防、防洪、排涝等各类防灾设施符合标准，做到旅游安全有保障。		3			
5. 旅游服务		45				
5.1	住宿	12				
5.1.1	鼓励发展并形成一定规模的家庭（民俗）旅馆和经济型旅店。		3			
5.1.2	住宿设施内配备有满足需要的冷暖及换气设备。		3			
5.1.3	客房和公共活动空间干净整洁、卫生舒适。		3			
5.1.4	客房内配套设施满足需要，被褥、枕巾和卫生用具一客一换。		3			
5.2	餐饮	12				
5.2.1	餐饮设施建设与周边的整体环境相协调。		4			
5.2.2	餐饮服务设施规模与游客数量相适应，确保满足旅游服务需要。		4			
5.2.3	能提供地方特色或民族特色风味的菜肴，且品种丰富。		4			
5.3	游览	12				

续表

序号	验收评定项目	最高分值	分项计分	创建村自评得分	县级初评得分	省级评审得分
5.3.1	游客中心位置合理，规模适度，设施、功能齐备，配有专职服务人员，业务熟练，服务热情。		2			
5.3.2	游览（参观）路线或航道布局合理、顺畅，视野开阔，赏心悦目。		2			
5.3.3	各种引导标识（包括导游全景图、导览图、标识牌、景物介绍牌等）规范标准，设置合理，与景观环境相协调。		2			
5.3.4	公众信息资料（如综合画册、音像制品、导游图和导游材料等）有特色，品种全，内容丰富，制作良好。		2			
5.3.5	导游员（讲解员）持证上岗，人数满足旅游需要，普通话达标率100%；导游（讲解）词科学、准确、生动、趣味性强。		2			
5.3.6	公共信息图形符号的设置合理，设计有特色。		1			
5.3.7	游客公共休息设施布局合理，设计有特色，数量满足需要。		1			
5.4	购物	9				
5.4.1	购物场所布局合理，建筑风格、色彩、材质与环境协调。		3			
5.4.2	对购物场所进行集中管理，环境整洁，秩序良好，无围兜售、强买强卖现象。		3			
5.4.3	能提供充分体现当地文化及特色的农副土特产品、民间工艺品和旅游纪念品等。		3			
6. 旅游安全		18				
6.1	重视安全工作，主要领导为安全第一责任人。		3			
6.2	建立健全安全规章制度，实行定期和不定期的安全检查、预演、监督及及时报告制度，明确各岗位的安全职责，相关责任人经常参加安全培训和安全教育活动。		3			
6.3	各项安全设施完善，有应急预案，能及时采取防灾、减灾措施。		3			

续表

序号	验收评定项目	最高分值	分项计分	创建村自评得分	县级初评得分	省级评审得分
6.4	山地、水域等危险地段和道路事故多发地段有明显警示标志。		3			
6.5	游客较为集中的区域配有足够的管理或保安人员，以保证公共秩序和游客安全。		3			
6.6	有相应的医疗急救措施，并配备值岗医务人员和旅游常备药品。		3			
7. 资源保护		24				
7.1	各类历史文化遗产（包括古建筑、古树名木等）得到科学、妥善的保护，地方传统特色文化（包括地方戏剧、传统工艺、特色饮食、民俗等）得到较好保护。		6			
7.2	森林、湿地和生态脆弱区等特殊生态系统得到有效保护；没有破坏自然景观和人文景观，没有违章建设、乱砍树木、捕猎珍稀动物等行为发生。		6			
7.3	对具有旅游价值的保护区，制定相应的游客管理措施，并注意避免由于旅游活动引发的对居民传统生活方式产生的不良影响。		6			
7.4	在政府财政资金及旅游经济收入中，有一定比例用于自然和文化资源的保护。		6			
8. 人居环境		24				
8.1	环境	8				
8.1.1	村容整洁，建筑、街道与绿化、水体等自然环境有机结合，采取多种措施优化人居环境。		2			
8.1.2	河、湖、渠整治改造，水体环境质量达到相应标准；水体沿岸绿化良好、具有特色，形成绿化景观。		2			
8.1.3	水、大气、噪声等污染得到有效控制并达到规定标准。		2			
8.1.4	植树造林，退耕还林种草，保土固水，减少水土流失；实施绿色工程计划，提高森林植被覆盖率。		2			
8.2	卫生	8				

续表

序号	验收评定项目	最高分值	分项计分	创建村自评得分	县级初评得分	省级评审得分
8.2.1	卫浴设备和设施完好、无缺损、不滴漏，公厕便池能及时冲洗，做到干净、无污垢、无异味。		2			
8.2.2	公共场所整洁，设有卫生公厕和垃圾箱。		2			
8.2.3	有严格的卫生定期检查和抽查制度，并有严格的管理制度和奖惩机制。		2			
8.2.4	有严格的卫生消毒设施和消毒制度，并有消除老鼠、蟑螂、苍蝇及其他有害昆虫的措施。		2			
8.3	文化娱乐	4				
8.3.1	有体现地方历史文化和民俗风情的公共文化娱乐场所。		2			
8.3.2	接待游客的餐饮、住宿场所设置丰富的晚间娱乐活动。		2			
8.4	精神文明	4				
8.4.1	当地居民移风易俗，破除迷信，革除陋习。		2			
8.4.2	旅游服务讲文明、有礼貌，不欺生、不敲诈，热情诚实，乐于帮助游客。		2			
9. 综合管理		20				
9.1	社会治安	10				
9.1.1	社会治安综合管理队伍完整、措施得当、保障有力。		5			
9.1.2	无重大刑事犯罪案件和邪教、聚众赌博等非法活动。		5			
9.2	旅游管理	10				
9.2.1	具有健全的管理机构和相应的管理职权，专业技术人员和管理人员配备合理。		3			
9.2.2	旅游质量、旅游安全、旅游统计、旅游培训等各项管理制度健全有效，措施有力，有定期监督检查制度，有完整的书面记录和总结。		3			
9.2.3	有能为特定人群（老年人、儿童、残疾人等）提供特殊服务的基本设施和服务流程。		2			

续表

序号	验收评定项目	最高分值	分项计分	创建村自评得分	县级初评得分	省级评审得分
9.2.4	公布旅游质量投诉监督电话号码，投诉处理及时，做到投诉必复，投诉处理档案记录完整。		1			
9.2.5	定期收集分析游客意见和建议，提高接待质量，改进旅游服务。		1			
合计得分						

二、《湖北旅游强县评定规范》解读

（一）参创范围

参加创建范围为湖北省辖区内各行政县。

解读：即级别为县级的行政区域，包括：县级市（如黄石市大冶市、孝感市安陆市等）、自治县（如五峰、长阳土家族自治县等）、林区（如神农架林区）、大中城市的行政区（如黄石市铁山区）、旅游经济特区（如武当山旅游经济特区）。

（二）基本特征

突出旅游强县的"强"，表现为三大基本特征。

1. 旅游吸引力强：旅游吸引力反映旅游目的地或旅游设施吸引、影响旅游消费者决策的能力，是旅游地知名度和美誉度的深化。

2. 旅游经济实力强：旅游经济发展水平高，关联带动能力强。反映当地旅游经济总量、产业发展态势、主要客源地情况及旅游消费行为特征等。

3. 旅游支撑能力强：旅游设施完善且旅游服务质量高。旅游设施完善是当地所能提供的旅游服务体系的硬件保障，旅游服务质量高强调旅游服务体系的软件保障。

（三）评定规范的特点

1. 突出旅游经济实力的"强大"：必备条件中"旅游经济发展水平"得分须为105分以上，突出旅游经济发展的战略性支柱产业地位。

2. 突出旅游业的关联带动作用：旅游业综合带动功能大类分值占总分的

14%,重点要求打造成熟旅游产业链,实现食、住、行、游、购、娱旅游全要素整合与协同,充分发挥旅游产业高综合性和强关联性作用以及前向、后向和侧向产业关联带动效应。

3. 突出旅游资源的科学永续利用:重点考察旅游资源的科学利用情况,旅游资源的保护措施,强调旅游资源利用方式的可持续性和长效性以及保护举措的科学性和有效性。

(四)评分细则的特点

1. 综合系统:全面考察影响县域旅游业发展的多项因素,涉及旅游经济水平、产业环境、综合效应、资源开发、环境保护、旅游设施和服务、市场管理、精神文明和培训、安全保障等八个方面。

2. 重点突出:在相对平衡的前提下,重点考察旅游开发与环境保护、旅游业综合带动功能、旅游设施与服务功能三大要素,强调旅游发展的可持续性、综合关联性和支撑标准化。

3. 彰显个性:加强附加项目比例,注重体现地方特色和个性,强调县域在旅游资源赋存、经济收益、投资经营、政策保障、设施支撑、人才培养、宣传教育等方面的个性化突破。

(五)必备条件

必备条件要牢牢把握以下几点,通常采取一票否决制。

1. 安全保障底线:坚持安全是底线,责任是保障,采取有必要的安全保障措施和应急预案,保证三年无重大旅游安全事故。

2. 服务能力保障底线:星级饭店达到5家以上(四星级饭店至少1家以上);60%的星级饭店评定为绿色旅游饭店;旅行社(含分社)达到5家以上(3A级旅行社至少1家以上);县城、中心镇通往主要景区有二级以上等级公路,县境内有通往主要旅游景区的旅游专线巴士或公交车。

3. 服务质量底线:旅游者意见调查表综合评分达到8分以上,旅游投诉率在2‰以下;旅游交通集散地、旅游景区、住宿设施设置符合国家标准的公共信息图形符号。

4. 吸引力内涵底线:拥有国家4A级及以上旅游景区(至少1家);有将发展旅游业作为社会主义新农村试点的乡(镇)、村(至少1个)。

5. 旅游产业地位底线:旅游发展专项经费占地方财政预算1%,且逐年递增；全县及县域内旅游景区均制定有符合国家规范的旅游规划。

6.旅游经济实力底线："旅游经济发展水平"得分达到105分以上。

（六）旅游开发与环境保护

着重考察县域旅游开发建设的水平和资源保护力度。

1.资源科学开发与建设：旅游景区建设规范、管理科学，成效显著（至少有国家4A级及以上旅游景区）；

2.资源赋存与保护：对县域内旅游资源赋存有翔实资料，拥有一批类型多样、特色鲜明、能反映地域特色的资源；制订有总体发展规划并实施，针对有代表性的资源有规划、有开发、有保护。

3.区域特色塑造与推广：有工农业旅游示范点、有反映地域特色的成熟旅游线路；有明确的旅游主题形象，并制作有宣传资料，并定期开展旅游宣传促销活动。

4.自然环境保护：县域环境治理和保护措施得力，森林覆盖率达标，政府主导植树造林，大力发展绿色农业，积极保护野生动物；城区环境优美，多项指标达标。

（七）旅游业综合带动功能

主要考量旅游业的关联带动作用，考察旅游业在促进就业、彰显地域文化、农民增产增收、提升农副产品附加值、缩小城乡差距以及协调乡村旅游与社会主义新农村建设同步的过程。

1.促进城乡就业：城镇就业人口中旅游业就业达到5%；经认可并纳入规范管理的家庭旅馆（乡村酒店、农家乐或休闲农庄经营户）数量在200家以上。

2.地域文化塑造：近三年举办具有地方和民族特色的旅游节庆（文化交流、体育赛事、会议）活动；挖掘地域民间文化，开发民俗旅游项目。

3.促进商贸发展：有特色鲜明、规范、吸引力强的旅游购物场所；有旅游商品及工艺品、土特产生产厂家或手工艺家庭作坊。

4.统筹城乡发展：发展旅游业可促进城乡面貌显著改变（对乡镇村环境、卫生、文明、生产、基础设施、农村收入和生活方式等方面有正面影响）；有将发展旅游业作为社会主义新农村试点的乡、镇、村。

5.鼓励社区参与：鼓励旅游企业积极进行旅游项目建设与开发，并与所在社区建立科学的利益分配机制，合作共赢。

（八）旅游设施与服务功能

对旅游服务体系进行综合考察，重点强调旅游视觉识别、旅游信息获取与反馈、旅游交通三大支撑体系，要求其他食、住、游、娱等旅游要素达到国家相关标准，同时强调无障碍服务设施和旅游标准化建设。

1. 旅游服务设施齐备：有基本的服务设施满足游客食、住、游、娱、憩的需要。

2. 旅游交通体系完善：拥有完善的公共交通设施，旅游交通专线、标识清晰，有完善、便捷的票务设施。

3. 旅游标识系统科学：旅游标识符合国家标准的公共信息图形符号；标示系统齐备，中英文对照；主要景区、服务功能场所普及普通话，并能为主要客源国提供语言服务。

4. 旅游信息服务完善：建有游客中心；主要景区、服务场所有旅游咨询设施；建立并广泛公布旅游咨询、投诉热线电话；广电系统设置有旅游专栏；建有旅游网站。

（九）旅游经济发展水平

这是旅游强县最重要的必备条件之一，重点考察旅游经济总量，经济运行态势，旅游产业贡献等指标，反映的是整体旅游业的发展态势，主要包括以下几个指标：

1. 旅游业总收入占本县 GDP 的比重不低于 8%；

2. 旅游业总收入在全省、市、州居领先水平；

3. 旅游税收占县财政收入的比重不低于 5%；

4. 人均旅游收入近三年每年增长 5% 以上；

5. 年接待旅游者总人次不少于 100 万人次；

6. 年接待过夜游客人次不少于 30 万人次。

（十）附加项目

从旅游经济运行、发展资金筹措、资源赋存与开发、区位与基础设施建设、人才培养与政策保障 5 大方面，列出 28 个附加项目，鼓励各参创县市，积极展示特色，进行差异化竞争，完善省内旅游目的地体系，形成多个互补性的旅游品牌。

1. 旅游经济运行：年接待入境旅游人次达 0.1 万人次以上；旅游经营单位年上缴税收超过 30 万元；建立起旅游与风景区一体化的旅游管理机构。

2. 发展资金筹措：县政府及部门每年核拨旅游发展专项经费 300 万元以上；县政府鼓励社会各类投资主体参与投资、建设和经营旅游设施及旅游景区的政策；吸引有实力的各种所有制企业（如优质民营资本或外资等）参与本县旅游开发及经营旅游项目，到位资金 0.5 亿元以上。

3. 资源赋存与开发：县境内拥有列入世界遗产（自然、文化等）名录或国际上命名的其他旅游资源；县境内拥有国家自然保护区（国家风景名胜区、国家地质公园、国家矿山公园、国家森林公园、国家考古遗址公园、全国重点文物保护单位、国家一级博物馆、国家非物质文化遗产、中国历史文化名镇（村、街））旅游资源；有湖北旅游名镇、湖北旅游名村、湖北旅游名街；在游客的旅游消费过程中进行文明、绿色、环保、节约行为的引导和宣传教育。

4. 区位与基础设施建设：县境内或距县城 100 公里以内有民用机场；机场开通国际航线或旅游包机服务；县境内或距县城 30 公里以内有客运火车站；火车站开通旅游专列；距县城或中心镇 60 公里以内有高速公路进出口；县城及中心镇有高等级公路连接城市；县境内有观光客运码头或开航内河星级游船；本县有五星级饭店；星级饭店按照《绿色旅游饭店》行业标准进行创建活动，60% 的星级饭店评定为绿色旅游饭店；有温泉、水上运动等高品位的休闲旅游项目；有 4A 级以上旅行社；发掘民间传统工艺、组织能工巧匠，利用本地资源开发出富有地方特色的旅游纪念品，并获得有关奖项；有四星级以上旅游厕所。

5. 人才培养与政策保障：开办有旅游职业高中或中专；有从事旅游研究的机构；有旅游专业协会；县政府部门有引进旅游人才的政策；县政府建立旅游专家咨询制度，定期举办专题讲座。

（十一）相关名词解释

1. 森林覆盖率：指一个国家或地区森林面积占土地面积的百分比，是反映一个国家或地区森林面积占有情况或森林资源丰富程度及实现绿化程度的指标，又是确定森林经营和开发利用方针的重要依据之一。在计算森林覆盖率时，森林面积包括郁闭度 0.2 以上的乔木林地面积和竹林地面积，国家特别规定的灌木林地面积、农田林网以及四旁（村旁、路旁、水旁、宅旁）林木的覆盖面积。

2. 建成区：是指城市行政范围内，实际建成或正在建成的、相对集中分布的地区，包括市区集中连片的部分以及分散到近郊区内、但与城市有着密切联系的其他城市建设用地。建成区一般不包括市区内面积较大的农田和不适宜建设的地段。

3. 建成区绿化覆盖率：是指在城市建成区的绿化覆盖面积占建成区面积的百分比。建成区绿化覆盖面积指城市建成区内各单位管理的一切用于绿化的乔灌木和多年生草本植物的垂直投影面积。包括园林绿地以外的道路绿化覆盖面积（即道路的隔车带、中心绿岛和林荫道及行道树的覆盖面积）和单株树木的覆盖面积。

4. 生活垃圾无公害处理率：指城市及建制镇生活垃圾无害化处理量占垃圾产生总量的比率。至2015年，我国直辖市、省会城市和计划单列市应达到100%，设市城市应达到90%以上，县城应达到70%以上。

5. 空气污染指数（API）：将常规监测的几种空气污染物浓度简化成为单一的概念性指数值形式，并分级表征空气污染程度和空气质量状况，适合于表示城市的短期空气质量状况和变化趋势。空气污染的污染物有：烟尘、总悬浮颗粒物、可吸入悬浮颗粒物（浮尘）、二氧化氮、二氧化硫、一氧化碳、臭氧、挥发性有机化合物等。

6. 环境噪音达标区：指在国家《城市区域环境噪声标准》适用区域划分的基础上对工业噪声、交通噪声、施工噪声、社会生活噪声进行强化管理，综合治理，达到规定要求的城市区域；环境噪音达标区面积指在建成区内建成并达到国家规定标准的环境噪声达标区的总数及面积。环境噪音达标区覆盖率＝环境噪声达标区面积÷建成区面积×100%。

7. 公路等级：根据公路的功能、使用任务和适应的交通量进行划分，我国将公路划分为高速公路、一级公路、二级公路、三级公路、四级公路五个等级。（1）高速公路：专门为汽车分向、分车道行驶，并全部控制出入的多车道公路。主要用于连接经济、政治、文化上重要的城市和地区，是国家公路干线网中的骨架；（2）一级公路：为供汽车分向、分车道行驶，并部分控制出入、部分立体交叉的公路，主要连接重要经济、政治中心，通往重点工矿区，是国家的干线公路；（3）二级公路：连接经济、政治中心或大工矿区等地的干线公路,或运输繁忙的城郊公路;(4)三级公路:沟通县及县以上城镇的一般干线公路;(5)四级公路:沟通县、乡、村等的支线公路。

8. 主导产业:即在区域经济中起主导作用的产业,它是指那些产值占有一定比重,采用了先进技术,增长率高,产业关联度强,对其他产业和整个区域经济发展有较强带动作用的产业。主导产业从量的方面看,应是在国民生产总值或国民收入中占有较大比重或者将来有可能占有较大比重的产业部门;从质的方面看,应是在整个国民中占有举足轻重的地位,能够对经济增长的速度与质量产生决定性影响,其较小的发展变化足以带动其他产业和整个国民经济变化,从而引起经济高涨的产业部门。

9. 支柱产业:是指在国民经济中生产发展速度较快,对整个经济起引导和推动作用的先导性产业。支柱产业具有较强的连锁效应,诱导新产业崛起;对为其提供生产资料的各部门、所处地区的经济结构和发展变化,有深刻而广泛的影响。支柱产业与主导产业的不同点在于,它首先侧重的是产值和利润水平,是国家和地方财政最重要的收入来源,具有以下特征:(1)强调大规模产出,着重强调产业的净产出占国民经济或地区经济的比重;(2)强调现在,现在比重大的产业就是支柱产业,即便其比重呈下降趋势;(3)强调发展,要求市场扩张能力强、需求弹性高,发展快于其他行业;(4)强调扩大就业;(5)强调带动作用,要求产业关联度高、长期预期效果好;(6)强调节约能源和资源。

10. 龙头产业:是指带动一个产业链,或者其他与这个产业有联系的产业,起到一个引导发展作用的产业。龙头产业不一定是经济水平最高,效益最好的产业,但却在整个产业发展中起关键作用或者是决定作用,对于一个产业或者产业链的兴衰有着至关重要的作用。

11. 绿色饭店:是指运用环保健康安全理念,坚持绿色管理,倡导绿色消费,保护生态和合理使用资源的饭店。绿色饭店的"绿色",其含义有三层:第一,提供的服务本身是绿色的,即要为顾客提供舒适、安全,符合人体健康要求的绿色客房和绿色餐饮等;第二,服务过程中使用的物品是绿色,要求用于服务的所有物品是安全、环保的;第三,经营管理过程中注重保护生态和资源的合理利用。

绿色饭店具有三大安全标准——消防安全、治安安全和食品安全;

健康:提供给消费者有益于健康的服务和享受;

环保：减少和避免浪费，实现资源利用的最大化。

目前，我国绿色旅游饭店以银杏叶作为标识，绿色旅游饭店标准总分为300分，根据饭店在安全、健康、保护环境等方面程度的不同，按等级被划分为"金叶"级和"银叶"级两种，其中"金叶"级要求较高，达标分为240分，而"银叶"级达标线180分。

12.旅游安全事故：是指在旅游活动的过程中，涉及旅游者人身、财物安全的事故，分为轻微、一般、重大和特大事故四个等级：（1）轻微事故，是指一次事故造成旅游者轻伤，或经济损失在1万元以下者；（2）一般事故，是指一次事故造成旅游者重伤，或经济损失在1万元至10万元（含1万元）元者；（3）重大事故，是指一次事故造成旅游者死亡，或旅游者重伤致残，或经济损失在10万元至100万元（含10万元）元者；（4）特大事故，是指一次事故造成旅游者死亡多名，或者经济损失在100万元以上者，或者性质特别严重，产生重大影响者。

13.工农业旅游示范点：以工业生产过程、工厂风貌、工人劳动生活场景为主要旅游吸引物的旅游点；以农业生产过程、农村风貌、农民劳动生活场景为主要旅游吸引物的旅游点。国标主要从接待人数和经济效益、社会效益、生态环境效益、旅游产品、旅游设施、旅游管理、旅游经营、旅游安全、周边环境和可进入性、发展后劲、加分项目等方面进行考量评估，检查得分最高分1000分，加分项目最高分50分，工业旅游示范点得分在650分及以上，农业旅游示范点得分在700分及以上，方具有评定为"全国工业旅游示范点"和"全国农业旅游示范点"资格。

附表

湖北旅游强县评分细则

序号	项目内容及评定依据	最高分值	分项分值	分档分值	自查计分	市州评定机构计分	省级评定机构计分
1	旅游经济发展水平	130					
1.1	旅游业总收入占本县GDP的比重		30				
1.1.1	≥30%			30			
1.1.2	20%~29%			25			
1.1.3	14%~19%			20			

续表

序号	项目内容及评定依据	最高分值	分项分值	分档分值	自查计分	市州评定机构计分	省级评定机构计分
1.1.4	8%~13%			15			
1.2	旅游业总收入在全省、市州居领先水平（不重复计分）	20					
1.2.1	在全省排名前3位			20			
1.2.2	在全市排名第1位			15			
1.2.3	在全市排名前5位			10			
1.3	旅游税收占县财政收入的比重	20					
1.3.1	≥20%			20			
1.3.2	15%~19%			15			
1.3.3	10%~14%			10			
1.3.4	5%~9%			8			
1.4	人均旅游收入近三年每年增长5%以上	10					
1.5	年接待旅游者总人次	25					
1.5.1	超过300万人次			25			
1.5.2	200万~300万人次			20			
1.5.3	100万~200万人次			10			
1.6	年接待过夜游客人次	25					
1.6.1	100万人次以上			25			
1.6.2	80万~100万人次			20			
1.6.3	50万~80万人次			15			
1.6.4	30万~50万人次			10			
2	旅游产业发展环境	115					
2.1	县政府对旅游业作出明确且重要定位	15					
2.1.1	主导产业、支柱产业			15			
2.1.2	优先发展的重点产业、第三产业的龙头产业			10			
2.1.3	对旅游业发展有部署但定位不够明确突出			5			

续表

序号	项目内容及评定依据	最高分值	分项分值	分档分值	自查计分	市州评定机构计分	省级评定机构计分
2.2	旅游业纳入全县国民经济和社会发展规划	15					
2.2.1	纳入五年发展规划和远景目标规划		5				
2.2.2	纳入年度国民经济和社会发展计划		5				
2.2.3	制订本县旅游业发展总体规划且有效实施		5				
2.3	建立旅游管理机构，办公条件具备	25					
2.3.1	有编委批准的单列的行政编制，职能明确，人员落实			25			
2.3.2	有行政编制，与其他部门合署办公			15			
2.3.3	有编委批准的单列的事业编制，职能明确，人员落实			8			
2.3.4	有事业编制，与其他单位合署办公			3			
2.4	旅游业发展有专项经费保障	30					
2.4.1	县政府对旅游发展有专项资金投入		10				
2.4.1.1	旅游发展专项经费占地方财政预算比重≥2%			10			
2.4.1.2	旅游发展专项经费占地方财政预算比重≥1.5%			8			
2.4.1.3	旅游发展专项经费占地方财政预算比重≥1%			6			
2.4.2	旅游市场促销经费在县财政有制度化来源，纳入了财政预算		20				
2.4.2.1	旅游市场促销经费占财政收入比重≥2%			20			
2.4.2.2	旅游市场促销经费占财政收入比重≥1.5%			10			
2.4.2.3	旅游市场促销经费占财政收入比重≥1%			6			
2.5	旅游相关部门推出支持旅游业发展的配套政策（财政、建设、土地、交通、文化、林业、物价等部门）	5					

续表

序号	项目内容及评定依据	最高分值	分项分值	分档分值	自查计分	市州评定机构计分	省级评定机构计分
2.6	旅游部门参与评审旅游投资项目的立项、规划等,确保旅游发展规划实施	5					
2.7	具有旅游功能的重点项目开发符合旅游发展规划要求	5					
2.8	旅游统计	15					
2.8.1	本县已建立旅游统计制度并组织实施		5				
2.8.2	旅游和统计部门联合发布旅游统计数据		5				
2.8.3	旅游和统计部门联合对海内外旅游者进行满意度调查		5				
2.8.3.1	每年进行2次以上			5			
2.8.3.2	每年进行1次			3			
3	旅游业综合带动功能	165					
3.1	城镇就业人口中,旅游从业人数所占比重	25					
3.1.1	≥30%			25			
3.1.2	20%~29%			15			
3.1.3	10%~19%			10			
3.1.4	5%~9%			6			
3.2	经旅游部门认可并纳入规范管理的家庭旅馆、乡村酒店、农家乐或休闲农庄经营户数量	25					
3.2.1	350家以上			25			
3.2.2	300~349家			20			
3.2.3	250~299家			15			
3.2.4	200~249家			10			
3.3	近三年举办具有地方和民族特色的大型旅游节庆、文化交流、体育赛事、会议等活动	20					
3.3.1	举办国际性或全国性的旅游节庆、文化交流、体育赛事和会议等活动			20			

续表

序号	项目内容及评定依据	最高分值	分项分值	分档分值	自查计分	市州评定机构计分	省级评定机构计分
3.3.2	举办本省或本市的旅游节庆、文化交流、体育赛事和会议等活动			10			
3.4	挖掘地域民间文化，开发民俗旅游项目并列入本县旅游内容（每项得5分，最多不超过20分）	20					
3.5	县城、乡镇有地方特色或民族特色，具有一定规模，整洁有序并吸引旅游者购物的小商品市场（每例得5分，最多不超过15分）	15					
3.6	本县有旅游商品及工艺品、土特产生产厂家（每家得3分）或手工艺家庭作坊（每户得1分，最多不超过20分）	20					
3.7	发展旅游促进本县乡、镇、村面貌改变的范例（对乡镇村环境、卫生、文明、生产、基础设施、农村收入和生活方式等方面的影响）（每例得5分，最多不超过15分）	15					
3.8	有将发展旅游业作为社会主义新农村试点的乡、镇、村（每例得5分，最多不超过15分）	15					
3.9	旅游项目建立了旅游企业与当地社区居民合理的利益分配机制	10					
4	旅游开发与环境保护	225					
4.1	县境内拥有国家4A级以上旅游景区	30					
4.1.1	拥有5A级旅游景区			30			
4.1.2	拥有2家以上4A级旅游景区			20			
4.1.3	拥有4A级旅游景区			10			
4.2	旅游景区质量管理	15					
4.2.1	管理制度落实，游览秩序井然		5				
4.2.2	清洁卫生良好		5				
4.2.3	安全设施齐备且维护良好，全面排除事故隐患		5				
4.3	资源开发规划和保护	80					

续表

序号	项目内容及评定依据	最高分值	分项分值	分档分值	自查计分	市州评定机构计分	省级评定机构计分
4.3.1	县境内拥有保存完好、具有游览价值的古镇、古村落、古民居或民族村寨（每项得10分，最多不超过20分）		20				
4.3.2	本县拥有文物保护单位（国家级、省级、市级、县级保护单位得分依次为15、8、6、4分）		15				
4.3.3	本县拥有功能完善、主题突出的博物馆或纪念馆		10				
4.3.4	县政府对县境内的文物、古建筑、古树名木、珍稀动植物、环境敏感区域等有完善的保护措施，且有效落实		5				
4.3.5	主要旅游景区周边无污染源或污染企业		5				
4.3.6	主要旅游景区周边及度假区污染物排放达到国家标准		5				
4.3.7	制订有旅游规划并经过地方人大批准且得到有效实施		10				
4.3.7.1	旅游景区均有经县级以上政府批准的总体规划，主要旅游景区有控制性详细规划，无违反规划建设项目			10			
4.3.7.2	旅游景区均有经县级以上政府批准的总体规划，无违反规划建设项目			5			
4.3.8	县城或旅游中心镇规划确定风格独特、反映当地文化、具有游览价值的建筑和街区，并制定保护措施			5			
4.3.9	县旅游部门或会同农业和建设部门对乡村旅游作出规划，乡村旅游点的主体建筑和配套设施建设具有地方或民族特色，与周围环境相协调			5			
4.4	特色旅游产品与旅游宣传促销配套	60					
4.4.1	工农业旅游示范点		15				
4.4.1.1	有全国工农业旅游示范点			15			
4.4.1.2	有省级工农业旅游示范点、休闲农业示范村或示范基地			10			

续表

序号	项目内容及评定依据	最高分值	分项分值	分档分值	自查计分	市州评定机构计分	省级评定机构计分
4.4.2	与城市及区域合作，开发具有地方特色的旅游线路（生态旅游、红色旅游、乡村旅游、农业观光、工业旅游、民俗旅游、休闲度假旅游等），并取得良好效益		25				
4.4.2.1	有8条以上			25			
4.4.2.2	有6条以上			20			
4.4.2.3	有4条以上			15			
4.4.2.4	有2条以上			10			
4.4.2.5	有1条			5			
4.4.3	根据地方特色、资源产品优势及客源市场需求，明确本县旅游形象主题定位		10				
4.4.4	有根据旅游形象主题和目标客源市场制作的宣传促销资料		5				
4.4.5	每年举办具有地方特色和有一定影响的旅游推介活动		5				
4.5	自然生态环境保护	40					
4.5.1	政府部门对县境内排污企业整治措施得力，成效显著		5				
4.5.2	县政府主导建成有一定规模的观光林，或每年组织有一定规模的植树造林活动，无乱砍滥伐现象		5				
4.5.3	本县森林覆盖率≥50%		5				
4.5.4	县城区环境		17				
4.5.4.1	建成区绿化覆盖率≥35%			3			
4.5.4.2	生活垃圾无害化处理率≥80%			5			
4.5.4.3	空气污染指数API≤100的天数全年不少于300天			3			
4.5.4.4	环境噪音达标区覆盖率>70%			3			
4.5.4.5	居民饮用水质达标率≥96%			3			

续表

序号	项目内容及评定依据	最高分值	分项分值	分档分值	自查计分	市州评定机构计分	省级评定机构计分
4.5.5	发展绿色生态农业，有农产品获得无公害农产品标志、农产品地理标志、绿色食品标志和有机农产品标志		5				
4.5.6	县政府部门对野生动物保护有措施，有检查；集市无摆卖、饭店餐馆无经营国家保护动物类食品		3				
5	旅游设施与服务功能	155					
5.1	旅游标识及语言环境	28					
5.1.1	旅游交通集散地、旅游景区、住宿设施设置有符合国家标准的公共信息图形符号（检查一处不合格扣1分）		10				
5.1.2	旅游景区有中英文对照的引导标识（景区简介牌、导游全景图、导览图、景物介绍牌等）（检查一处不合格扣1分）		10				
5.1.3	旅游服务功能场所的接待人员普遍能讲普通话		4				
5.1.4	主要旅游景区和三星级以上饭店有能用英语会话的服务人员		4				
5.2	旅游信息咨询服务	23					
5.2.1	旅游景区设置具有旅游咨询、受理投诉等功能的游客中心		5				
5.2.2	旅游交通集散地、星级饭店设有旅游咨询设施		4				
5.2.3	本县在旅行社、旅游住宿设施、旅游景区、旅游餐厅及旅游购物设施等场所公布本地旅游咨询和投诉电话		5				
5.2.4	县电视台、电台有固定的旅游栏目		4				
5.2.5	本县建立旅游信息网站，为旅游者提供信息服务		5				
5.3	旅游交通	29					

续表

序号	项目内容及评定依据	最高分值	分项分值	分档分值	自查计分	市州评定机构计分	省级评定机构计分
5.3.1	县城、中心镇通往主要景区有二级以上等级公路		5				
5.3.2	县域内旅游道路通达，形成网络		5				
5.3.3	县城通往主要景区的道路设有中英文对照的交通指示牌和景区指示牌		5				
5.3.4	县境内有通往主要旅游景区的旅游专线巴士或公交车		5				
5.3.5	县境内有出租汽车服务，出租汽车清洁卫生，规范服务，按里程表计价，不拒载，不欺诈		5				
5.3.6	旅游度假区、饭店有便捷的交通订票功能		4				
5.4	星级饭店达到5家以上	15					
5.4.1	县境内有2家以上四星级饭店			15			
5.4.2	县境内有四星级饭店			8			
5.5	旅行社	10					
5.5.1	本县旅行社达到5家以上		5				
5.5.2	导游服务质量达到国家标准要求		5				
5.6	旅游餐饮	10					
5.6.1	经常接待旅游者的餐厅餐馆，就餐环境清洁，食品卫生符合有关法规和标准		5				
5.6.2	有地方或民族特色风味餐馆相对集中的街区		5				
5.7	旅游购物	10					
5.7.1	购物场所设立本地特色商品专柜		5				
5.7.2	旅游景区销售的旅游纪念品体现景区或地方特色		5				
5.8	旅游文化娱乐	15					
5.8.1	县城或旅游中心镇有灯饰夜景，有提供旅游者晚间休闲、康体、娱乐的场所10家以上		5				

续表

序号	项目内容及评定依据	最高分值	分项分值	分档分值	自查计分	市州评定机构计分	省级评定机构计分
5.8.2	县境内有一处以上旅游景区有固定的专门为游客表演的文艺节目		5				
5.8.3	县城、中心镇有民俗风情表演		5				
5.9	旅游厕所	10					
5.9.1	旅游景区的厕所数量、位置合理，清洁卫生（检查一处不合格扣1分）		5				
5.9.2	旅游线路中及接待场所公共厕所的数量、布局合理，清洁卫生（检查一处不合格扣1分）		5				
5.10	县内景区能为特定人群（老年人、儿童、残疾人等）开辟绿色通道，并提供相关特殊服务	2					
5.11	县旅游部门积极推动旅游标准化工作，贯彻落实国家和行业标准，全县旅游业标准化覆盖率不低于80%	3					
6	旅游市场管理与游客满意率	90					
6.1	旅游市场质量监管与执法机制	30					
6.1.1	建立黄金周节假日协调机制		5				
6.1.2	设立旅游质量监管机构并已实际运作		5				
6.1.3	建立旅游与公安、工商等部门协调配合的市场治理联动机制		10				
6.1.3.1	对旅游市场综合治理有文件，开展联合检查每年至少3次以上，查处违反国家法规和行业规定的行为，效果显著			10			
6.1.3.2	对旅游市场综合治理有文件，联合抽查，并查处违反国家法规的行为，效果显著			8			
6.1.3.3	对旅游市场综合治理有文件，各自抽查，能查处违反国家法规的行为，有一定效果			5			

续表

序号	项目内容及评定依据	最高分值	分项分值	分档分值	自查计分	市州评定机构计分	省级评定机构计分
6.1.4	县旅游部门及相关部门对旅游经营场所实行规范化管理，定期检查卫生、安全及服务质量		5				
6.1.5	县旅游部门及相关部门对家庭旅馆、乡村旅游点有管理措施		5				
6.2	旅行社经营管理规范，县旅游部门建立旅行社、经理人员、导游人员档案	10					
6.2.1	近两年无旅行社严重质量事故		2				
6.2.2	近两年无旅行社无证经营、违规经营等问题		2				
6.2.3	旅行社门面整洁、标志醒目；经营资格证等证照摆放位置明显；有旅游价目表及资料		2				
6.2.4	所有旅行社与旅游团（者）全部签订规范合同		2				
6.2.5	所有旅行社与导游签订规范劳动合同，明确规定导游的基本工资并办理劳动保险		2				
6.3	旅游市场秩序	40					
6.3.1	旅游投诉率在2‰以下		5				
6.3.2	旅游投诉圆满解决率98%以上		10				
6.3.3	贯彻旅游企业评信制度，建立旅游企业诚信评价制度		5				
6.3.4	新闻媒体积极推动诚信旅游活动		5				
6.3.5	建立行业自律机制，旅游企业制定诚信公约、旅游诚信经营承诺		5				
6.3.6	旅游购物场所无假冒伪劣商品和尾随强卖、价格欺诈行为		5				
6.3.7	旅游文化娱乐活动内容健康，无"黄、赌、毒"现象		5				
6.4	游客满意率（问卷调查）	10					
6.4.1	游客满意率达到95%以上			10			
6.4.2	游客满意率90%~95%			8			

续表

序号	项目内容及评定依据	最高分值	分项分值	分档分值	自查计分	市州评定机构计分	省级评定机构计分
7	旅游行业精神文明和教育培训	65					
7.1	旅游行业精神文明建设有机构、有规划、有部署、有检查和总结	3					
7.2	旅游行业精神文明建设成效显著	15					
7.2.1	旅游行业中有单位或个人获得国家精神文明建设先进称号,旅游及相关经营单位有获得国家级"全国文明风景旅游区""文明示范窗口""青年文明号"等荣誉称号(每项得3分)			15			
7.2.2	旅游行业中有单位或个人获得省部级精神文明建设先进称号,旅游及相关经营单位有获得省级"文明示范窗口""青年文明号"等荣誉称号(每项得2分)			10			
7.2.3	旅游行业中有单位或个人获得市级精神文明建设先进称号,旅游及相关经营单位有获得市级"文明示范窗口""青年文明号"等荣誉称号(每项得1分)			8			
7.3	县旅游及相关部门每年组织开展行业岗位技能竞赛、优秀导游员评选或专业知识竞赛等活动	5					
7.4	县政府及部门在全县居民中持续开展精神文明教育和文明旅游教育	12					
7.4.1	有规范居民基本行为的文明守则,印发贯彻《中国公民出境旅游行为指南》《中国公民国内旅游行为公约》		2				
7.4.2	公共场所无乱扔杂物、随地吐痰等不文明行为,禁烟场所无吸烟现象(检查一处不合格扣1分)		5				
7.4.3	公用电话、邮箱、垃圾桶、报栏、路灯、座椅、雕塑、标识牌等功能完好、无破损无污渍(检查一处不合格扣1分)		5				

续表

序号	项目内容及评定依据	最高分值	分项分值	分档分值	自查计分	市州评定机构计分	省级评定机构计分
7.5	多种形式经常性地宣传居民中涌现出的支持旅游发展、服务旅游、善待游客的先进典型（每例得1分，最多不超过5分）	5					
7.6	旅游培训基地和培训机制	10					
7.6.1	本县设有面向全县旅游从业人员的培训基地和培训机制			10			
7.6.2	本县内无培训基地，具体确定依托省、市旅游培训设施培训本县旅游人员			5			
7.7	旅游企业直接从业人员专业培训比重	15					
7.7.1	100%经过相关专业培训			15			
7.7.2	80%以上经过相关专业培训			10			
7.7.3	70%以上经过相关专业培训			8			
8	旅游安全	55					
8.1	县政府及相关部门建立安全工作稽查机制	5					
8.2	全县执行重大旅游安全事故应急处置机制	5					
8.3	县城区有巡警制度，突发情况下能及时救助游客（拨打110出警迅速）	5					
8.4	公布旅游救援电话，突发情况下能及时救助游客（拨打120应急迅速）	5					
8.5	县旅游部门与相关部门定期组织旅游及相关部门工作人员、旅游及相关经营单位人员进行安全教育和培训	5					
8.6	主要旅游景区、旅游交通集散地设有专职安全保卫人员	5					

续表

序号	项目内容及评定依据	最高分值	分项分值	分档分值	自查计分	市州评定机构计分	省级评定机构计分
8.7	主要景区制定高峰期游客疏导和突发情况下救助游客的应急预案及实施细则，每年组织员工进行至少一次培训和演练	5					
8.8	主要景区设有紧急救助点	5					
8.9	旅游经营单位全面建立安全责任、预警、教育等管理制度	5					
8.10	景区内机动车辆、客运索道和大型游乐设施经国家批准的检验机构检验合格，特种设备工作人员持证上岗并做好设备日检、周检、月检、年检记录和维修保养大修记录，并建立特种设备档案，设专人管理	5					
8.11	全县近三年内无重大旅游安全事故发生	5					
9	附加项目	200					
9.1	年接待入境旅游人次		10				
9.1.1	超过5万人次			10			
9.1.2	3万~5万人次			8			
9.1.3	1万~3万人次			6			
9.1.4	0.5万~1万人次			3			
9.1.5	0.1万~0.5万人次			1			
9.2	旅游经营单位年上缴税收		10				
9.2.1	有超过500万元的			10			
9.2.2	有年上缴税收300万~500万元的			8			
9.2.3	有年上缴税收100万~300万元的			6			
9.2.4	有年上缴税收50万~100万元的			3			
9.2.5	有年上缴税收30万~50万元的			1			
9.3	建立了旅游与风景区一体化的旅游管理机构		5				
9.4	县政府及部门每年核拨旅游发展专项经费		5				
9.4.1	500万元以上			5			

续表

序号	项目内容及评定依据	最高分值	分项分值	分档分值	自查计分	市州评定机构计分	省级评定机构计分
9.4.2	300万~500万元			3			
9.5	县政府鼓励社会各类投资主体参与投资、建设和经营旅游设施及旅游景区的政策	5					
9.6	吸引有实力的各种所有制企业（如优质民营资本或外资等）参与本县旅游开发及经营旅游项目，到位资金0.5亿元以上	18					
9.6.1	投资经营旅游项目，到位资金达2亿元的			18			
9.6.2	投资经营旅游项目，到位资金1亿~2亿元的			15			
9.6.3	投资经营旅游项目，到位资金0.5亿~1亿元的			10			
9.7	县境内拥有列入世界遗产（自然、文化等）名录或国际上命名的其他旅游资源	15					
9.7.1	县境内拥有列入世界遗产（自然、文化等）正式名录或国际上命名的其他旅游资源			15			
9.7.2	县境内拥有列入世界遗产（自然、文化等）预备清单的旅游资源			10			
9.8	县境内拥有国家自然保护区、国家风景名胜区、国家地质公园、国家矿山公园、国家森林公园、国家考古遗址公园、全国重点文物保护单位、国家一级博物馆、国家非物质文化遗产、中国历史文化名镇（村、街）等旅游资源（每项得5分，最多不超过15分）	15					
9.9	有湖北旅游名镇、湖北旅游名村、湖北旅游名街（每项得5分，最多不超过15分）	15					
9.10	在游客的旅游消费过程中进行文明、绿色、环保、节约行为的引导和宣传教育	3					

续表

序号	项目内容及评定依据	最高分值	分项分值	分档分值	自查计分	市州评定机构计分	省级评定机构计分
9.11	星级饭店按照《绿色旅游饭店》行业标准进行创建活动，60%的星级饭店评定为绿色旅游饭店	5					
9.11.1	有评定为"金叶"级的星级饭店			5			
9.11.2	有评定为"银叶"级的星级饭店			3			
9.12	县境内或距县城100公里以内有民用机场	5					
9.13	机场开通国际航线或旅游包机服务	4					
9.14	县境内或距县城30公里以内有客运火车站	5					
9.15	火车站开通旅游专列	5					
9.16	距县城或中心镇60公里以内有高速公路进出口	5					
9.17	县城及中心镇有高等级公路连接城市	5					
9.18	县境内有观光客运码头或开航内河星级游船	4					
9.19	本县有五星级饭店	10					
9.20	本县有温泉、水上运动等高品位的休闲旅游项目	5					
9.21	本县有4A级以上旅行社	10					
9.22	发掘民间传统工艺、组织能工巧匠，利用本地资源开发出富有地方特色的旅游纪念品，并获得有关奖项	5					
9.23	有四星级以上旅游厕所	10					
9.24	开办旅游职业高中或中专	10					
9.24.1	本县单独设立旅游职业高中或中专			10			
9.24.2	在职业高中或中专开设旅游班			6			
9.25	本县有从事旅游研究的机构	5					
9.26	本县有旅游专业协会	2					
9.27	县政府部门有引进旅游人才的政策	2					

续表

序号	项目内容及评定依据	最高分值	分项分值	分档分值	自查计分	市州评定机构计分	省级评定机构计分
9.28	县政府建立旅游专家咨询制度，定期举办专题讲座	2					
合计得分							

三、《湖北省农家乐星级划分与评定》标准解读

（一）适用范围

本标准规定了农家乐星级的划分条件、评定规则、服务质量及管理制度。本标准适用于在湖北省行政区域内正式经营的农家乐旅游设施。

（二）内涵界定

1. 基本内涵

农家乐：农家乐是地处乡村，以农户为经营主体，以乡村民俗文化、乡村生产活动、生活方式和乡村田园风光、人居环境为旅游吸引物，提供住宿、餐饮、游憩等服务，体验乡村生活的旅游经营设施。

星级：用星的数量表示农家乐的星级。星级分为五个等级，从低到高依次为：一星级、二星级、三星级、四星级、五星级。

2. 概念解读

（1）农家乐地理位置位于乡村或城郊。往往表现出三种区位类型：地处郊区乡村地带，邻近大城市，具有消费指向性；地处快速干道沿线或交叉口的乡村地带，邻近交通要道，具有交通指向性；地处重要旅游景区内部或周边，邻近A级旅游景区（点）或具吸引力旅游资源，具有吸引物指向性。

（2）农家乐经营主体是农户。往往要求土地、房屋的所有者和农家乐的法人是农民。

（3）以乡村氛围为吸引物。一方面，农家乐建筑具有乡村建筑特色；另一方面，农家乐周边环境以典型乡村景观为主。

（4）农家乐功能主要为餐饮、游憩、住宿。简单概括就是"吃农家饭，住农家屋，享农家乐"。其中餐饮是首要功能，也是农家乐主要吸引物，往往要求主要提供具有乡土气息的农家菜。

（三）总体要求

1. 农家乐的设立符合法律法规。

满足"五证一约"：营业执照、卫生许可证、土地证、税务登记证、特种行业许可证（如烟酒或食品）、诚信公约。

2. 农家乐经营期限达标。

农家乐申请星级评定需开业3个月及以上，以第一次申办的营业执照日期为准至申报期截止。

3. 农家氛围浓厚。

农家乐的周边环境、建筑外立面、餐厅布置、客房内设等均需具有浓厚的农家氛围。

4. 功能布局合理。

农家乐功能齐全、空间设计明显分隔、布局合理。

5. 设施安全卫生

农家乐安全无隐患，做好消毒、清扫工作。

6. 服务规范周到

农家乐服务大方热情、细致温馨、文明礼貌；相应标识要清晰易辨，遵守一定语言规范。

（四）高星级农家乐主要条件

1. 生态环境良好，建筑外立面风格与环境协调，具有浓郁的乡村风情。

要求外立面设计有浓郁的农家风味，且整体感觉协调。

2. 功能布局划分合理，设施使用方便、安全。

要求农家乐三大功能分区明显；其设施高度和位置设计方便客人；农家乐内电器无破损、漏电现象且有灭火器等消防设施。

3. 内装修采用较优质材料，工艺精致，突出乡村地域文化风格。

要求农家乐内部装修突出农家氛围，装修不宜奢华，以古朴为美。

4. 有空调设施或适应所在地气候的采暖、降温措施，各区域通风良好。

要求农家乐内部有降温、采暖措施即可，如采地热、搭凉棚、火炉、电扇、植物降温等，不一定有空调，但五星级农家乐必备空调。

5. 游憩项目及服务应具有乡村地域文化特色。

要求农家乐游憩项目突出湖北乡村文化特色，具有典型的参与性和趣味性。或者提供农事活动参与，如种植、饲养纪念菜（动物）、磨豆、编织工艺品等；或者开展民俗展示和表演，如篝火晚会、乡村戏曲、民间杂艺等。

6.各种指示用和服务用文字应至少使用规范的中文和英文同时表示；公共信息图形符号及其设置应该符合 GB/T10001.1、GB/T10001.2 和 GB/T15566 的要求，具有明确的导向功能，指示、标识牌风格统一。

要求农家乐指示、标识牌具有统一风格，符合规范并突出乡村性；各种指示和服务至少有中文标识，但五星级一定得有中英对照。

7.有服务人员24小时在岗，能够用普通话、日常英语提供各项服务。要求服务人员熟练掌握普通话，五星级农家乐服务人员必须掌握英语对话，服务人员24小时在岗。

8.有备用电源或安全可靠的应急照明措施。

农家乐内至少提供手电筒、应急灯等照明，配备蜡烛、煤油灯等，五星级农家乐要求有备用电源——发电机。

9.设施设备养护良好，配备必要消毒设施，达到安全、整洁、卫生和有效。

（1）农家乐内设施设备要求卫生和安全，具有消毒柜、洗衣机等并清扫整治，无垃圾残留。

（2）农家乐内广播乡村背景的音乐。此外，五星级农家乐还要求有公共音响广播系统，播放适合音乐曲目，并且音量适宜、音质良好。

（五）高星级农家乐接待区的条件

1.四星级的接待区至少具备以下条件：

（1）布局醒目宽敞，农味浓郁；（2）"五证一约"齐全，并于相应位置悬挂醒目；（3）提供预定服务；（4）管理人员需24小时在岗；（5）提供客人休息场所；（6）配置公用电话；（7）旅游投诉咨询电话于醒目位置公布；（8）配备有彩色电视机；（9）布置有农家装饰画或艺术品。

2.五星级农家乐的接待区除四星级相关要求外，还应具备以下条件：

（1）有接待柜台，项目价目表醒目；（2）中英文标识，配有电脑、传真机；（3）提供贵重物品存放；（4）提供信用卡结算；（5）提供茶水服务；（6）提供迎送服务。

（六）高星级农家乐客房的条件

1.四星级的客房应具备：

（1）4间（套）：客房＋卫生间；至少1间（套）单人间和1间连通房；（2）门具有安全防护装置；（3）内设具有浓郁农家风味；（4）卫生间有热水、淋浴、方便设备，可以是公共卫生间；具有防滑设备和提示；（5）有电话及必备家具（衣柜、写字台等）；（6）提供留言和叫醒、1次客房清扫和整理；（7）有两种规格插座。

2.五星级农家乐的客房除四星级相关条件外，还应具备：

（1）有门窥镜及防护装置，显著位置张贴应急疏散图及相关说明；（2）内设优质家具且有浓郁农家风味；（3）房间内有独立卫生间，有24小时冷热水、洗浴、恭桶、防滑和排风措施；（4）有互联网、彩电及闭路电视；（5）有防噪音、隔音和遮光措施；（6）床上用棉织品及卫生间针织用品材质良好、柔软舒适。

（七）高星级农家乐餐厅的条件

1.四星级的餐厅应具备：

（1）农味浓厚；（2）提供早中晚餐；（3）70%出菜率，具有本地特色菜肴；（4）具有灭蚊蝇和消毒措施。

2.五星级农家乐的餐厅除四星级相关条件外，还应具备：

（1）布局合理、装修良好、照明充足、农味醇厚；（2）提供品茶或其他饮品场所；（3）80%出菜率，本地相当有影响力的特色菜肴；（4）提供具有乡村性的婚喜宴；（5）有彩色电视机。

（八）高星级农家乐厨房的条件

1.四星级的厨房应具备：

（1）流程合理，规模适当；（2）墙铺瓷砖，地面防滑，有地槽；（3）冷菜间独立分设；（4）粗细加工间有隔断：择、洗、切、拼有一定的区间分割；（5）熟食分设冷藏；（6）厨房与餐厅隔音、隔热、隔油烟和气味；（7）抽烟排风、灭火设备；（8）防蚊蝇、蟑螂、老鼠和灰尘；（9）卫生管理和岗位责任制度明晰有效；（10）从业健康证和卫生培训合格证。

2.五星级农家乐的厨房除四星级相关条件外，还应具备：

（1）满铺瓷砖，地面防滑；上有吊顶，下有地槽；（2）冷菜间独立分设，配备消毒降温设施；(3) 粗细加工间分设：择、洗、切、拼有明显的区间分割；(4) 顶上无油烟痕，地下无积水，空中无飞蝇；(5) 严格执行卫生管理和岗位责任制度；(6) 从业人员持健康证和卫生培训合格证上岗。

(九) 高星级农家乐的公共区域

1. 四星级的公共区域应具备：

(1) 4个以上停车位；(2) 男女分设的卫生间，并有洗手池；(3) 绿化、美化、净化和农味化；(4) 提供休息场所。

2. 五星级农家乐的公共区域除四星级相关条件外，还应具备：

(1) 提供旅行日常用品、旅游纪念品、地方土特产品销售；(2) 提供的户内、外游憩活动的场所和设施；(3) 有反映乡村地域文化特色的艺术品装饰；(4) 有残疾人出入坡道和紧急出口；(5) 垃圾存放设施并保持其封闭。

(十) 高星级农家乐的游憩项目

(1) 至少4项，其中五星级农家乐要求至少6项；(2) 农味浓郁，地域文化特色鲜明；(3) 不能全是城市社区常见的棋牌、球类等运动娱乐等项目。

四、《全国工农业旅游示范点检查标准（试行）》标准解读

(一) 基本内涵

1. 农业旅游点是指以农业生产过程、农村风貌、农民劳动生活场景为主要旅游吸引物的旅游点；

其核心吸引物就是农业、农村和农民，一是地处农村，具有农村风貌；二是农业生产过程，提供系列农事活动体验；三是农民生活场景，提供原真朴拙的农民劳动生活场景，重点在吃农家菜、住农家屋、看农家场景。

2. 工业旅游点是指以工业生产过程、工厂风貌、工人工作生活场景为主要旅游吸引物的旅游点，如青岛海尔、上海宝钢、广东美的、佛山海天。国内比较成功的案例还有皇明太阳谷神奇太阳之旅、OLO橱柜南京工厂游、"跟着劲酒去旅行"特色工业游、克拉玛依市石油工业旅游等。

其核心吸引物与农业旅游点截然不同，关键词是工业、工厂和工人。一是提供工业生产过程体验，如参观生产流水线，重点介绍企业优势的生产环节（如建材工业的原材料—开料—封边—排钻—清洁、包装—仓储、物流生产线）；二是具有工厂风貌，如大机器生产厂房，一些工业旧厂房可作为遗产旅

游开发;三是提供工人工作生活场景,通过参观员工娱乐设施和文体活动展示企业文化和员工风貌,如工厂、厂舍参观。

(二)检查验收须知

1. 申报评定流程

申报全国农业旅游和工业旅游示范点的单位:首先,按此《标准》进行自查和整改,认为达到分数线的,向所在省级旅游局申报初评;其次,省级旅游局组织专家进行初评,对初评合格的单位进行汇总,并向国家旅游局申报验收;最后,国家旅游局组织专家进行验收评定。

2. 申报单位必须提供真实数据,不得造假。如发现有造假问题,则取消初评和验收资格。

3. 有统计数据的检查项目,一般以上一年实绩为准,一般要求提供上级统计部门签章。如申报单位开展旅游经营活动的时间不满一年但已满上半年或下半年,则以本年度上半年或下半年实绩为准,以达到《标准》规定的年度指标的一半分数比照计分。

4. 林、牧、渔业旅游点,比照农业旅游点的标准检查计分。

5. 科技、教育及对海内外旅游者开放的军队、武警训练等旅游点,比照工业旅游点的标准检查计分。

(三)检查标准解读

1. 有 * 号的检查项目,属于重点要求检查项目,如存在差距,可以扣分。

2. 本《标准》检查得分最高为1000分。其中:(1)综合效益:计分400分,占40%,包括经济效益(接待人次、旅游业收入)、社会效益(直接和间接就业人数、相关行业附加效益和纳税水平)和生态环境效益(项目环境评估、项目环保措施、环境问题)三个部分;(2)旅游产品与设施:计分240分,占24%,包括旅游产品(规模、吸引力、线路设计)和旅游设施(游客接待中心、旅游餐饮、购物、娱乐、解说等旅游服务设施以及交通和环卫等旅游基础设施)两部分;(3)旅游经营与管理:计分270分,占27%,包括旅游管理(行业管理、市场管理和质量管理)、旅游经营(宣传促销、客源招徕、游客接待、游客反馈)和旅游安全(安全制度、医疗救护、安全事故与隐患)三个部分;(4)周边环境与发展后劲:计分90分,占9%,包括周边环境(周边环境、可进入性)、发展后劲(旅游资源赋存、可持续发展、规划编制)。另有加分项目,最高为50分,包括国家A级景区、精神文明建设先进称号、"青年文明号"称号、国家或国际组织颁发的生态环境或获得独特资源方面荣誉称号、规划、建设和产品设计在省(区、市)内有创新意义等方面。

3. 农业旅游点合计得分在700分(含)以上、工业旅游点合计得分在650分(含)以上,方具有被评定为"全国农业旅游示范点"和"全国工业旅游示范点"的资格。

4. 对西部地区采取扶持发展的特殊政策,农业旅游点合计得分在650分(含)以上,工业旅游点合计得分在600分(含)以上,即具有被评定为"全国农业旅游示范点"和"全国工业旅游示范点"的资格。

全国工农业旅游示范点检查计分表

序号	项目分类	最高得分
1	示范点的接待人数和经济效益	200
2	示范点的社会效益	150
3	示范点的生态环境效益	50
4	示范点的旅游产品	100
5	示范点的旅游设施	140
6	示范点的旅游管理	60
7	示范点的旅游经营	130
8	示范点的旅游安全	80
9	示范点的周边环境和可进入性	60
10	示范点的发展后劲评估	30
附则	加分项目	0

(四)相关指标解释

1. 示范点的接待人数:是指在标准规定的时间内,示范点所接待的所有参观人数的总和;

2. 示范点的旅游收入:是指在标准规定的时间内示范点通过提供"食、住、行、游、购、娱"旅游服务所取得的各项收入总和;

3. 间接提供劳动就业岗位数:是指通过示范点兴办旅游业而在区内、外增加的间接提供劳动就业岗位、有相对固定收入的人数;

4. 本单位因兴办旅游业而增加的纳税额:包括实际缴纳的税额和依据国家政策而减免的纳税额;

5. 示范点内"已形成的参观点数量":是指示范点区域内能够自成一体、

具有独特观赏性的参观点。

附表　全国工农业旅游示范点检查标准（试行）评分细则

序号	检查项目	最高得分	分档计分	检查得分
1	示范点的接待人数和经济效益（200）			
1.1	示范点的年接待人数	100		
1.1.1	农业点30万人以上、工业点15万人以上		100	
1.1.2	农业点20万~30万人、工业点10万~15万人		80	
1.1.3	农业点10万~20万人、工业点5万~10万人		60	
1.1.4	农业点5万~10万人、工业点2.5万~5万人		50	
1.1.5	农业点5万人以下、工业点在2.5万人以下		20	
1.2	示范点的年旅游业收入	100		
1.2.1	年旅游业收入500万元以上		100	
1.2.2	年旅游业收入400万~500万元		90	
1.2.3	年旅游业收入300万~400万元		80	
1.2.4	年旅游业收入200万~300万元		70	
1.2.5	年旅游业收入100万~200万元		60	
1.2.6	年旅游业收入50万~100万元		50	
1.2.7	年旅游业收入50万元以下		20	
2	示范点的社会效益（150）			
2.1	直接吸纳劳动就业人数	70		
2.1.1	农业点在100人以上、工业点在50人以上		70	
2.1.2	农业点在60~100人、工业点在30~50人		60	
2.1.3	农业点在40~60人、工业点在20~30人		50	
2.1.4	农业点在30~40人、工业点在10~20人		40	
2.1.5	农业点在30人以下、工业点在10人以下		15	
2.2	间接提供劳动就业岗位数	30		
2.2.1	农业点在200人以上、工业点在100人以上		30	
2.2.2	农业点在100~200人、工业点在50~100人		25	
2.2.3	农业点在50~100人、工业点在25~50人		20	
2.2.4	农业点在25~50人、工业点在10~25人		15	
2.2.5	农业点在25人以下、工业点在10人以下		5	

续表

序号	检查项目	最高得分	分档计分	检查得分
2.3	带动本单位产品及纪念品销售等附加效益	30		
2.3.1	农业点在500万元以上、工业点在100万元以上		30	
2.3.2	农业点在300万~500万元、工业点在60万~100万元		25	
2.3.3	农业点在200万~300万元、工业点在40万~60万元		20	
2.3.4	农业点在100万~200万元、工业点在20万~40万元		15	
2.3.5	农业点在100万元以下、工业点在20万元以下		5	
2.4	本单位因兴办旅游业而增加的纳税额	20		
2.4.1	年增纳税额100万元以上		20	
2.4.2	年增纳税额50万~100万元		15	
2.4.3	年增纳税额20万~50万元		10	
2.4.4	年增纳税额20万元以下		5	
3	示范点的生态环境效益（50）			
3.1	规划科学，绿化美化好，已通过省级环保部门环境评估		50	
3.2	规划较好，绿化较好，已通过地（市）级环保部门环境评估		40	
3.3	*示范点未造成对生态环境的破坏和建设性破坏		30	
4	示范点的旅游产品（100）			
4.1	已形成的参观点数量	30		
4.1.1	农业点在10处以上，工业点在6处以上		30	
4.1.2	农业点在6~10处，工业点在4~5处		20	
4.1.3	农业点在3~5处，工业点在2~3处		15	
4.2	检查组对各参观点的吸引力评价	30		
4.2.1	全部具有较高吸引力		30	
4.2.2	大部分具有吸引力		20	
4.2.3	总体吸引力一般		15	
4.3	旅游线路数量及旅游内容编排	20		
4.3.1	有3条以上旅游线路，编排科学，内容丰富		20	

续表

序号	检查项目	最高得分	分档计分	检查得分
4.3.2	有2条旅游线路,内容编排科学,内容丰富		15	
4.3.3	有1条旅游线路,内容编排科学,内容丰富		10	
4.4	游客一般逗留时间	20		
4.4.1	一天以上		20	
4.4.2	一天		15	
4.4.3	半天以内		10	
5	示范点的旅游设施(140)			
5.1	*有游客接待中心,能通过集中讲解及播放录像等,向游客比较系统地介绍本旅游点参观内容及参观须知		30	
5.2	区内旅游交通	30		
5.2.1	*各条旅游线路道路通畅、干净、卫生		10	
5.2.2	*1公里以上的旅游线路上配有专用车辆或船只运送游客		10	
5.2.3	*农田或厂房内辟有专门参观通道		10	
5.3	*有餐饮设施,干净卫生,服务优良		10	
5.4	*有购物设施,场地整洁,无假冒伪劣商品		10	
5.5	*有旅游娱乐设施或场地,游客多时能进行文娱表演,表演内容富有特色		10	
5.6	区内主要通路上有中英文对照的交通指示牌		10	
5.7	区内主要参观点有中英文对照的说明牌	10		
5.8	厕所设施	30		
5.8.1	*在数量上能满足要求,分布合理		15	
5.8.2	*所有厕所管理良好,清洁卫生,无污物,无异味		15	
6	示范点的旅游管理(60)			
6.1	旅游行业管理	20		
6.1.1	有机构健全、职责分明、统一管理旅游业的管理机构		20	
6.1.2	有兼职管理机构,能做到职责分明,管理有效		18	
6.1.3	*有专职管理人员,管理基本有效		15	

续表

序号	检查项目	最高得分	分档计分	检查得分
6.1.4	*有兼职管理人员，管理基本有效		10	
6.2	旅游市场管理	20		
6.2.1	有专职旅游市场管理队伍，市场秩序优良		20	
6.2.2	有兼职旅游市场管理人员，市场秩序优良		15	
6.2.3	*无专职或兼职的市场管理人员，但基本做到旅游秩序健康正常		10	
6.3	旅游质量与投诉管理	20		
6.3.1	设有面向公众的旅游咨询电话，接听及时		5	
6.3.2	设有面向公众的旅游投诉电话，接听及时		5	
6.3.3	旅游者投诉的质量纠纷能得到及时圆满解决		10	
7	示范点的旅游经营（130）			
7.1	有独立核算的旅游经营实体		20	
7.2	宣传促销	20		
7.2.1	有介绍本地旅游点旅游事项的小册子或折页		8	
7.2.2	在地（市）新闻媒体上做过促销广告		4	
7.2.3	在省（区、市）新闻媒体上做过促销广告		4	
7.2.4	在国家级新闻媒体上做过促销广告		4	
7.3	客源招徕	30		
7.3.1	*已开办旅行社且经营良好		30	
7.3.2	*已同一批旅行社建立良好的业务合作关系，客源稳定		25	
7.3.3	*已同少数旅行社建立业务合作关系		20	
7.3.4	*无主动招徕行为，客人完全靠自发而来		10	
7.4	游客接待	30		
7.4.1	*接待制度健全，各接待环节协调有序		10	
7.4.2	*讲解内容健康生动，积极普及农业和工业科技知识		10	
7.4.3	*服务人员统一着装，态度热情，服务优良		10	
7.5	游客满意度现场调查结果	30		
7.5.1	满意度在95%以上		30	

续表

序号	检查项目	最高得分	分档计分	检查得分
7.5.2	满意度在 80%~95%		20	
7.5.3	满意度在 60%~80%		10	
8	示范点的旅游安全（80）			
8.1	*旅游安全教育防范制度和安全责任制健全，落实情况好		20	
8.2	*开业以来无重大旅游安全事故发生		20	
8.3	区内有医疗救护点		20	
8.4	*现场检查无安全隐患		20	
9	示范点周边环境可进入性（60）			
9.1	周边环境	20		
9.1.1	*周边环境协调和谐，无脏乱差问题		10	
9.1.2	*周边无建设性破坏和污染单位		10	
9.2	可进入性	40		
9.2.1	*有公路通达旅游点，公路状况良好		20	
9.2.2	附近有铁路车站，距旅游点车程在半小时内		10	
9.2.3	附近有水运码头，距旅游点车程在半小时内		5	
9.2.4	附近有民用机场，距旅游点车程在1小时内		5	
10	示范点的发展后劲评估（30）			
10.1	还有许多旅游资源和旅游项目可以开发利用		10	
10.2	*可持续发展态势良好		10	
10.3	*已经编制出具有指导性、前瞻性和可操作性的中长期旅游业发展规划		10	
附则	加分项目	50		
J1	示范点被评为4A级景区		10	
J2	示范点被评为3A级景区		8	
J3	示范点被评为2A级景区		6	
J4	示范点被评为1A级景区		4	
J5	示范点获得国家级精神文明建设先进称号		10	
J6	示范点获得省级精神文明建设先进称号		8	
J7	示范点获得地（市）级精神文明建设先进称号		6	

续表

序号	检查项目	最高得分	分档计分	检查得分
J8	示范点获得县（市）级精神文明建设先进称号		4	
J9	示范点获得"青年文明号"称号		10	
J10	示范点获得国家或国际组织颁发的生态环境或获得独特资源方面荣誉称号		10	
J11	示范点的规划、建设和产品设计在省（区、市）内有创新意义（检查组须附专门材料说明）		10	
合计得分				

参考文献

[1] Lane B. What is rural tourism [J]. Journal of Sustainable Tourism, 1994, 2 (1-2): 7-21.

[2] Pearce P L. Farm tourism in New Zealand: A social situation analysis [J]. Annals of Tourism Research, 1990, 17 (3): 337-352.

[3] Luloff A E, Bridger J C, Graefe A R, et al. Assessing rural tourism efforts in the United States [J]. Annals of Tourism Research, 1994, 21 (1): 46-64.

[4] 王琼英, 冯学钢. 乡村旅游研究综述 [J], 北京第二外国语学院学报, 2006, (1): 115-120.

[5] 马勇, 赵蕾, 宋鸿, 等. 中国乡村旅游发展路径及模式——以成都乡村旅游发展模式为例 [J], 经济地理, 2007, 27 (3): 336-339.

[6] 龚伟, 马木兰. 乡村旅游社区空间共同演化研究 [J], 旅游科学, 2014, 28 (3): 49-62.

[7] 吴巧红. 后现代视角下的乡村旅游 [J], 旅游学刊, 2014, 29 (8): 7-9.

[8] 刘国斌. 中国乡村旅游发展战略思考 [J], 学习与探索, 2012, (11): 119-121.

[9] 邢夫敏, 丁会会. 乡村旅游客源市场分析及拓展——基于苏州乡村旅游的调研 [J], 社会科学家, 2012, (9): 93-97.

[10] 邱玉华, 吴宜进. 城镇化进程中我国乡村旅游发展的路径选择 [J], 社会主义研究, 2012, (1): 101-104.

[11] 柯珍堂. 新农村建设背景下欠发达地区乡村旅游发展探讨——以湖北省黄冈市为例 [J], 生态经济, 2011, (9): 156-159.

[12] 涂文学，黄其新.乡土为根，农旅融合，推动湖北乡村旅游更好发展[J]，理论月刊，2017，（12）：124-127.

[13] 舒伯阳，刘玲.乡村振兴中的旅游乡建与包容性发展[J]，旅游学刊，2018，33（07）：9-10.

[14] 吴必虎.基于乡村旅游的传统村落保护与活化[J]，社会科学家，2016，（2）：7-9.

[15] 龙肖毅，张咏梅.乡村旅游产业与农村经济发展交互耦合协调发展的实证研究[J]，西南师范大学学报（自然科学版），2016，42（5）：104-107.

[16] 王婷.四川省乡村旅游资源空间结构优化研究[J]，中国农业资源与区划，2016，37（7）：232-236.

[17] 黄震方，陆林，苏勤，等.新型城镇化背景下的乡村旅游发展——理论反思与困境突破[J]，地理研究，2015，34（8）：1409-1421.

[18] 李莺莉，王灿.新型城镇化下我国乡村旅游的生态化转型探讨[J]，农业经济问题，2015，（6）：29-34.

[19] 李会琴，王林，宋慧冰，等.湖北省乡村旅游资源分类与评价研究[J]，国土资源科技管理，2016，33（5）：26-31.

[20] 袁俊，余瑞林，刘承良，等.武汉城市圈国家A级旅游景区的空间结构[J]，经济地理，2010，30（2）：324-328.

[21] 胡美娟，李在军，侯国林，等.江苏省乡村旅游景点空间格局及其多尺度特征[J]，经济地理，2015，35（6）：202-208.

[22] 曹雯.乡村旅游与农业现代化融合发展的路径[J]，农村经济，2015，（5）：61-65.

后　记

随着社会经济的迅速发展，人民生活水平日益提升，旅游已经由社会生活的非必需品变成必需品，成为大多数社会群体的大众消费。经济发展的新常态下，旅游业的蓬勃发展，也推动了旅游供给侧的深刻变革，传统的景区景点旅游增速逐步放缓，而以具有乡村性的自然和人文客体为旅游吸引物，依托乡村的优美景观、自然环境、建筑和文化等资源新型旅游方式日渐兴盛。在传统乡村休闲游和农业体验游的基础上，拓展开发会务度假、休闲娱乐等项目的乡村旅游得到了市场的广泛青睐。融合当前美丽中国建设、乡村振兴发展和扶贫攻坚开发等宏观政策支持，乡村旅游发展也如火如荼。

正是在此背景下，湖北省文化和旅游厅（原湖北省旅游发展委员会）组织开展《湖北省乡村旅游发展规划》的编制研究工作，旨在从顶层设计上对湖北乡村旅游发展的战略、目标、格局、项目、要素等重大问题进行诊断研究，指导全省乡村旅游持续健康发展。本书即是在《湖北省乡村旅游发展规划》项目研究成果基础上的进一步整理、总结和提炼。该项目主要完成人员除本书作者外，还包括华东师范大学刘承良；中国地质大学王林、李会琴；中南财经政法大学邓爱民、李莺莉；武汉大学范斐；华中师范大学张祥；湖北大学余意峰、赵亮、张贞冰；武汉职业技术学院蒋永业；武汉城市职业学院石洁；武汉骄楚规划设计院陈芹、余荣以及硕士研究生周裕祥、宋慧冰、王婷婷、方草、邱月、郑彬鑫等人。感谢他们的杰出工作和辛苦付出。

本书的出版获得了湖北省社科基金一般项目（2018033）和华中师范大学中央高校基本科研业务费项目（CCNU19TS046）的资助。

乡村旅游因其特殊属性，已成为当前政界、学界和业界均普遍关注的热点问题。本书在充分吸纳前人研究成果的基础上，进一步深化总结，尝试为湖北乡村旅游发展实践提供指导，为国内其他地域乡村旅游发展提供参考。因水平有限，书中内容难免出现遗漏、疏忽和错误，敬请各位读者批评指正。

作者

2019 年 4 月 15 日